广西大学哲学社会科学文库

商业银行金融创新与实体经济增长

——基于供给侧结构性改革背景

滕 飞 秦建文 著

中国财经出版传媒集团
中国财政经济出版社

图书在版编目（CIP）数据

商业银行金融创新与实体经济增长：基于供给侧结构性改革背景／滕飞，秦建文著. -- 北京：中国财政经济出版社，2021. 12

ISBN 978 -7 -5223 -0775 -6

Ⅰ. ①商…　Ⅱ. ①滕…　②秦…　Ⅲ. ①商业－经济－研究　Ⅳ. ①F251. 4

中国版本图书馆 CIP 数据核字（2021）第 263505 号

责任编辑：李昊民　刘孺泾　　　　　　责任印制：张　健

责任校对：徐艳丽

商业银行金融创新与实体经济增长

SHANGYE YINHANG JINRONG CHUANGXIN YU SHITI JINGJI ZENGZHANG

中国财政经济出版社 出版

URL：http：//www. cfeph. cn

E - mail：cfeph@ cfeph. cn

社址：北京市海淀区阜成路甲 28 号　邮政编码：100142

营销中心电话：010 - 88191522

天猫网店：中国财政经济出版社旗舰店

网址：https：//zgczjjcbs. tmall. com

北京中兴印刷有限公司印刷　　各地新华书店经销

成品尺寸：170mm × 240mm　16 开　22 印张　301 000 字

2021 年 12 月第 1 版　2021 年 12 月北京第 1 次印刷

定价：95. 00 元

ISBN 978 - 7 - 5223 - 0775 - 6

（图书出现印装问题，本社负责调换，电话：010 - 88190548）

本社质量投诉电话：010 - 88190744

打击盗版举报热线：010 - 88191661　QQ：2242791300

前 言

改革开放40年，我国经济取得了快速发展，但在经济高速增长时期也积累不少结构性矛盾。以习近平同志为核心的党中央审时度势，在2015年中央经济工作会议上提出了“经济供给侧结构性改革战略”为新形势下经济高质量发展转型指明了新方向。实体经济的转型与升级无疑将对我国商业银行金融创新提出了新的需求：一方面，供给侧结构性改革背景下实体经济增长需要商业银行通过金融创新增加有效金融供给与提高金融配置效率；另一方面，在去杠杆与严监管的趋势下，外部环境对商业银行稳健经营提出更严峻挑战。实体经济调整与金融深化改革都在呼唤商业银行金融创新。因此，探析商业银行金融创新的现状与存在问题，分析商业银行金融创新对实体经济增长的影响效应及作用传导机制进而提出供给侧结构性改革背景下商业银行支持实体经济增长金融创新的总体方向与路径具有重要的理论意义与现实意义。

本书的目标是探索提出在供给侧结构性改革背景下，商业银行支持实体经济增长的金融创新方向及其实现路径。

我国商业银行在整个金融和经济体系中起着举足轻重的作用，当前我国经济进入了内涵式高质量发展的新时代，对我国商业银行金融创新提出了许多新要求。一是供给侧结构性改革背景下实体经济的稳健增长需要商业银行通过金融创新提升服务效能，丰富业务手段，增加有效金融供给，找准业务方向和服务重点领域，增强与外部需求适配性进而达到满足外部不断迭代的金融需求，达到支持实体经济转型升级的目的。二是在过去经济粗放式高速增长的时代，某些商业银行基于利益驱动通过金融过度创新脱实向虚，从而阻碍了实体经济的高质量发展，这种局面必须纠正。三是加强金融监管，推行实体经济与金融双重去杠杆化的大环境，对商业银行稳健经营提出了更加严峻的挑战。总之，经济增长方式的转变与金融体系深化改革，需要商业银行开展有效的金融创新。这既是为了解决宏观经济发展的内在矛盾、实现动能转换提供良好金融服务的外部需求，也是银行提高经营效益、实现稳健经营的内部需求。

基于以上考量，本书选择了供给侧结构性改革背景下商业银行金融创新与实体经济增长的关系作为本书的研究核心内容，并综合运用现状整理、规范分析、数理推导、参数模拟以及实证分析等多种方法展开研究。本书的主要研究成果包括：(1) 界定了金融创新和实体经济的概念，并梳理了商业银行金融创新与实体经济增长关系的国内外文献。(2) 系统分析了供给侧结构性改革背景下实体经济增长对商业银行金融创新需求；剖析当前商业银行金融创新的现状与存在问题。(3) 研究商业银行创新对实体经济增长的非线性影响效应并进一步实证分析商业银行金融创新对核心实体产业（制造业）发展的非线性效应和商业银行金融创新的协同效应。(4) 归纳与总结商业银行金融创新与实体经济增长的作用机制，并通过现代计量方法基于动态时序视角深入研究商业银行金融创新作用于实体经济增长的路径与机制。(5) 根据前述研究结果，提出了供给侧结构性改革背景下商业银行支持实体经济增长的金融创新总体方向，包括：紧扣供给侧结构性改革主旋律、优化资源要素配置、坚持适度创新、抑制过度创新以及因地制宜、实行区域差异化金融创新等。在此基础上，围绕业务创新、金融科技创新和组织制度创新三个方面提出了商业银行开展金融创新的具体行动路径，包括：开发符合动能转换需求的金融产品支持产业优化升级、综合应用多种技术实现融合创新、构建商业银行组织架构与制度协同运行保障机制等。

希望通过本书研究能够丰富供给侧结构性改革背景下商业银行金融创新与实体经济关系的理论，进而为供给侧结构性改革背景下商业银行金融创新的方向与实施路径提供借鉴与参考。

滕　飞　秦建文

2021 年 11 月

摘　要

本书按照“需求分析—现状与问题梳理—相关性与作用机制分析—路径政策建议”的逻辑框架开展研究。首先，对供给侧结构性改革背景下实体经济增长对商业银行金融创新需求进行了系统性分析，进而对中国商业银行金融创新现状与存在的问题进行了深入剖析，并指出商业银行有效金融创新对实体经济持续增长的重要性与必要性。其次，在此基础上，深入研究了商业银行金融创新对实体经济增长的影响及其直接和间接的作用机理，并结合2006—2018年省域横向面板数据和2009年第三季度至2019年第二季度共40期全国纵向时序数据对商业银行金融创新与实体经济增长的相关性及其直接和间接的作用机制进行实证验证。最后，借鉴国外商业银行金融创新经验与教训，从“紧扣供给侧主旋律、坚持适度创新抑制过度创新以及因地制宜展开创新”等方面提出了在供给侧结构性改革背景下，基于支持实体经济发展的中国商业银行金融创新的总体方向，并运用互联网、大数据、云计算、人工智能、区块链等现代前沿底层技术围绕实体重点产业链发展与补充薄弱环节从业务创新、金融科技创新、组织与制度创新三个方面提出商业银行支持实体经济增长金融创新的行动路径。

本书将围绕以下几个部分展开。

第一部分是绪论和理论分析，包括本书第一章和第二章。第一章主要阐述本书的研究背景与意义，对相关文献进行梳理，并总结了本书的技术路线和主要创新等。第二章对相关重要概念和理论进行梳理，包括对习近平新时代中国特色社会主义经济思想、供给侧结构性改革理论、金融发展理论以及商业银行金融创新运行机制理论等进行系统梳理和评析，进而提炼出相关理论对本书研究的启示。

第二部分是现状与需求分析（第三章），系统分析了在供给侧结构性改革背景下实体经济增长对商业银行金融创新需求，进而深入分析了我国商业银行金融创新的历程、现状及其存在的问题，剖析了国外商业银行金融创新的经验与教训，从而充分揭示了在供给侧结构性改革背景下实体经济增长对商业银行金融创新的深层次需求以及对商业银行金融创新的适度性要求。第二部分具体包括如下内容。

（1）供给侧结构性改革背景下实体经济增长对商业银行金融创新需求分析。第一，运用拓展费雪方程式论证实体经济与虚拟经济融合发展的重要性，而这需要商业银行通过金融创新更好地向实体经济发挥正向反馈作用。第二，运用银行博弈均衡模型进行参数模拟，揭示商业银行金融创新是供给侧结构性改革的重要组成部分，商业银行金融创新须通过有效创新（如降低监督成本）引导资金流入实体经济并确保自身业务可持续性，以更好地融入供给侧结构性改革。

（2）分析我国商业银行金融创新动因、历程、现状及其存在问题。基于事实与数据分析，本书认为我国商业银行金融创新通过扩大供给和丰富产品等方式支持经济发展与转型取得一定成效，但仍存在无法有效满足实体金融需求存在结构性矛盾、支持重点领域存在创新不足等问题。

（3）分析国外商业银行金融创新的经验与教训，特别是应吸取国外商业银行金融过度创新导致非理性扩张以及与实体经济需求脱节方面的教训。

第三部分是运用规范性分析方法系统分析商业银行金融创新对实体经济的影响效应及其作用机制（第四章）。第三部分包括如下内容。

（1）分析商业银行金融创新对实体经济的积极影响和过度创新对实体经济的负面影响，说明商业银行金融创新对实体经济增长的影响存在两面性。

（2）系统归纳了商业银行金融创新对实体经济增长的作用机制。本书将商业银行金融创新通过影响消费需求、资本积累、技术进步以及推动产业升级，从而促进实体经济增长的作用机制称为商业银行金融创新对实体经济增长的间接作用机制（要素与结构路径）；将商业银行金融创新增加金融供给、优化金融配置、增强金融功能，进而促进实体经济增长的作用机制称为商业银行金融创新对实体经济增长的直接作用机制（金融发展路径）。

第四部分是实证分析供给侧结构性改革背景下商业银行金融创新对实体经济增长相关性及作用机制，主要从省域横向面板和全国纵向时序两个角度展开研究分析，包括本书第五章、第六章。第四部分具体包括如下内容。

（1）第五章是本书利用面板平滑转换模型（PSTR），基于2006—2018年31个省区市相关数据，从面板横向角度实证分析供给侧结构性改革背景下商业银行金融创新与实体经济增长的非线性关系及所呈现的区域差异与阶段差异，得出如下结论。

①我国商业银行金融创新对实体经济增长的影响效应总体是积极的，但存在区域不均衡性。实证表明，商业银行金融创新规模与效率指标处于低体制时，其对实体经济增长影响效应较弱甚至是负面的；当商业银行金融创新规模与效率指标处于高体制时，其对实体经济增长影响呈现正向效应且逐步增强，基准模型在体制转换过程中整体呈现渐进正向的非线性转换趋势，上述结果说明我国商业银行金融创新支持实体经济增长总体效应是适度的。但是，通过对PSTR模型的非线性转换体制分析，发现不同省区市转换函数值（g值）分布范围广且体制转换速度较慢，结合各省区市商业银行金融创新指标样本期间所处体制情况，说明不同省区市商业银行金融创新存在严重的不均衡性。

②我国商业银行应保持适度创新规模的同时注重开展内涵式效率创新。通过比较商业银行金融创新规模指标与金融创新效率指标的非线性效应，金融创新规模指标的非线性效应更强体制转换速度更快。本书发现，目前，我国商业银行主要依靠“金融创新规模效应”拉动实体经济增长，

但是商业银行金融创新效率指标对实体经济增长促进作用要优于金融创新规模指标，说明商业银行应保持适度金融创新规模的同时更应着眼于提高金融创新效率。

③我国商业银行金融创新影响效应存在阶段性差异。供给侧结构性改革后商业银行金融创新对实体经济增长发挥的促进作用较供给侧结构性改革前更显著，说明供给侧结构性改革后商业银行为更好地服务实体经济采取的金融创新措施是有效的。

④我国商业银行金融创新存在区域差异性。本书通过分区域实证分析可得：当前，我国商业银行金融创新存在局部过度创新（东部、中部）和创新不足（西部）并存的现象，东部和中部区域商业银行金融创新存在规模经济边际递减现象。

⑤我国商业银行金融创新对实体核心产业（制造业）发展同样具有渐进正向的非线性影响。通过替换自变量的稳健性检验得到基准模型相似结果，其中对制造业增长指标的正向影响较为显著但对制造业结构优化指标的正向影响效应较弱。

⑥我国商业银行金融创新存在协同不足的问题。通过加入交互项的稳健性检验验证了基准模型结果的稳定性，并可得：商业银行金融创新存在协同效应差异性，商业银行金融创新与资本积累指标对实体经济增长发挥协同效应趋于正向，商业银行金融创新与科技研发指标发挥协同效应则趋于负向。

（2）第六章主要基于2009年第三季度至2019年第二季度共40期的全国经济变量数据和16家主要上市商业银行数据，从时间序列角度纵向验证商业银行微观主体的金融创新对宏观实体经济增长“微观—宏观”的作用机制，具体包括如下内容。

①选取金融业务创新发展（规模）维度、金融业务创新效能维度、金融创新风控维度、金融科技创新维度以及创新支持实体经济需求维度等五大维度下16家中国上市商业银行2009Q3—2019Q2的15项相关指标，通

过主成分分析法（PCA）量化微观视角下各商业银行金融创新指数，结果表明：中国银行、建设银行、工商银行以及交通银行金融创新指数占据前四位主要得益于上述银行业务创新规模较大，而北京银行、招商银行以及中信银行等创新效能高的中型银行紧随其后。

②基于16家上市商业银行金融创新指数构建商业银行金融创新指数（BII）并观察该指数趋势，分析其阶段特征。结果表明：该指数在样本期间内呈现平稳增长趋势，分阶段来看，BII经历持续增长期（2009Q2—2012Q4）、波动调整期（2013Q1—2017Q4）以及转型回升期（2018Q1—2019Q2）三个阶段。在供给侧结构性改革背景下，在经历一段时期的波动后，商业银行经过业务转型与调整金融创新指数稳步回升。

③构建供给侧背景下商业银行金融创新与实体经济增长间接作用机制（包含资本积累、技术进步以及产业升级等宏观指标）和直接作用机制（包含实体经济融资规模与融资成本、储蓄投资转换等金融指标）的SVAR实证模型并验证其有效性。实证结果表明：第一，无论是在间接作用机制还是直接作用机制下，商业银行金融创新对实体经济增长都具有拉动作用并呈现短期快速拉动、中期波动、长期相对平稳的态势且商业银行金融创新对实体经济增长的贡献度最高；第二，间接作用机制下商业银行金融创新对实体经济增长的促进作用较直接作用机制更明显相关系数更大，商业银行金融创新应更注重精准支持实体经济要素积累与结构优化；第三，间接作用机制下，商业银行金融创新对资本积累影响存在反复，对技术进步和产业升级具有积极影响但持续时间较短；第四，直接作用机制下，商业银行金融创新对融资规模具有微弱正向作用且存在时滞性，但有利于融资成本降低、优化储蓄投资转换职能。

第五部分是基于第三章的需求分析、第四章的机理分析与第五章和第六章的实证分析提出供给侧结构性改革背景下商业银行金融创新支持实体经济增长的总体方向和行动路径建议，即本书第七章。第五部分具体包括如下内容。

（1）提出供给侧结构性改革背景下商业银行金融创新支持实体经济增长的总体方向。即：紧扣供给侧结构性改革主旋律，优化资源要素配置；坚持适度创新、抑制过度创新；因地制宜开展差异化金融创新；有效促进科技与金融融合以及建立适应外部经济转型特征的组织架构和制度等。

（2）提出供给侧结构性改革背景下商业银行支持实体经济增长的业务创新行动路径，包括开发符合动能转换需求的金融产品支持产业优化升级、整合综合金融服务能力支持“三去一补”、完善融资产品利率定价机制以缓解企业融资约束、线上与线下业务融合发展以及优化资产负债管理等。

（3）提出供给侧结构性改革背景下商业银行支持实体经济增长的金融科技创新行动路径，包括运用大数据技术发掘和评价客户、运用云计算技术搭建业务平台、运用人工智能技术推动关键领域智能化改造、运用区块链技术打造高效产品和服务体系以及综合应用技术实现融合创新等。

（4）提出供给侧结构性改革背景下商业银行支持实体经济增长的组织与制度创新行动路径，包括搭建以业务为导向的矩阵式组织架构、完善金融创新制度、构建金融创新协同保障机制等。

希望通过本书研究能够丰富供给侧结构性改革背景下商业银行金融创新与实体经济增长的关系的理论，进而为供给侧结构性改革背景下商业银行金融创新的方向与实施路径提供借鉴与参考。

关键词：供给侧结构性改革；实体经济增长；商业银行；金融创新；金融发展

目 录

第 1 章

导　论

1.1 选题的背景与意义

1.1.1 选题的背景

金融体系对实体经济发展具有重要而深远的影响（Maudos，2007）[1]。党的十九大报告（2018）[2]明确要求“深化金融体制改革，增强金融服务实体经济能力，建设现代化经济体系，必须把发展经济的着力点放在实体经济上”。习近平总书记在第五次全国金融工作会议上明确指出：“金融要把为实体经济服务作为出发点和落脚点”。

随着中国商业银行在规模、功能和业务范围的不断完善，商业银行通过发挥金融功能实现金融资源有效供给和配置进而对实体经济产生重要影响已成为共识。而商业银行金融创新对实体经济影响是复杂的：一方面金融创新有助于提高商业银行效率与资源配置水平，也有助于商业银行提高竞争力，增强服务实体经济的效能；另一方面金融过度创新有可能削弱货币当局监管效果（Minsky，1986）[3]，降低商业银行稳定性，并将不稳定性传导到实体经济造成波动并具有放大作用（戴险峰，2017）[4]。在过去高速经济增长时代，由于银行存在逐利性与信贷羊群行为，加之信息不对称和逆向选择的现象存在，实体经济获取金融支持的机制处于偏差和不均衡的状态，商业银行产品和服务体系存在低效性和服务偏离等问题。因此，急需商业银行通过创新推动转型和完善功能，在供给侧结构性改革背景下主动作为增加有效供给来纠正前期的偏差。

我国金融体系属于典型的银行主导型，哪怕在多层次资本市场快速发展的前提下，商业银行重要地位依旧无法替代，商业银行提供金融资源是实体经济持续发展的核心动能和要素来源。商业银行金融功能的良好发挥是实体经济持续增长的重要保证。因此，商业银行如何更好地服务实体经济，切实为供给侧结构性改革提供针对性的产品、业务模式和服务，努力推动实体经济高质量的发展是未来一段时间我国金融体系变革的重要议题。我国经济已由高速增长阶段转向高质量发展阶段，经济基本面已经发生了历史性的转变。随着我国经济结构不断优化，经济增长动力从投资驱动转向创新驱动发展时，其对商业银行的金融服务需求也将不断迭代和更新。这无疑对金融服务实体经济、匹配实体需求和加强自身风险防范提出更高要求。所以，商业银行金融服务实体经济永远在路上。商业银行如何改善资金融通、顺畅融资渠道、提高金融配置、降低融资成本以更好地服务实体经济无疑是商业银行深化改革、完善功能、健全体系的重要着眼点。因此，银行如何通过金融创新充分发挥金融功能，如何通过创新以适应新形势的需要，助力实体经济供给侧结构性改革支持实体经济持续稳定的增长，是目前我国金融发展理论实践的重要课题。

1.1.2 选题的意义

1.1.2.1 理论意义

（1）本书基于丰富供给侧结构性改革背景下商业银行金融创新对实体经济增长影响效应与作用机制的理论研究。其包括如下内容。①现有理论并借鉴已有研究进行拓展延伸，本书利用省域面板视角和全国时间趋势视角量化商业银行金融创新指标多角度、动态地研究商业银行金融创新对与实体经济增长的相关性与作用机制，并结合实证结果分析供给侧结构性改革背景下商业银行金融创新整体效应的适度性以及影响可能存在的差异性。②供给侧结构性改革背景下商业银行金融创新如何应对实体经济、宏观经济要素、金融结构以及金融发展传导作用背后的机制问题，本书将进行深入的归纳与分析，具有较强的借鉴意义。

（2）本书研究供给侧结构性改革背景下实体经济增长对商业银行金融创新需求规律、供给侧结构性改革背景下实体经济增长需要商业银行金融创新的原因、商业银行金融创新对供给侧结构性改革背景下实体经济增长的重要意义。本书将基于机理分析、数理推导以及实证分析等多种方式深入探索实体经济增长对商业银行金融创新的需求规律。

探索供给侧结构性改革背景下商业银行金融创新的总体方向和行动路径。本书基于现状与机理分析、数理推导以及实证研究成果有针对性地提出供给侧结构性改革背景下商业银行金融创新的总体方向与行动路径（包括如何回归金融本源、如何适度创新、如何因地制宜创新与充分运用金融科技前沿成果等）。这对于丰富当前商业银行金融创新研究方向与路径等内容具有重要理论意义。

1.1.2.2 实践意义

本书结合目前商业银行金融创新现状与存在问题，并在总结国外商业银行经验与教训基础上提出基于供给侧结构性改革背景下商业银行支持实体经济增长的总体方向和实施路径的现实需求。过去，我国商业银行规模上高速发展建立在一定程度脱实向虚基础上，这一系列偏差现象造成了有限金融资源分配不均衡，形成货币供给连年走高的同时许多实体企业特别是广大中小企业金融需求得不到满足的矛盾。随着利率市场化及金融脱媒时代的到来，我国商业银行依靠传统存贷利差的盈利模式面临着巨大挑战。因此，本书基于机理分析和实证结果并运用大数据、云计算、人工智能、区块链等现代科学技术原理，围绕实体经济重点产业链发展和实体经济薄弱环节补充对商业银行如何开展针对性创新，提高与外部经济需求的适配度，满足新形势下客户需求，促进商业银行稳健经营与绩效提升提供有益借鉴和有针对性的行动路径建议。

1.2 文献综述

1.2.1 有关实体经济增长的文献综述

1.2.1.1 影响经济增长因素与路径的研究

S. Kuznets（1971）[5]认为，经济增长是国家通过经济商品能力提升和人均产值的持续增加。萨缪尔森（1992）[6]认为，经济增长是国民产量的增加和生产边界的外延。Romer（1986[7]，1990[8]）认为，投资持续投入引致知识资本的积累，进而提高资本投资收益，在此种正反馈的循环中，经济持续增长。Lucas（1988）[9]建立以人力资本为基础的内生增长模型，通过求解消费者效用的最大化，求解均衡条件下的经济增长状态和条件。Aghion、Howitt（1998）[10]认为，经济的持续增长建立在克服投入要素的边际报酬递减实现要素投入边际效应持续增加的基础上，而这就需要知识的扩散和人力资本提供收益的基础上。

关于经济增长的路径，以 Romer（1986，1990）、Lucas（1988）、Jone（1995）[11]以及 Aghion、Howitt（1992[12]，1998）为代表的内生增长理论得到充分发展，为经济增长理论和和发展经济学做出了开创性的贡献。与新古典主义将技术进步视为外生因素不同，内生增长模型强调技术的内生性，并认为技术进步源于 R&D 系列活动，而这些活动通过事后垄断效应的形式作为宏观经济的奖励，比如生产中资本的累积以及生产技术的进步（技术新发明）。因此，在内生增长模型中，技术进步推动下各有形要素的投入可以实现规模效应递增并促进投资效益和要素回报的增长。

1.2.1.2 实体经济与虚拟经济关系的研究

现有关于实体经济和虚拟经济的研究，大多集中于对两者经济形式的界定以及从宏观层面分析虚拟经济对实体经济的影响：一方面，认为虚拟经济的发展可以创造货币，带动服务业的发展；虚拟经济的财富效应也能够推动经济的发展（李世美和沈丽，2018）[13]；另一方面，虚拟经济的背离，以金融资产价格、股票市场高利润性导致投资利润率差异导致资金脱实向虚（李彬和田玉鹏，2013[14]；王宇和黄广映，2019[15]）；资金套利引发的影子银行体系膨胀和货币空转；金融自由化和资本管制放松会阻碍实体经济发展（Tobin，1965[16]；Aiestie and Demetriades，1997[17]）。无论持哪方面观点，不可否认的是虚拟经济对实体经济发展具有重要影响，包括推动经济金融化进程（Arcand，Berkesand Panizza，2012）[18]，增加货币供给并创造财富（Akinlo，2012）[19]，并且推动产业迁移的进程（刘运、叶德磊，2019）[20]。

1.2.1.3 关于经济供给侧结构性改革的研究

其包括如下内容。

（1）供给侧结构性改革的内涵。胡鞍钢等（2016）[21]认为，供给侧结构性改革包括：优化供给结构、提高有效供给能力，增加有效投资；解决好产能的结构性过剩；构筑创新驱动增长模式以及避免各类风险等；黄奇帆（2019）[22]认为，经济供给侧结构性改革是包括制度、要素、成本、创新技术、企业等方面综合性的改革，与之相对应的金融供给侧结构性改革也是金融基础性制度、金融企业、金融要素等方面综合性转型升级。钱学宁等（2017）[22]认为，中国供给侧结构性改革并不是简单的政策组合，更不是单纯的产品供给；而是生产力的进步与升华，是生产要素有机合理配置，逐步进行动能转化培育“新经济”，寻求合乎可持续发展的新供给的新动力。

（2）供给侧结构性改革的路径。许小年（2018）[23]认为，中国已经进入后工业时代，而在这一时期经济发展模式和企业经营模式和过去重规模发展，重投资规模，重资本积累的工业时代有本质性不同，这一时期需要重视资源整合、生产（产品、技术）创新以及产业升级、规模效益等方面进步。巴曙松（2017[24]，2019[25]），何大勇等（2017）[26]认为，在供给侧结构性改革背景下中国经济需要通过要素重塑经济增长的供给与需求端，而需求端存在过去依靠出口与投资刺激经济增长的模式难以为继的挑战，供给端也存在劳动力红利消失，资本利用效率与企业创新效率需要提高等问题。龙海明和吴迪（2018）[27]认为，供给侧结构性改革的关键内容是产业升级，而产业升级需要改变过去单纯依靠要素数量型投入的简单模式，转而通过资金优化配置和技术创新的复合模式进而驱动经济高质量发展。

1.2.2 有关金融发展的文献综述

（1）金融发展对经济增长产生显著影响是金融发展理论的核心，而有关商业银行金融创新与实体经济增长关系的研究则建立在金融发展理论的基础上。一般认为戈德史密斯（1969）[28]、麦金农等（1973）[29]、爱德华·肖等（1973）[30]共同奠定与完善金融发展理论基础。一般认为金融发展泛指金融资产相对于国民经济总量的体系比重的提高，其研究内容涵盖金融规模、金融功能、金融自由化以及金融结构等多方面的内容。Levine 等（1993b[31]，1997[32]）认为，交易成本和信息不对称的存在导致了金融市场和金融中介出现，并认为金融发展主要通过为投资者提供有效的信息，改善资本配置效率，克服资本边际收益递减，改善公司治理，推动技术创新，促进经济长期有效的增长。Rajan、Zingales（1998）[33]认为，金融发展通过金融市场和金融机构，对经济多个层面产生重要影响。白钦先（2001）[34]认为，金融发展是金融体系可持续发展的过程，在这过程中对经济增效应是逐渐增强的。王志强和孙刚（2003）[35]通过规模、结构和效率三个方面进行实证研究认为金融发展对经济增长之间有显著且长期的双向因果关系。

（2）商业银行是典型的金融中介，Gurley、Shaw（1960）[43]认为，银行通过规模经济降低交易成本，通过降低信息不对称解决逆向选择和道德风险问题；王广谦（2010）[36]认为，金融中介理论是建立在“资产交换”

"风险分担" "降低交易成本"三大研究视角基础上的。李晓龙等(2017)[37]认为，在金融中介发达的区域推动创新主体拥有较多的资本要素投入，有助于实现规模经济、提高区域经济产出与生产率。

（3）金融功能观是研究商业银行影响宏观经济的重要理论工具，一般认为金融功能观是金融中介理论的新视角。它由 Merton （1995）[38]提出，之后由 Levine 等（1997[39]，1999，2002[40]）对金融功能观做了进一步完善。金融功能观强调金融整体对宏观经济提供的规模化功能。金融功能观是在新金融内生视角发展背景下提出来的，它充分借鉴了制度经济学、组织经济学与信息经济学新理论成果，是典型的"金融—经济"范式（Levine，1993a[41]）。持有功能观的学者认为，金融体系应该兼顾结构与功能，结构是内生在金融体系中展开研究其具体作用机制。根据已有文献，主要金融功能包括如下内容。①降低风险，风险管理。如 Diamond、Dybvig (1984)[42]提出著名的 DD 模型通过跨期投资模型证明，由于交易摩擦的存在，银行提供的合同可改善储蓄者在市场地位提供跨期风险承担的保障。Allen、Gale （1997）[43]、Bencivenga、Smith （1991）[44]、谈儒勇（1999）[45]、谢德金（2014）[46]认为银行风险分担功能主要通过代际风险分担实现，并发挥专业优势对流动性风险、跨期风险以及横截面风险进行管理。②动员储蓄，促进投资。如 Allen、Gale （2000）[47]、韩廷春（2002）[48]等认为银行可有效动员储蓄并通过相应机制将资金配置给有发展潜力的企业。③提高监督绩效和改善公司治理水平，解决"委托—代理"范式问题。如 Levine （1993b）认为银行在信息获取与交易监督具有比较优势。Merton、Bodie （2004）[49]等认为银行作为债权人有足够初衷通过监控约束和适当激励去监督、规范企业经营行为，一旦企业问题可通过监督和执行限制性的融资契约等方式施加约束"相机处理"。④便利交换，降低交易成本。Fama (1980)，Allen、Gale （1997），吴晓求等（2006）[50]以及陈刚等（2006）[51]，认为商业银行通过金融安排，产品组合来降低信息交易成本，有效促进交易。⑤信息处理。Mishkin （1995）认为，商业银行可以利用中介与平台优势通过信息搜集、处理市场信息并进行筛选，最大程度地缓解信息不对称。Boot、Thakor（1997）、Greenwood、Jovanovic（1999）[52]认为，银行在信息搜集和筛选的优势，并提供有用信息给市场使企业投资更有指向性。这不但可以帮助企业降低成本减少因信息不对称产生的摩擦，还可有效地提高资本效率激发有效投资。

（4）金融结构理论最早由Goldsmith（1969）所提出。他认为，金融结构由金融机构规模、金融工具规模、宏观指标金融相关比率（FIR）等构成。白钦先（2005）[53]认为，金融结构含义是金融相关要素构成、相互关系及其比例。金融结构对经济增长的作用主要借助金融工具和金融结构的多样性。一般来说，金融机构和工具越丰富、金融服务覆盖面就越广，对实体经济的渗透程度越强，因而对经济增长的效用就越显著。目前，许多学者认为，金融结构不存在单一最优，而应与基础经济环境、金融生态环境相适应，实现金融发展与深化，促使服务效率最优化；此种最优化是经济发展过程中对生产要素禀赋，技术结构差异化与动态化需求决定的。随着经济发展，产业结构的调整对最优金融结构的需求也会不断变化（徐朝阳和林毅夫，2011）[54]。基于“新结构经济学”视角，金融创新的重要内容就是化解这些矛盾和补短板尊重金融市场规律基础上的金融精准支持（林毅夫，2019）[55]。李健和范祚军（2012）[56]通过状态空间形式下的动态随机均衡模型认为，两种不同结构的互相渗透与耦合才可以符合不断发展的中国实体经济的需求，金融结构与区域经济产业结构是相互作用的。

1.2.3 有关商业银行金融创新的文献综述

1.2.3.1 金融创新的内涵

熊彼特（1942）[57]提出创新理论。他强调了“创新是推动资本主义运转的基本动力”，并认为创新实质是生产经营函数引入新的要素新组合，是一种内在因素。他肯定创新活动对经济发展的影响，并肯定创新竞争对实体经济技术进步与结构改革升级带来的正面作用。陈岱孙、厉以宁（1990）[58]认为，金融创新是建立新的生产函数，是各种金融要素的全新结合，为了创造利润机会而形成的市场变革。它泛指金融体系和金融市场上出现的一系列新事物，包括新的金融工具、新的融资方式、新的金融市场、新的支付清算手段以及新的金融组织形式与管理方法等内容。BIS（1986）[59]将金融创新定义为若干有新特征金融工具的组合和调整，并认为金融创新是按照一定方向改变金融资产特性（收益、风险、期限、流动性）组合的过程。根据原中国银监会（2006）[60]定义，商业银行金融创新是为适应经济发展需求通过引入新技术、采用新方法、开辟新市场、构建新组织，在战略决策、制度安排、机构设置、人员准备、管理模式、业务流程和金融产品等方面开展的各项新活动，因此如何满足实体经济需求是商业银行开展金融创新活动的重要落脚点。樊志刚和李卢霞（2011）[61]认为，商业银行金融创新是指其在经营活动过程中转换经营机制或向社会提供差异化产品的过程。

在世界范围内金融体系深化改革过程中，金融创新始终被视为金融发展重要内源动力并具有引擎作用。Arnold（1992）[62]认为，（缺乏金融创新支持的）生产要素没有任何质的变化，资本形成的过程沿储蓄—投资机制线路做无休止的循环。那么，如何定义金融创新，学术界并没达成一个广泛共识的理论框架。莫利纽克思和沙姆洛克（2003）[63]认为，这主要是因为监管放松、技术进步、利率汇率波动、市场竞争日趋计划和金融变革趋势等一些因素互相作用，参与主体众多等因素叠加导致较难以建立一个具有普遍性的框架。

实体企业创新需要持续的资本投入、技术支持，与实体经济创新不同的是商业银行实施的金融创新不是凭空再造而是基于对已有金融合同（债务凭证）要素的重组、改造和整合；是对金融合同特征的重新描述，比如收益、期限、流动性、增信方式、价格等（张波，2002[64]；蒋雨亭，2017[65]）。

金融创新具有其特殊金融属性，也决定它对实体经济发挥的不同于一般技术创新的效应。金融创新并不等同于金融发展（Tufano，2003）[66]，金融发展是一个静态存量水平，而金融创新是一个持续过程（Aghion，Howitt and Mayer，2005）[67]。

金融创新是商业银行在激烈市场竞争中持续发展的基本推动力，因为商业银行通过金融创新可以提高服务效率并降低交易成本（J. Niehans，1983）[68]更好满足客户动态变化金融需求；此外商业银行金融创新可以完善银行功能并提高资源配置效率、降低金融风险、优化成本管理、提高资产流动性及提高盈利能力（Silber，1983[69]；Beck and Loayza，2000；Loutskina，2011[70]）。赖溟溟（2011）[71]认为，针对金融制度、金融产品、交易方式、金融组织、金融市场等进行变革的商业银行金融创新已成为促进金融市场发育、金融体系发展和经济增长的重要力量，凸显了金融创新的“引擎”作用。因此，金融创新对银行体系的演进、机构效率提升和业务规模扩张无疑有着重要的影响（Boot and Thakor，1993[72]；Lleweelyn，2009[73]）。

1.2.3.2 金融创新的分类

学术界对金融创新的研究兴起以来，不少文献对金融创新内容进行分类。一般来说，依据主体不同，所实现功能不同、来源不同，相关分类也不同。

（1）按照实现功能不同进行划分。熊彼特（1942）认为，创新活动一般表现出两类结果，一类是通过研发使中间产品数量增加，另一类是研发使产品质量的提升，前者称为“水平类创新”，后者为“垂直类创新”。BIS（1986）将金融创新按照实现功能不同划分为：风险规避型（risk transferring）创新、流动补充增强型（liquidity enhancing）创新、股权导向型（equity generating）创新以及信用导向型（debt generating）创新。在这其中信用导向型实质是银行增加金融供给，增强金融效率以及优化金融工具结构的手段即商业银行通过直接或间接的手段，以金融工具（债券发行与承销、表外融资工具）为载体增强信用供给型的创新，类似客户对信用类产品需求越强，就会刺激信用导向产品创新的出现。因此，这种类型创新对实体经济、产业以及企业的金融需求产生重要作用。

（2）按照维度划分。其具体可分为：①宏观金融创新，是指整个体系变革如金融自由化等；②中观金融创新，是指商业银行整体业务结构创新；③微观金融创新，主要指金融产品与服务的具体创新。（Gonzalez et al，2016[74]；康枫，2016[75]）

（3）已有研究对中微观层面的商业银行金融创新进行较多研究。国外商业银行早期金融创新集中在风险缓释方面，其基本目的在于转嫁或规避各种价格、信用以及流动性风险采取的风险缓释措施，包括资产证券化、金融衍生品交易及其他银行资本补充创新工具（Obay L，2000）[76]。上述创新并在防范挤兑、流动性冲击方面具有重要的作用（武博华等，2017[77]）。Allen、Gale（2001）[78]，Yuan、Chin（2004）[79]认为，商业银行金融创新主要围绕表外业务产品和资产证券化两个主要方向进行创新，将商业银行业务特征由传统吸存放贷演变为一系列复杂金融合同的集合。Frame、White（2014）[80]认为，商业银金融创新实现了从关系型业务到市场型业务转变，增加了产品组合选择。

（4）中国商业银行金融创新大多以中观、微观层面为主。其包括新的金融工具、业务边界拓展与融合、新支付手段与新技术手段的应用等。商业银行金融创新是银行提高竞争力，深化金融改革的重要手段（孙浦阳和张蕊，2012[81]；王达，2018[82]）。国内一些学者认为银行金融创新对满足特定领域融资需求具有独特优势。刘渝琳、贾继能（2018）[83]、廖珉（2015）[84]认为，银行通过创新成为连接创业者、企业家、风险投资人、孵化器、中介机构、政府等多个创新生态系统要素的平台。具有更高的效率和更好的分散风险特征，融资效率更高。秦建文和赵瑞娟（2019）[85]认为，商业银行金融创新对于提高金融包容水平，提高银行金融服务的可获取性、使用便利性、服务质量具有促进作用。高蓓等（2019）[86]认为，资产端的同业创新有助于提高银行经营稳健性。

（5）金融科技创新的重要性日益显现。Shahrokhi（2008）[87]认为，以互联网金融为代表的技术创新已成为商业银行获客与增强客户体验的重要手段，对商业银行业务模式具有颠覆性影响。Berger、Gleisner（2009）[88]认为，金融技术进步可以与银行传统产品形成良好互补，并使其具有令人瞠目的扩散速度。沈悦和郭品（2015）[89]、巴曙松（2018）[90]认为，金融科技在支付结算、投资理财以及信息查询等方面的进步将产生技术溢出效应，进而促进银行生产效率提高。

1.2.3.3 金融创新的度量

由于商业银行金融创新概念宽泛且涉及内容多，因此度量商业银行金融创新也是受到一定关注的研究重点。

（1）大多数已有文献是直接选取商业银行的单个经营指标衡量金融创新能力，Laeven L、Levine R 和 Michalopoulos S（LLM，2015）[91]认为，金融创新就是规模增长，因此选取私人信贷增长作为金融创新指标。Amore 等（2013）[92]以银行资产增长率作为金融创新指标。Beck、Chen 和 Lin（2013）[93]选取非利息支出作为创新研发指标。李丛文（2015）[94]选取金融增加值与狭义 M1 之和作为金融创新指标。李增来和方微（2019）[95]选取手续费及佣金收入与总资产比值作为创新指标。

（2）通过测度效率的方式衡量商业银行金融创新水平。一些学者基于厂商技术创新理论将银行创新能力归纳为投入、中间品以及产出几大类（Holod and Lewis，2011）[96]，将金融创新看作生产要素（Berger and Mester，1997）[97]，通过 DEA 或者 SBM 方法从银行微观角度衡量创新效率。李媛媛等（2015）[98]以金融专利数体现创新技术能力、非利息收入体现业务创新能力、用投资性金融资产总量与金融增加值金融创新发展程度，采用 DEA 模型对各省市的金融创新水平进行评价。蔡则祥等（2014）[99]采用松弛变量 DEA 模型测度宏观金融创新效率。韩孺眉（2018）[100]以就业人数和资本存量为投入变量以金融增加值为产出变量，利用 DEA－Malmquist 法计算区域金融创新效率。游士兵等（2019）[101]从绿色发展视角着眼，在产出指标加入绿色金融指标，测度了金融创新效率服务绿色经济效率。

（3）也有部分学者着眼于搭建系统性指标，如邱洪华（2012）[102]则从技术领域着眼，选取3个维度14个金融技术指标搭建创新体系指数评价中国商业银行技术创新活动能力。李敏（2010）[103]通过熵权法建立金融系统输入和输出的金融创新熵权值并测度与经济增长系统序参量之间关系。

1.2.4　有关商业银行金融创新与实体经济关系的文献综述

1.2.4.1　商业银行金融创新对实体经济的影响

商业银行金融创新既对内部体系产生作用又对外部经济产生影响。此种影响效应主要体现为如下。Tufano（2002）认为，金融创新对经济可以实现如下几个功能：包括完善内生不完善的市场机制、缓解信息不对称性和委托—代理范式问题、分散管理风险、跨期调配金融资源等。Greenwood（2010）[104]通过风险评估、监督成本对企业外部融资角度考察，认为金融创新通过影响资本结构和技术水平对经济增长具有长期影响。潘成夫（2002）[105]将金融创新经济影响分为五大类，包括：①提高资源配置效率（通过金融市场的价格机制，提供市场信息的专业化评估引导资源配置，提高资产流动性，降低资产变现风险）；②提高了社会的结算效率；③降低经济交易成本；④方便经济交易有助于更有效地动员储蓄并提高社会储蓄水平；⑤为政府执行经济政策提供了工具和手段，但是也可能加大执行经济政策的难度等。施建淮（2004）[106]认为，金融创新可以提升金融体系稳定性，增强金融体系效率进而对金融中介具有增强效应并风险管理、信息生产、公司控制以及储蓄动员等渠道支持经济长期增长。范学俊（2008）[107]，游士兵和杨芳（2019）[108]认为，商业银行金融创新通过两个方面效应影响实体经济的增长：一方面是产品规模方面的效应，表现为在储蓄投资转换率方面产生影响；另一方面是效率绩效方面的效应，表现为资本形成机制和资本配置水平等。

学术界对于商业银行金融创新与实体经济增长关系的方向未形成广泛共识。其中，赞同银行金融创新与实体经济增长关系以正向积极为主，一般称为“创新促进论”，具体表现如下。

Allen、Gale（1994）[109]、Beck、Demirguc 和 Levine、(2010)[110]认为，商业银行金融创新可以激发银行业务活力、提升经营水平；有利于提升银行对金融资源的开发利用效率，促进金融市场效率改进，降低交易成本，转移业务风险，消除业务边界减少业务摩擦，最终提高社会投融资规模与效率，提升实体企业获取融资的便利度，并达到提升银行对经济发展的作用力与贡献度的目的。

商业银行金融创新有助于提高资源利用效率，促进金融市场效率改进(Laeven and Levine，2007)[111]、降低交易成本转移业务风险（陈子季，2000)[112]、消除业务边界减少业务摩擦（潘成夫，2002）以及增加流动性(Beck，Levine and Loayaz，2000)[113]。Bencivenga、Smith（1991)、Allen、Gale（1997)、Wurgler（2004)[114]认为，商业银行金融创新可以能够提高项目筛选识别水平进而提高企业投资与技术创新效率，达到促进经济增长的目标。Amore 等（2013）从银行信贷规模的扩张角度来考察金融创新，发现对企业信贷支持可以有效促进其技术的改进与产品专利产出，提高企业生产效率从而带动经济增长。而这种“信贷供给增强”效应在银行主导金融体系国家体现尤为明显，赵勇和雷达（2010)[115]、唐建新和李青原(2010)[116]以及戴伟和张雪芳（2017)[117]认为，中国以商业银行为主导的金融体系通过金融创新扩大信贷供给，培育金融市场，增强实体资本形成机制，提高实体资本配置效率进而实现经济增长。

Aghion 等（2005)，Laeven、Levine 和 Michalopou - los（LLM，2015)认为，商业银行金融创新塑造更高效运作银行体系促进商业银行项目识别与筛选能力获得增强，进而提高社会融资规模与效率，达到更好满足实体经济对融资的需求与便利度并提升商业银行对经济发展的作用力与贡献度的目的。吴敬琏（2006）[118]认为，由于金融市场和金融中介组成整个金融体系存在一定滞后现象，影响金融体系服务效率，因此需要借助金融创新提高金融系统服务效率进而实现经济增长。商业银行金融创新对微观企业层面同样具有重要影响，Chowdhurry、Maung（2012）[119]认为，商业银行通过创新业务模式有利于与创业阶段的中小科技企业建立有效融资关系，缓解融资约束进而有效支持创新产出的扩大。李晓龙（2017）、耿宇宁等（2020）[120]认为，商业银行金融创新可有效缓解技术创新项目投资过程中存在的信息不对称导致的资金配置偏向性问题并增加技术产品创新项目的贷款额度，从而达到支持企业技术创新并加快发展速度的目的。

尽管许多中外学者对商业银行金融创新的影响效应持积极意见，然而商业银行不当创新推动金融过度自由化最终导致金融危机的破坏性与深远影响，让学术界重新思考商业银行过度创新对金融体系不稳定和内在脆弱特征加剧的影响，以及对外部实体经济可能造成的负面冲击与破坏性，持有此种观点的一般称为“创新毁坏论”。

（1）许多学者基于金融内生脆弱性理论认为商业银行过度创新对经济增长具有破坏效应。(1986）较早提出了著名的“金融不稳定假说”即商业银行高负债、高错配等特征使其易受风险冲击并导致波动。创新行为天生具有不确定性，金融创新对信用创造和信用扩张的作用放大了这种不确定（金德尔伯格，1996[122]；陈守东和王淼，2011[123]）。Bernanke 等（1996）[124]提出了金融加速器（Financial Accelerator Theory）概念，通过 BGG 模型（Bernanke，Gertler and Gilchfist model），考察在信贷扩张对经济的冲击和加剧这种冲击的机制。这种机制通过“资产价格—外部融资溢价—投资需求增加—资产价格”的循环作用对实体经济的破坏有放大效应。Beck 等（2012）、Arcand（2015）[125]认为，过度金融发展会形成资本错配，对真实融资需求产生一种消失效应（Vanishing Effect），使金融体系支持实体经济效率下降并对实体经济造成波动。Guerrieri 和 Iacoviello

(2015)[126]将大萧条的源头归结于银行受到过度创新造成的违约冲击，并指出大萧条期间2/3的产出崩溃是由金融冲击造成的。Ductor、Grechyna (2015)[127]认为，过度金融发展会带来资源配置效能下降、供需失衡以及经济运行成本的增加。邓创和赵柯（2018）[128]认为，在经济繁荣期，商业银行形成过度乐观情绪，基于逐利性采取盲目扩张行为，忽视真正风险的累积并导致新的风险点滋生。

（2）也有学者从商业银行金融创新对货币供需影响的角度着手，认为商业银行作为货币政策重要的承载主体，通过同业市场与债券市场创新实现“信用创造”等功能。而上述新功能会扰乱当局调控货币供给的意图，增加金融市场的无序流动性，推高杠杆并造成实体经济结构失衡并导致隐藏风险的堆积（Bernanke，2012[129]；Demirgüç，Feyen and Levine，2013[130]）。张建平等（2017）[131]在肯定货币政策对产业结构传导效应的同时，认为银行不当创新导致资金分配不均衡，无论货币当局如何调控释放流动性难以通过银行流入实体经济部门，形成“信贷梗阻”。杜勇等（2017）[132]认为，银行过度创新将导致实体企业过度金融化，进而对实体投资形成“挤出效应”。因此，宏观经济对包括银行在内的金融规模和深度的承载能力是有限度的（Law and Singh，2014）[133]。

（3）有些学者从具体创新金融产品角度展开研究并认为新金融产品的不当设计或过度使用会加大银行风险负担，造成经营不稳定并对外部经济形成负面影响。Gennaioli、Shleifer 和 Vishny（2012）[134]指出，银行为了追求利润最大化、利用投资者情感，通过资产证券化方式将错误定价的产品投放到市场上，会导致金融不稳定。Acharya、Schnabl 和 Suarez（2013）[135]认为，同业业务的过度繁荣会导致资金悖离实体经济需求，银行依靠同业业务相对于传统信贷业务具有比较优势，可以通过规避流动性指标、信贷政策监管从而谋取高额收益。邵汉华等（2015）[136]对同业创新业务进行了研究，通过实证研究得出结论：银行提高同业资产在总资产的比重，对信贷业务扩张具有显著促进作用，但这种创新降低了货币政策敏感性，弱化银行信贷对货币政策传导的效应。李后建（2017）认为，银行产品金融创新拓宽资金来源，受到贷款供给调控的影响将减弱，因此实质弱化了货币政策的信贷传导机制。郭红玉等（2018）[137]对资产证券化产品对商业银行的流动性和效率影响进行分析，并认为过度资产证券化通过银行逐利性和形成稳定预期等方式造成商业银行流动性错配，产生流动性风险。秦建文、滕飞、萁璐嘉等（2020）[138]认为，一些中小银行过度创新给别人当通道、拼盘融资“垒大户”，将信贷资源向所谓“优质”集团大客户倾斜，在宏观经济下行压力加大的情况下，其遭受打击将十分沉重。

（4）商业银行如何适度权衡金融与经济两者之间关系并适度创新发挥正向作用显得尤为重要（Jacobson et al，2005）[139]。黄益平（2019）[140]认为，所谓合适的金融创新至少需要同时满足两个条件：一是能够满足实体经济的合理需求；二是风控能力匹配业务发展水平。超出合理范围的金融创新，不仅自身存在极大风险，对整个金融体系也会造成冲击，进而蔓延到实体经济。黄奇帆（2019）将银行金融创新分为三类：一是因经济发展需要、围绕实体经济的问题导向而出现的业务模式创新；二是因技术进步、金融科技发展而形成的服务方式创新；三是为追求利润、提高杠杆而进行的金融产品创新。前两类属于“好的创新”；第三类属于“坏的创新”。最后一类就是典型的过度创新，通过多种金融产品和工具叠加，抬高杠杆，以获取丰厚利润需要重点防范。

（5）金融创新与宏观经济是一种相互作用的复杂关系。Beck等（2011）[141]认为，金融创新对于经济增长具有两个方面作用，在促进经济增长的同时也使宏观经济体系和金融机构自身的稳健性受到外部冲击。Beck、Chen、Song（2012）[142]基于32个发达国家数据实证分析认为，金融创新一方面有益于资本积累和人均收入的提高；另一方面创新会加剧过度依赖外部融资的产业脆弱性，在金融危机中遭受损失较大。因此，由于金融创新的高风险性与不确定性，可能会加剧经济的不稳定性因此其对经济增长的影响也是不稳定的。（Gennaioli，Shleifer and Vishny，2012；谢婷婷和任丽艳，2017[143]）

1.2.4.2 商业银行金融创新传导效应的机理

商业银行金融创新实质是金融产品、工具与模式的重构且大多发生在中微观层面，而对经济增长发挥的影响作用渠道属于宏观机制范畴，基于此金融创新对经济增长的影响在宏观层面并不直接（斯夸姆湖小组，2013[144]；彭俞超，2017[145]）。金融创新在效应传递的过程中需要中间变量承载这一过程。据此，Tufano（2003）认为，金融创新并不等同于金融发展，但是两者之间具有紧密联系，金融发展是一个静态存量水平，而金融创新更多的是一个动态且持续的过程。

因此基于以上考量，学术界对商业银行金融创新效应传导的研究主要围绕以下几个方面展开。

（1）商业银行金融创新对金融发展的作用路径。一些学者认为，金融创新对经济增长的影响通过金融发展指标作为中介效应实现。分析金融创新对经济增长影响的基本逻辑也是先分析金融创新对金融发展的促进作用，而后再分析金融发展对经济增长的影响（Rin Hellmann，2002[146]；Beck，Levine and Loayza，2000）。Cecchetti 和 Kharroubi（2012）[147]认为，只有宏观经济体的金融水平超过一定标准后，经济才会收敛到经济增长率前沿的概率才会加大。由于金融创新更多的是作为金融体系要素促进、催化金融发展、推动金融发展和金融结构优化。因此，商业银行金融创新通过水平类扩张方式推动金融发展进而对外部经济产生影响（阳佳余和赖明勇，2007）[148]。

（2）金融创新对宏观经济资源禀赋的影响。Aghion、Howitt（1998）基于熊彼特经济增长模型论证银行在金融创新情况下，将金融创新视为一种知识资本通过“提高储蓄投资比例”“提高资本配置效率”“风险分担与转移”以及“降低交易成本”等渠道加快资本积累、促进技术进步达到研发水平最优化，实现规模经济进而促进经济增长。LLM（2015）研究了金融创新、实体企业创新与经济增长三者之间的联动关系，并认为企业平均技术效率由金融创新效率、项目甄选技术和企业创新成功概率共同决定，因此金融创新水平通过项目甄选效率作用到实体企业获取资金概率。因此，技术进步与金融创新存在协同效应。朱淑珍等（2010）[149]基于古典的哈罗德—多马模型推导得出银行创新通过影响储蓄率、提高储蓄转化为资本比率和改善投资配置效率等途径促进经济增长方式与社会的和谐发展。

（3）在具体研究方法上，现有研究主要通过数理推导和实证方式等方式论证和探讨商业银行金融创新的影响效应。许多学者在内生增长理论框架下，通过数理推导方法探寻金融对经济增长作用的最优路径（罗伯特和马丁，2004[150]；韩廷春，2002）。Cecchetti、Kharroubi（2012）[147]认为，金融发展可推动资本有效积累、技术进步进而使得资本边际生产率增长弹性增强克服边际递减，进而实现经济持续增长。Chou（2004）[151]，师文明和余晓辉（2010）[152]在内生增长模型框架中加入金融部门，并论证提高金融效率可以扩大经济增长率，因此在提升效率的同时也要兼顾增加金融资源配置的均衡性，因为只有金融效率提高而金融资源配置不均衡会扩大居民收入的不平衡程度。此外，也有学者通过实证研究方法进行论证金融创新的影响作用。Laeven、Levine（2007），基于银行收入多样性与企业价值关系进行实证研究，得出结论认为，金融创新通过对企业的技术进步的监督，然后推动企业的发展从而促进整个社会财富的增加。孙浦阳（2012）通过2SLS模型展开实证研究，结果表明，在考虑金融发展水平内生性因素的情况下，金融创新通过技术进步显著地促进经济增长，并且这种作用更多地通过企业的技术进步来体现。李晓龙（2017）基于区域数据运用空间计量方法，实证检验了金融发展与空间关联对区域创新产出的影响，并得出结论“金融发展有利于带动创新产出的扩大”。

1.2.4.3 新形势下的商业银行金融创新

经济供给侧结构性改革背景下，货币当局在宏观政策方面无疑将执行更为稳健中性的货币政策，同时加强对商业银行实施审慎监管政策，而这对商业银行在新时期的转型与发展无疑将提出更严峻的挑战。已有研究认为，流动性监管与资本监管约束下的商业银行资产负债、资金投资造成重大影响，形成流动性约束，而这无疑会影响银行业务规模与盈利水平（Bernanke，1999[153]；左伟等，2018[154]；吕思聪，2018[155]）。因此，当前宏观经济与监管环境无疑将对商业银行提出更高的要求，这就需要商业银行减少资金空转与监管套利倾向，资金投放严格符合监管要求，更好地、更高效地将资金流向实体经济，同时通过适当创新性缩短资金链条降低资金成本，提高金融服务的广度、深度，为经济结构转型和高质量发展提供牢固的金融基础（周正清，2017[156]；胡文涛等，2019[157]）。张志元等（2018）[158]通过对金融效率、金融结构与新旧动能转换之间耦合机制的理论分析，明确了两者之间相互促进、互为因果的耦合关系，并得出结论应以商业银行金融创新促进经济结构优化。

1.2.5 文献简评与本文努力方向

1.2.5.1 文献简评

（1）经济增长是要素有效积累的结果，内生增长理论是研究促进经济持续增长的重要框架；供给侧结构性改革背景下实体经济增长面临“适度扩大总需求，着力提高供给体系质量和效率，增强经济持续增长动力”重大使命和任务。

（2）金融发展对实体经济具有显著影响。金融发展理论演进过程中，金融资产、规模以及金融结构的发展、完善与渗透对经济发展具有显著效应。金融功能观与金融中介理论为银行与实体经济之间的关系提供了具体机制与研究渠道。金融功能观和金融中介理论认为，银行通过资本转换、扩散与引导、风险承担、代理人监督、降低信息不对称等功能作用于实体经济，降低交易成本，增加储蓄投资转换率通过内生渠道作用于实体经济增长。

（3）金融创新实质是金融产品、工具与模式的重构，且大多发生在中观和微观层面，而对经济增长发挥的影响作用渠道却是宏观机制，属于微观行为变化传导宏观效应的过程，金融发展在此过程中起到重要传递作用。其具体内容包括通过要素重组和强化开发新的金融工具和服务手段、新金融科技的应用以及新的组织方式与管理方面等。此外，在激烈的竞争环境中，银行通过金融创新增强自身功能、自身收益性、风险规避性、流动性，以获得相对市场优势和超额利润。因此，金融创新既是银行体系在激烈市场竞争中持续发展的源动力，又是有效推动金融发展的重要因素。

（4）商业银行金融创新对实体经济增长的关系较复杂，存在理论上的不确定性。一般赞同银行金融创新对实体经济以积极效应为主，一般称为"创新促进论"。赞同此类观点学者认为，金融创新可以扩大金融供给、增强金融资源配置水平并激发金融活力促进实体经济的增长。另一种认为过度金融创新对经济增长具有破坏效应，一般称为"创新毁坏论"，即银行通过创新规避监管、不当套利，使虚拟经济与实体经济背离、对可能造成实体经济不稳定，造成损害形成波动，甚至可能演变成全面的危机。

（5）商业银行金融创新通过改善金融供给、提升金融效能、精准金融配置、改善流动性以及提高风控水平等方式将效用传导到实体经济，但是在影响传导过程既会受到内部经营水平影响、也会受到外部政策和经济发展水平等因素影响。因此，商业银行金融创新与实体经济关系是复杂且不确定的。

1.2.5.2　现有文献不足

（1）现有关于金融创新文献的研究方向大多针对创新对商业银行经营、风险承担以及效率的影响，为数不多的关于商业银行金融创新与经济增长关系的文献大多基于定性分析与经验整理，但缺乏借助计量、数理手段深入探讨与验证供给侧结构性改革带来宏观政策调整下银行金融创新是否有效的研究。

（2）研究金融创新与实体经济增长的文献研究角度单一，或缺乏多角度对商业银行金融创新的影响展开全面研究。

（3）已有研究在商业银行金融创新对实体经济影响机制分析上，分散的研究具体金融产品如资产证券化、同业业务或者投贷联动等单一产品对银行自身以及经济体系发展的影响，或选取银行创新指标过于简单缺乏系统梳理。

（4）现有文献大都是基于理论剖析或数理推导对银行通过发挥金融功能（如储蓄投资转换水平）影响技术进步、消费进而影响到整体经济水平的增长，但是对于商业银行金融创新对实体经济的作用机制缺乏系统性的归纳与整理，也缺乏科学、系统的实证验证。

1.2.5.3 本书研究努力的方向

本书力求在以下几个方面进行延伸开拓。

（1）遵循理论结合实际原则，结合当前商业银行金融创新的动因、历程、现状以及存在问题等现实情况，探析供给侧性改革背景下实体经济对商业银行金融创新需求，讨论“供给侧结构性改革背景下实体经济增长为什么需要金融创新”。

（2）研究供给侧结构性改革背景下商业银行金融创新对实体经济增长的影响并分析影响效应可能存在的异质性，且进一步分析商业银行金融创新对核心实体产业的影响以及商业银行金融创新的协同效应。

（3）量化主要商业银行微观市场主体的金融创新指标并合成整体商业银行金融创新指数，更直观地观察商业银行微观市场主体的金融创新水平与发展趋势。

（4）归纳与总结商业银行金融创新与实体经济增长的作用机制，并通过现代计量方法基于动态时序视角深入研究商业银行金融创新作用于实体经济增长的路径与机制。

（5）根据前述研究结果并结合内外部影响因素，有针对性地提出供给侧结构性改革背景下商业银行金融创新如何更好地服务实体经济的总体方向和行动路径。

1.3　研究内容与方法

1.3.1　研究框架

本书大体上分为五个部分。第一部分是第 1 章导论和第 2 章相关理论基础。第 1 章主要阐述研究背景与研究意义，并对相关文献进行梳理。第 2 章对本书涉及的重要概念进行归纳和界定，包括实体经济、商业银行金融创新等；之后对本书所涉及的重要理论进行简要评析，包括习近平新时代中国特色社会主义经济思想、供给侧结构性改革理论、金融发展理论以及有关商业银行金融创新运行机制理论等。

第二部分以现状整理与规范分析为主，以数理推导和参数模拟为辅，主要是本书第 3 章。主要对供给侧结构性改革背景下实体经济增长对商业银行金融创新的需求和供给侧结构性改革背景下商业银行金融创新现状与存在问题进行分析，具体包括：①运用改进费雪模型分析论证实体经济与虚拟经济融合的必要性和对商业银行金融创新的启示意义；②运用银行均衡博弈模型揭示商业银行金融创新是供给侧结构性改革的重要组成部分；③对中国商业银行金融创新的动因、历程、现状以及存在的问题进行梳理；④对国外商业银行金融创新的经验和教训进行梳理。

第三部分主要对金融创新与实体经济相关性和作用机制进行规范分析。即本书第 4 章，主要围绕商业银行金融创新与实体经济的关系以及商业银行金融创新对实体经济增长的作用机制两方面内容展开规范性分析，并归纳提出商业银行金融创新对实体经济增长的直接作用机制和间接作用机制，为后续实证分析奠定理论依据。

第四部分以实证研究为主，主要是本书第 5 章、第 6 章，主要从省域横向面板和全国纵向时序两个角度展开研究分析。包括：①利用面板平滑转换模型（PSTR）研究供给侧结构性改革背景下商业银行对实体经济的相关性及影响效应的异质性；②先利用主成分分析法（PCA）合成商业银行金融创新指数，利用结构向量自回归模型（SVAR）验证供给侧结构性改革背景下商业银行金融创新通过直接作用机制和间接作用机制对实体经济增长及相关宏观、金融指标产生的作用。

第五部分以规范分析为主，对供给侧结构性改革背景下商业银行支持实体经济增长的金融创新的总体方向和行动路径展开论述，主要是本书第7章。包括：结合前6章需求分析、现状分析、机理分析、数理分析以及实证分析的结果提出供给侧结构性改革背景下商业银行支持实体经济增长金融创新的总体方向并围绕业务创新、金融科技创新以及组织与制度创新三个方面提出具体的行动路径建议。

1.3.2 研究方法

本书的研究方法包括如下内容。

文献研究法，是指搜集、鉴别整理文献，并通过对文献的研究，形成对本书研究重点归纳总结的方法。本书的研究主要是针对经济增长理论、金融发展理论、商业银行金融创新与实体经济关系以及商业银行金融创新效应传导的相关文献进行梳理，总结前人研究为进一步研究打下良好的文献研究基础。文献研究法主要用于本书第1章国内外文献综述部分。

规范分析研究法，是指根据一定的价值判断，提出某些分析和处理经济问题的标准，并以此树立起研究前提，作为后续实证和政策提出提供依据即解决“应该是什么”的问题。规范研究法主要在第2章、第3章、第4章以及第7章；包括：第2章理论评析，第3章实体经济供给侧结构性改革对商业银行金融创新需求分析以及商业银行金融创新现状、存在的问题及国外金融创新的经验分析等；第 4 章前三小节（即 4.1、4.2、4.3）对商业银行金融创新与实体经济增长的关系以及作用机制进行规范分析，为随后数理推导和实证研究奠定机理分析基础。最后，在第 7 章基于前几章研究成果提出供给侧结构性改革背景下商业银行支持实体经济增长金融创新的总体方向以及行动路径。

数理推导法包括第 3 章借鉴改进费雪模型分析实体经济与虚拟经济平衡关系为后续现状分析与实施路径建议提供借鉴。第 3 章借鉴银行均衡博弈模型的银行最优反应函数进行数值模拟，并根据模拟结果分析供给侧结构性改革背景下商业银行金融创新对实体经济增长的重要性和必要性。

实证分析法：本书的计量实证分析包括第 5 章与第 6 章，包括：在第 5 章基于横向省域数据运用非线性的面板平滑转换模型（PSTR）和线性的系统广义矩估计方法（SysGMM）实证检验商业银行金融创新与实体经济增长的相关性以及影响异质性；在第 6 章，使用主成分分析（PCA）方法量化商业银行金融创新指数，并基于纵向全国时间序列数据，使用结构向量自回归模型模型（SVAR）实证验证商业银行金融创新对实体经济增长间接作用机制与直接作用机制的有效性并分析两种机制的传导效应并进行比较分析。

1.4 研究的技术路线及主要创新之处

1.4.1 技术路线

本书研究的技术路线如图 1-1 所示。

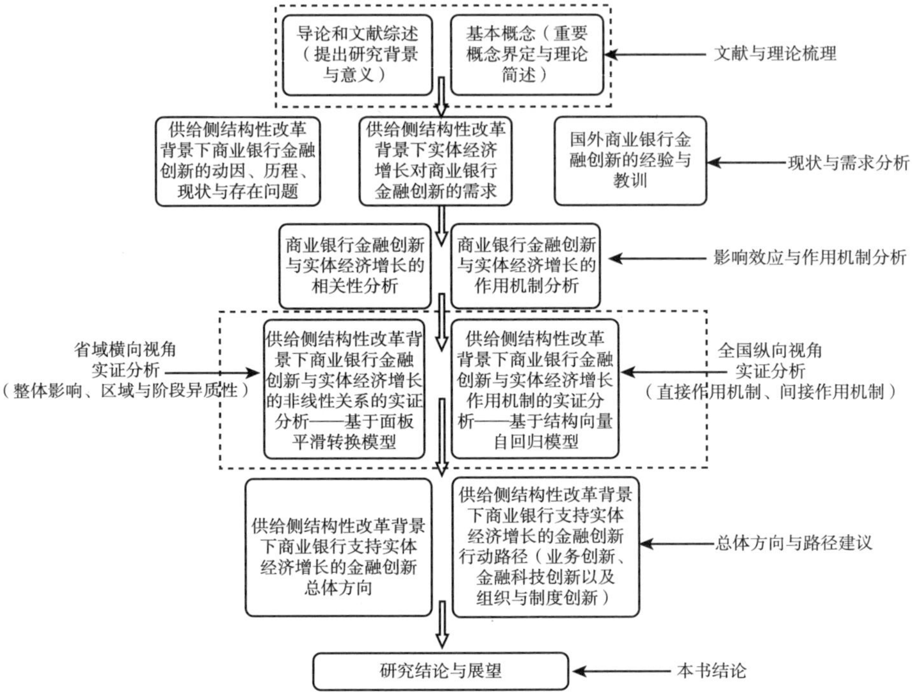

图1－1 论文的技术路线

1.4.2 主要创新点

1.4.2.1 创新点1

系统分析了供给侧结构性改革背景下实体经济增长对商业银行金融创新需求。

第一，深入研究实体经济与虚拟经济相互作用的关系为后续研究提供借鉴。本书主要运用拓展费雪方程式进行推导，并得出结论：商业银行过度创新会导致实体经济资源被挤占而创新不足会导致金融资源过度涌入实体经济等。因此，当前形势下需要商业银行适度创新与实体经济融合发展，在这既要遵循虚拟经济演变规律、又要通过金融创新引导金融发挥积极的反馈作用为实体经济传送正向价值。

第二，深入分析了商业银行金融创新本质是供给侧结构性改革的重要组成部分。宏观经济转型大背景下实体经济增长为什么需要商业银行金融创新，运用银行博弈均衡模型进行参数模拟，并得出结论：商业银行金融创新必须通过有效创新（如降低信贷监督成本、提高项目成功率）确保业务可持续性并引导资金流入实体经济，以此深度揭示了商业银行金融创新本质是供给侧结构性改革重要组成部分。

总之，本书运用多种方法系统分析供给侧结构性改革背景下实体经济增长为什么需要商业银行金融创新，需要什么样的商业银行金融创新等。

1.4.2.2 创新点2

在相关性分析方面，揭示了商业银行金融创新与实体经济增长存在的非线性关系。本书通过实证检验商业银行金融创新对实体经济增长影响存在的阶段性和区域性异质性，并进一步实证分析商业银行金融创新对核心实体产业（制造业）发展的非线性效应和商业银行金融创新的协同效应。

相较于传统使用线性模型序列平稳假设与门槛模型组与组边界过于清晰的局限性，本书所使用面板平滑转换模型（PSTR）允许解释变量平缓转换状态的特征更贴近实际经济情况。具体实证分析内容包括以下几个方面：①实证分析商业银行金融创新规模，在效率指标发生变化的前提下，对实体经济增长影响的变化趋势；②分析商业银行金融创新非线性转换体制特征，比较商业银行金融创新规模和金融创新效率对实体经济增长非线性效应的差异；③通过阶段差异分析，检验供给侧结构性改革前后各省市创新水平变化和对实体经济增长影响的阶段差异；④通过区域差异分析，检验商业银行金融创新对不同区域影响效应的区域差异；⑤通过替换自变量的稳健性检验，进一步分析商业金融创新对核心实体产业（制造业）增长和结构优化的非线性影响效应并比较对核心实体产业的非线性影响与整体影响的差异；⑥通过加入交互项的稳健性检验，进一步分析商业银行通过资本要素和技术要素发挥的协同效应。

本书的非线性框架实证较好验证了商业银行金融创新对实体经济增长影响效应以及影响的差异性，丰富与验证了商业银行金融创新有关理论也为后续商业银行金融创新发展方向与路径提供具有很好借鉴意义。

1.4.2.3 创新点3

量化微观主体金融创新指数，系统性归纳了商业银行金融创新对实体经济的直接作用机制和间接作用机制并实证检验了商业银行金融创新通过上述机制对实体经济增长传导效应的有效性。

第一，量化并构建了商业银行微观主体的金融创新指数。其包括：①本书基于16家主要上市商业银行金融业务创新（规模）发展维度、金融业务创新效能维度、金融创新风控维度、科技创新维度以及金融创新支持实体经济等五大维度2009Q3—2019Q2共计40期15项的相关经营与财务指标通过主成分分析法（PCA）量化16家上市商业银行金融创新指数，并对结果进行深入比较分析。②基于16家上市商业银行金融创新指数构建整体商业银行金融创新指数（BII），观察变化趋势并分析其阶段特征。

第二，本书基于已有研究成果系统归纳并分析商业银行金融创新的间接作用机制（要素与结构路径）和直接作用机制（金融发展路径）。然后，基于全国纵向视角下运用结构向量自回归模型（SVAR）实证验证相关机制有效性。其包括：①实证分析商业银行金融创新指数通过资本积累、技术进步、产业结构升级等宏观指标对实体经济增长传导效应的间接作用机制；②实证分析通过实体融资规模、融资成本以及储蓄投资转换水平等金融指标对实体经济增长传导效应的直接作用机制；③比较两种作用机制对实体经济增长传导效应机制的差异；④实证分析商业银行金融创新指数、宏观指标和金融指标对实体经济增长的贡献度。

1.4.2.4 创新点4

提出了供给侧结构性改革背景下商业银行支持实体经济增长的金融创新总体方向与行动路径

结合第3章需求分析、第4章机理分析、第5章相关性实证分析结果以及第 6 章作用机制分析结果，本书有针对性地提出了供给侧结构性改革背景下商业银行金融创新的总体方向，包括：商业银行应紧扣供给侧结构性改革主旋律优化资源配置、坚持适度创新与抑制过度创新、因地制宜实行区域差异化创新、推进科技和金融深度融合、建立适应外部经济转型特征的组织和制度等。

另外，提出了基于供给侧结构性改革的商业银行业务创新行动路径建议、科技创新行动路径建议以及组织与制度创新行动路径建议等。

第2章

相关理论基础

本章将对商业银行金融创新、实体经济等重要概念进行界定，对商业银行金融创新进行系统性分类归纳。同时将对习近平新时代中国特色社会主义经济思想、供给侧结构性改革理论、金融发展以及金融创新运行机制理论进行理论简析，为后续机理分析、有关模型推导与实证分析等研究奠定理论基础并提供有益借鉴。

2.1 相关概念的界定

2.1.1 有关商业银行金融创新的概念与分类

商业银行金融创新特指商业银行为达到改善资金投放、优化资金配置、强化风险管理、提高绩效水平等目的，通过新产品、业务模式、服务、流程、组织架构、制度以及技术的研发与应用而采取的一系列行为。

根据金融创新的表现形式、层次以及活动范围划分，本书将商业银行金融创新划分为业务创新、金融科技创新以及组织与制度创新，具体如下。

2.1.1.1 商业银行业务创新

商业银行业务创新特指商业银行通过新思维、新方法和新技术通过对金融产品（包括金融契约、产品规则等产品要素）、服务以及业务模式采取的改造和重组等措施以达到特定目的（如实现风险转移、增强流动性、信用创造以及改善盈利水平）一系列行为和过程。商业银行金融业务创新的核心是金融产品、服务以及业务模式（流程）。

根据业务范围与服务对象，业务创新可分为公司类业务创新、个人类业务创新、交叉类型业务创新以及同业类业务创新。其中，公司银行业务创新主要围绕信贷及其他传统融资业务模式、投资银行类两大方向展开。个人金融业务创新围绕消费类信贷升级（即满足居民消费需求）等方向展开。交叉类业务是指创新范围既涵盖公司金融业务服务的对象也涵盖个人金融业务服务的对象。例如，资产管理类业务创新就属于交叉类业务创新，它是新时期商业银行吸收资金的重要创新手段之一，商业银行接受投资者委托对受托的投资者财产进行管理和投资的金融服务。这里委托者既包括公司客户、又包括居民类客户。此外，支付结算类及其他一些中间服务类性质产品的服务对象也具有交叉化、广泛化的特征，因此也属于交叉类的业务创新。同业类创新特指商业银行为避免流动性风险借助金融市场与其他金融机构开展的资金往来业务创新，同业类金融业务实质也就是狭义的金融市场业务。

相对于传统商业银行吸存放贷的业务范畴，商业银行业务具体内容见表2-1。

表2-1　　　　商业银行业务创新具体内容

板块	业务类型	具体产品或模式
公司类	信贷	海外贷款
		银团贷款
		权利质押贷款
		特殊客户贷款
		特殊项目贷款
	基于传统融资延伸	票据融资
		结构化贸易融资
		供应链金融
		交易银行
	投资银行	股权融资
		债权融资
		混合融资
		资产证券化
个人类	卡业务	信用卡
	消费金融	耐用品贷款
		按揭贷款
	财富管理	私人银行业务
		家族信托
	储蓄	个人大额存单

续表

板块	业务类型	具体产品或模式
交叉类	资产管理	银行理财
		受托资产投资
	支付结算	网上支付
		平台结算
同业类	同业负债	同业存放、同业融入、卖出回购、信贷资产转让、转贴现等
	同业资产	资金拆借、买入返售、同业存放、购买同业存单理财等

本书将简单介绍比较具有代表性且对实体经济各层次活动产生重要影响的商业银行业务创新，包括公司类创新中的投资银行业务、个人类创新业务、交叉类创新中的资产管理业务以及同业类创新业务。

（1）公司类业务创新—投资银行类业务创新。宋华（2015）[159]将商业银行的投资银行业务定义为商业银行为打通资本市场和货币市场，满足企业多样化需求而进行设计的包含通过债券、股权投资方式进行的资产类与中间类的业务。根据以上定义，商业银行投行业务以股权融资、债券融资、财务风险顾问和其他资本市场产品为核心，主要以满足核心公司客户的复杂金融需求为目的。它的实质是非信贷类的融资业务，包含金融市场类、非标类融资业务两大类①。比较典型的投行类金融创新业务模式包括：债务融资、股权融资、混合融资（如投贷联动等）以及资产证券化融资业务等。比较典型的投行类金融创新产品包括：商业银行承销和认购短融、中票、私募债等实体企业在公开市场（银行间市场、交易所市场等）发行的信用或资产抵押债券、商业银行通过同业渠道以直投参股，明股实债，定期回购或者是债投联动方式投资企业股权以及将企业特定资产打包重组在金融市场上销售的资产证券化类融资等。

① 本书将结算支付、资产管理属于交叉类业务创新范畴。

（2）个人类业务创新。个人金融是围绕着居民日常的必要消费和基础消费展开的，具体产品和服务的创新形式包括个人储蓄产品、财富管理产品、银行卡（信用卡）、储蓄、个人消费贷款（住房按揭贷款、汽车贷款、耐用品贷款、旅游贷款、助学贷款、信用卡、消费信用贷款等）等基础金融服务实现对银行客户的闭环式服务。

当前，商业银行个人金融类业务创新通过整合各类传统金融资源，渗透多个生活场景，满足个人客户的金融、生活、社会等多元化诉求。商业银行通过场景化获取零售客户，不断发展成为服务齐全、服务专业、产品多样化的零售业务提供与运营商。

（3）交叉类业务创新—资产管理业务创新。商业银行资产管理业务特指银行接受投资者委托，对受托的投资者财产进行投资和管理的金融服务。按照业务流程，资产管理业务主要分为两端（即客户端与投资端）。资产管理业务的客户端主要通过理财、同业投资产品甚至同业拆借等方式吸收资金，之后通过银行自身投资渠道或者委托同业投资的方式将资金投向具体项目或者基础资产。资管业务的潜在客户包括机构客户和个人客户，其中，机构客户包括实体企业客户以及其他商业银行以及信托、证券、保险、基金、金融资产投资公司等金融机构客户。个人客户就是广大持有闲散资金的储户，个人客户一般通过认购银行理财产品等方式将资金委托给银行投资运营。

商业银行资产管理业务简要流程见图 2－1。

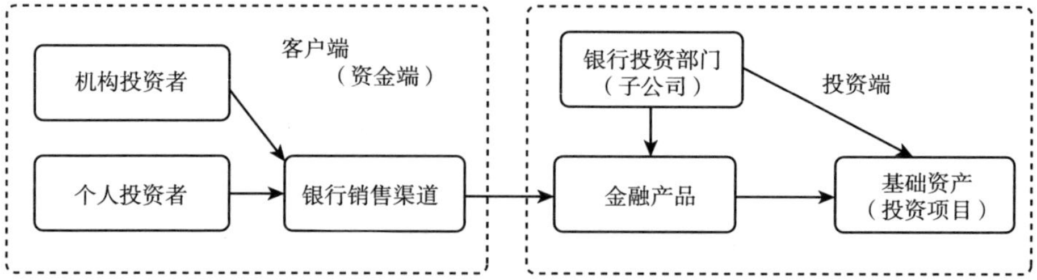

图 2－1　商业银行资产管理业务简要流程

资产管理业务投资范围非常广泛，包括国债、地方政府债券、中央银行票据、政府机构债券、金融债券、银行存款、大额存单、同业存单、公司信用类债券、在银行间市场发行的信贷资产支持证券、在交易所市场发行的企业资产支持证券、公募证券投资基金、其他债权类资产、权益类资产等。在现实操作中，商业银行倾向于以信托、证券、基金公司等非银行机构为渠道，通过理财资金配置，投向特定具有融资需求的企业或者项目，实现底层资产的配置，满足实体经济需求；但此种行为也存在一定隐患（如资金错配风险）。

（4）同业类业务创新。根据原中国银监会（2014）[160]定义，同业类业务包括：同业拆借、同业存款、同业存单、同业借款、同业代付、买入返售（卖出回购）等同业投融资业务。在上述业务中，除了同业存款、借款线下点对点办理，其他都需通过标准化市场或线上系统办理。

商业银行同业业务和金融市场业务存在很大范围内容叠加，广义的金融市场类业务是指与金融市场相关（交易对手非企业和个人）的银行业务，包括商业银行同业业务、证券类买卖业务以及其他资产买卖等。狭义上讲，也可将金融同业类业务视为金融市场业务，由于本书将为企业融资的债券投资等纳入投资银行业务范畴，此处所涉及的“同业类业务”属于狭义范围的金融市场业务。

同业类业务创新主要围绕减少资本损耗，降低信贷规模占用，保持流动性，增加杠杆，规避监管等目的展开。按交易对手的类型划分，同业类业务包括：与央行业务往来，包括再贴现、再贷款、代理等；与银行业机构业务往来，包括资产端同业类业务，即资金拆借、买入返售、同业存放、购买同业存单理财；负债端同业类业务，即同业存放、同业融入、卖出回购、信贷资产转让、转贴现、发行同业存单理财；与非银行金融机构业务，包括受托投资管理、股票质押融资、债券质押融资、其他代理销售、结算、托管业务等。

总之，在商业银行金融创新体系中，业务创新是商业银行提高竞争力，绩效水平的关键部分，也是对实体经济发挥效应最直接和最关键的部分。

2.1.1.2 金融科技创新

根据金融稳定理事会（FSB，2016）[161]的定义：金融科技是技术上的金融创新，主要由云计算、大数据、区块链、人工智能等新兴技术手段驱动，能够产生新的商业模式、技术应用及产品服务，从而对金融服务业务的提供方式产生重大影响。

中国人民银行（2019）[162]将其定义为技术驱动的金融创新，旨在运用现代科技成果改造或创新金融产品、经营模式或业务流程。本书认为金融科技主要是指运用前沿科技成果改造或创新金融产品、经营模式、业务流程、风险防控以及组织架构达到推动金融发展提质增效目的的技术。金融科技在商业银行应用代表性的底层技术包括云计算、大数据、人工智能、区块链等。

对于金融科技的分类根据其在银行业务的应用领域，巴塞尔银行监管委员会①将金融科技活动分为支付结算、存贷款与资本筹集、投资管理、基础设施四类基本的业务模式。本书将其进一步细化为贷款、存款、支付结算、渠道服务类、风险控制类以及基础设施类，具体见表2-2。

以20世纪六七十年代电子计算机技术应用到银行卡、ATM等支付结算作为金融科技诞生标志，经历了较长的发展历程。巴曙松（2017）[163]认为，金融科技的发展经历了三个主要阶段。一是初始应用期，即传统的IT软硬件应用来实现办公和业务电子化。二是模式发展期，即开始搭建在线业务平台，对传统金融渠道进行改造，具体包括网上银行，互联网借贷等线上金融产品和服务。三是深化变革期，即金融业通过大数据、云计算、人工智能、区块链等技术来改变传统的金融信息来源、风险定价模型、投资决策过程、信用中介角色，代表技术为大数据征信、智能投顾、供应链金融。当前，中国商业银行金融科技创新无疑处于模式发展期向深化变革期的过渡阶段。

---

① 详见原中国银监会工作论文《金融科技发展与监管》（2017年第5期）。

表 2-2　　商业银行金融科技的应用

业务类型	金融科技具体应用
贷款	线上公司类贷款（小微贷），供应链金融
	线上个人类贷款（消费类）
	线上理财、储蓄及其他储蓄类产品
	个人信息校验（信用评级）
存款	线上投顾
	手机钱包
	线上场景应用
支付结算	安全技术（客户识别与验证，用户画像）
	移动、网上支付
	智能收单
	高频交易与复制交易
渠道服务类	物联网与移动网络技术
	门户和数据聚合
	机器人咨询（智能客服）
	网点智能终端
风险控制类	NFC 支付
	智能客群影响、管理及画像
	智能场景影响
	用户画像（风险识别）
	贷后监测
	智能催收
	风险规则引擎
	风险闭环预警
	模型迭代（反欺诈、图数据运算）
基础设施类	人工智能（机器人、金融自动化、算法）
	分布式账簿技术（区块链、智能合同）
	大数据应用（大数据分析、机器人学习和预测模型）
	云计算平台
	金融业态系统（基础设置、公开资源、应用程序结构 API）
	金融分布式数据库

2.1.1.3 组织和制度创新

保罗·艾伦（1994）[164]认为，商业银行组织架构和有关制度构成了商业银行整体组织体系。如果银行业务是游戏，那么制度是游戏规则，组织就是参与游戏的角色。因此，组织和制度是紧密联系的，类似于“硬币的两面”。具体包括如下内容。

（1）商业银行组织架构，它既包括银行部门架构、银行集团子公司架构以及法人治理架构等管理层面的内容，也包括组织战略因素、企业文化因素、员工行为因素以及信息渠道（内部沟通）等组织运转过程中的影响因素。商业银行组织体系实质是通过银行制度框架下通过业务流程对发挥金融功能“生产”出外部经济需要的金融产品、业务模式和服务过程中确保上述目标实现的机构。简而言之，商业银行组织是一个用管理和决策的复合信息系统。

（2）商业银行制度，即银行组织内部制度，它既包括审查机制、创新流程、业务管理等涉及银行管理运营以及规范保障的制度，也包括内部控制制度、考核激励机制等涉及前中后台部门管理与运作的内容。商业银行制度实质是银行所有人以监督和控制为目的，对银行组织、经营管理及员工个人采取的一整套制度安排。按照流程划分银行制度，包括前台业务流程管理制度和中后台支持和保障流程管理制度两大部分，如银行内部控制制度、审查制度以及业务管理制度等。

业务创新、科技创新及组织与制度创新之间联系在于商业银行业务创新和科技创新解决的是“能不能服务”的问题，即银行能否向客户提供有效产品、业务模式和服务；而组织与制度创新则解决的是“服务好不好”的问题，即产品和服务提供的效率、流程是否顺畅。已有研究认为，银行组织体系的合理性越高相应其绩效表现较好、风险控制提升较为显著（Berger and Udell，2002[165]；曹延求，2012[166]）。

因此，组织和制度创新是指银行在对外业务开展及经营管理实施过程中采取的体现为组织架构和制度方面变革的措施以更好地适应业务发展和创新。其中，金融组织创新主要体现对现有内部架构进行调整；制度创新则表现为对内部制度的优化调整，并通过上述调整达到强化运行机制、优化流程与增强组织执行力、优化银行职能、提升服务效能以及增强应对外部市场需求变化的响应力等目的。

2.1.2　有关实体经济的界定

黄群慧（2017）[167]将除金融业、房地产业外的其他所有服务业和制造业、农业建筑业及其他工业划定为实体经济。这也是最广义的实体经济。实体经济与金融业、房地产业组合起来就构成了整个国民经济体系。实体经济增长是指一个国家或地区的制造产品和提供服务的持续增长，即经济规模和产能的持续扩充，具体反映了经济实力的增长。

虚拟经济是相对于实体经济的一种经济活动模式及其结构和演化过程。它特指“主要以货币、资产以及价值符号为媒介的增值性活动”，一般以金融活动或与金融活动密切联系的部门为主要内容（成思危，2009[168]）。虚拟经济诞生于实体经济的活动，是经济发展一定阶段人们为提高资源配置效率和突破资本使用约束而创造的新经济形态。本书只讨论虚拟经济范围中的金融活动部分（见图 2－2）。

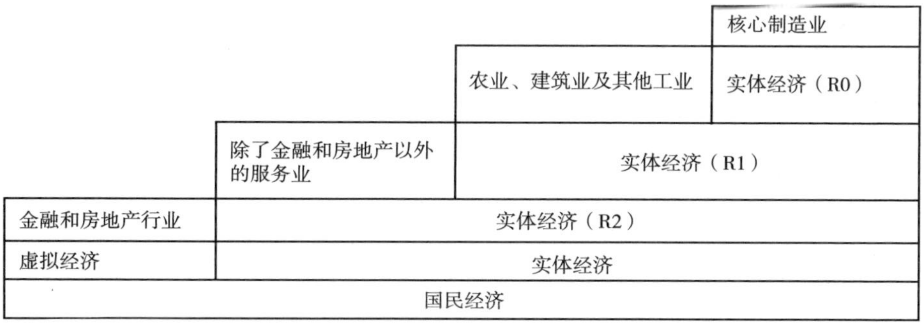

图 2－2　基于产业视角划分的实体经济

资料来源：参考黄群慧（2017）。

2.2 相关理论

2.2.1 习近平新时代中国特色社会主义经济思想

党的十八大以来，以习近平同志为核心的党中央，面对极其复杂的国内外经济形势，坚持观大势、谋全局、干实事，成功驾驭了我国经济发展大局，在实践中形成了以新发展理念为主要内容的习近平新时代中国特色社会主义经济思想。习近平新时代中国特色社会主义经济思想是在破解新时代经济发展新难题的实践中产生和发展的，它也是习近平新时代中国特色社会主义思想的重要组成部分。

根据杨伟民（2018）[169]，习近平新时代中国特色社会主义经济思想包括以下几个方面内容：一是党对经济工作的集中统一领导；二是引领经济发展新常态即认识和判断经济形势必须立足我国经济发展的阶段性变化如增长速度换挡、发展方式转变、经济结构优化、增长动力转换这一经济发展的新常态；三是清楚认识市场在资源配置中起决定性作用，更好发挥政府作用的思想，实现更高质量、更有效率、更加公平、更可持续的发展；四是我国经济发展主要矛盾变化完善宏观调控，即我国经济发展的主要矛盾已转化成结构性问题，矛盾的主要方面在供给侧，主要表现在供给结构不能适应需求结构的变化，必须相机抉择，开准药方，着力推进供给侧结构性改革，并作为当前和今后一个时期经济工作的主线。

2.2.2 供给侧结构性改革理论

在我国经济增长方式从粗放型高速增长转入内涵式中高速发展的转型

期，我国经济基本面已经发生了历史性的实质转变，而最主要的转变就是经济增长方式从粗放高速增长型转向中高速内涵式增长型，经济转型过程中过去发展过程中所积累的旧问题以及转型过程面临的新问题在此过程中集中显现出来。

针对此种形势，习近平总书记（2015）[170]适时提出经济供给侧结构性改革，提出要“在适度扩大总需求的同时，着力加强供给侧结构性改革，着力提高供给体系质量和效率，增强经济持续增长动力”。供给侧结构性改革是习近平新时代中国特色社会主义经济思想的重要内容。供给需求是经济健康发展的关键因素，供给需求的失衡必然对经济增长质量和效益产生负面影响，如果不能及时、有效地纠正两者的失衡、严重的失衡甚至会引发经济危机。因此，针对目前存在局部供给过剩和需求不足等结构性矛盾问题，经济供给侧结构性改革是中央根据我国当前宏观经济形势下做出的科学研判，也是支出未来改革方向的重大创新和重要举措。根据 2015 年 12 月中央经济工作会议精神，供给侧结构性改革的五大任务是“去产能、去库存、去杠杆、降成本、补短板”（即“三去一降一补”）。这五大任务也是供给侧结构性改革的切入点和关键点。2018 年，中央经济工作会议又进一步提出在“巩固、增强、提升、畅通”八个字上下功夫以完善生产要素供给、扩大有效供给、优化供给结构并解决宏观经济存在的矛盾和问题。

我国当前进行的供给侧结构性改革并不基于西方供给学派的政策组合理论，更不是基于哈耶克保守主义的里根经济学手段。我国的供给侧结构性改革是在中国特色社会主义体系政治经济与社会的基础上，强调通过供给侧结构调整，以内需适当扩张弥补外需下降带来冲击，摆脱对落后旧动能依赖；培育高科技含量新动能，达到优化产业结构，提高产品质量，解决贡献矛盾，化解局部风险，实现经济高质量的可持续增长的目标。

与供给侧结构性改革紧密相关的宏观调控措施包括五个方面：一是产业优化转型，即“动能转换”，淘汰落后产能；二是政府职能转变，打造服务型政府，营造良好的营商环境；三是加快资本市场的变革，建立多层次的资本市场体系以带动新经济发展，助力新动能企业及时获得长期有效的股权投资；四是强内需，推动消费升级；五是金融供给侧结构性改革，增强金融服务实体经济效率。总之，供给侧旨在从制度层面重构市场，释放市场活力，实现中国经济增长路径的战略重构。

总之，在供给侧结构性改革背景下中央关于推动经济持续增长路径十分明确，即改善过去传统经济模式造成的扭曲现象，化解金融背离实体经济产生的局部风险，通过“经济动能转化”配以“金融服务实体经济”的政策方针组合（钱学宁，2018），实现习近平总书记（2019）[171]所提出的“贯彻落实新发展理念，强化金融服务功能，找准金融服务重点，以服务实体经济、服务人民生活为本。”的目标，推动我国经济迈向真正高质量发展的改革进程。

2.2.3 金融发展理论

2.2.3.1 金融发展理论的基本内容

（1）金融体系是实体经济为消除摩擦、分担风险、减少信息不对称内生性发展的结果。所谓金融体系，是指金融机构、金融工具和金融市场的总和。而金融发展则是指金融体系的资产相对于国民经济总量的体系比重的提高。它包含金融业务（工具）规模扩大，金融机构效率提升以及金融结构优化等子概念。

（2）商业银行金融创新是金融发展的重要表现，金融发展是金融创新的过程。因此，商业银行金融创新与金融发展具有密切的关系。金融发展一般表现为：金融结构、规模和效率方面的发展，涉及利率调节、弹性、市场化。金融发展除了自身的效应外，还通过金融结构、利率和信贷等多种渠道多种变量对技术创新和经济增长产生重要影响。商业银行金融创新实质是商业银行对金融工具（产品）、技术以及组织结构的创新重新组织或者改造的行为，这种行为本身就是金融发展的表现。因此，也可认为金融创新是金融发展的生产要素。

（3）商业银行金融创新与金融发展具有紧密的相互作用关系：一方面，金融创新推动了金融发展，金融创新通过垂直创新等驱动推动金融持续发展与演变的过程，有些学者甚至将金融创新与金融发展的关系类比成科技创新与经济增长的关系（Tufano，2003）；另一方面，金融发展水平是金融创新的基础，不同的金融发展水平将决定金融创新的表现、作用与效应。

2.2.3.2　金融中介理论和金融功能观

金融中介理论是金融发展在商业银行领域的重要延伸。金融中介理论是指商业银行作为信用中介，基于其所提供的产品和服务为整个经济社会所承担作用。金融中介理论认为金融中介通过提供资金等生产要素帮助企业等市场主体进行生产经营活动，并扩大生产从而提高整体产出。

金融中介理论分为两个研究视角：①基于对金融中介进行比较的研究，基于对银行和其他金融中介（如养老基金等投融资机构）进行比较分析时使用的微观分析工具（王广谦，2010）即所谓金融中介理论的机构观点；②将金融中介视为整体，对其功能与作用进行分析即所谓金融功能观，金融功能观有时也被称为“金融发展微观理论”或“功能主义金融观点”。金融功能观其实是金融中介理论范围扩大与理论视角延伸。而“金融抑制理论”和“金融深化理论”也是基于金融中介视角下对金融机构与经济发展的相互关系展开研究的理论。

根据金融功能观点，商业银行核心职能为从储蓄者吸纳资金通过融资机制向企业发放借款，金融中介对实体经济发挥作用的实质是促进资源要素分配过程。它包括为实体企业扩大生产或创新过程中作为生产要素组合为其提供购买力的手段。在此过程中，商业银行通过金融合约可以为交易双方（储蓄者、借款人）提供附加值。随着制度经济学与信息经济学深入发展，理论界开始认识到商业银行中介职能是为了消除市场摩擦（交易成本、信息不对称、风险）、降低交易成本而存在的独特制度性意义。它可以有效解决道德风险以及逆向选择等问题。因此，银行的金融中介特征可以对融资安排、融资成本产生深远影响，并通过此种基本职能调节经济宏微观活动。

商业银行的中介功能不是一成不变。它在不断发展过程中，从基本的信用媒介拓展至创造信用，再到突破信息外部性、交易成本的范式约束。实体经济对金融体系不断产生新的需求，受到经济发展的拉动性作用，金融体系也在不断变革过程中通过金融发展推动金融市场不断发展与金融机构不断变革。

商业银行的功能主要是由其中介特质所决定。商业银行作为金融企业，具有信用中介、支付中介、信用创造和金融服务等功能。其中，信用中介是指银行社会融资活动中充当“联系桥梁”的作用，即体现了银行吸收资金转换为贷款给资金需求者过程。随着社会对于银行金融服务的要求不断提升，市场将逐步发挥主导作用，商业银行功能亦将随之不断演进。

一般认为商业银行的金融功能包括：①降低风险，风险管理；②信息搜集与揭示；③对企业进行监督，改善公司治理水平；④动员储蓄，促进投资；⑤便利交易，降低交易成本。在上述功能中，动员储蓄、促进投资是商业银行的基本职能。

商业银行通过金融功能对实体经济的影响机制如表 2 - 3 所示。

表 2 - 3　　　　金融功能对经济增长的影响机制

金融功能	具体作用	对经济增长的影响
风险管理	规避风险，分担风险	商业银行发挥规模、信息以及技术等优势平滑和防范流动性风险、跨期限风险以及横截面风险等相应风险
信息搜集	获取信息，评估信息	降低信息成本、消除市场摩擦、提高资本效率
公司治理	委托代理监督	商业银行通过监督和执行限制性的融资契约等方式监督、规范股东和经营层进而对企业经营行为，达到改善治理水平；减少监督成本；助推企业创新行为，提升企业的专业化水平的目的

续表

金融功能	具体作用	对经济增长的影响
动员储蓄	储蓄转换投资	商业银行吸收社会闲余资金，根据评估机制筛选资金需求者（即企业），将金融资金通过融资机制将资金发放给借款人达到分配生产要素、促进资本配置的目的
便利交易	提供交易便利，降低交易成本	商业银行通过金融安排，降低信息交易成本，促进专业分工，促进创新，降低交易成本

金融功能是银行作用于实体经济的重要路径，金融功能观源于在银行克服信息不对称导致负面影响的过程中所做的努力。银行通过金融功能对市场交易摩擦的消除与交易成本的降低具有不可替代的优势，反映了银行与实体经济之间的紧密联系。而商业银行充分发挥金融功能，很大程度上需要不同金融功能的相互协调发挥才能发挥应有的作用。商业银行的金融功能越强，其效率越高、稳定性越好、服务范围越广、服务普及高对经济增长是存在推动作用，那么如何能够让商业银行的金融功能变强，这就是涉及金融创新对其商业银行“增效”方面。

2.2.3.3　金融结构理论

金融结构理论实质是对金融体系分层及效应的范式研究，金融结构不是固定不变的，两分法理想化与简化了金融体系模式分析。林毅夫等(2009)[172]认为，金融结构不存在单一最优，特定阶段实体经济禀赋结构、产业结构决定了当时的金融需求。因此，金融结构是动态的演变的，没有绝对最优金融结构，而只有适应特定经济发展阶段的金融结构。商业银行的金融结构应该根据经济发展的需求匹配金融产品供给和金融服务的安排，这种金融安排与实体经济之间应该是相互适应、协调互动的，并根据经济不同阶段的发展需求、产业结构调整需求以及企业发展需求等因素动态调整。当然，在金融结构调整过程中应结合金融发展水平、金融效率等内部情况。所以，适度的金融结构有利于金融发展和经济增长，反之亦然。

白钦先（2005）认为，“金融相关要素的构成、相互关系和量的比例”构成金融结构。基于以上定义，那么商业银行涉及的金融结构要素包括在微观层面，资产负债比例、产品结构如直接融资产品和间接融资产品比例，间接融资内部产品结构比例，资金在客户之间配置结构比例等调整与变迁；在中观层面，银行在不同区域、不同产品资金配置结构与产品结构等；在宏观层面，银行体系金融资源（信贷融资）与其他金融机构金融资源（非信贷融资）比例，银行市场集中程度等（前几家头部银行业务占比等）。商业银行金融结构要素涉及广泛，不仅是数量因素，还涉及制度因素与概念因素等。

2.2.4 关于商业银行金融创新运行机制理论

2.2.4.1 商业银行金融创新运行机制的概念与特征

商业银行金融创新运行机制与商业银行金融创新活动是紧密关联的，商业银行金融创新运行机制很大程度上决定了其创新行为。商业银行金融创新运行机制的主要内容包括金融创新的形成、采纳与扩散过程。其包括：①创新形成主要指当内外环境发生改变时，商业银行出于自身经营需要或者在外部因素影响下采取的原生创新行为产生新产品（水平式创新）或产品质量提高（垂直创新）的方式；②创新采纳是商业银行根据自身信息搜集与处理能力并作出评价，是否采取金融创新的决策过程；③创新扩散则指金融创新成果通过特定渠道在潜在使用者传播过程，对于商业银行来说扩散的前提条件是既满足客户需求、又具有盈利性。而在创新扩散过程中，随着使用者增加创新成果的影响效应也随之扩大。商业银行金融创新运行机制深刻描述了银行对金融创新的从设想提出到应用推广的过程，也诠释了金融创新在银行之间扩散过程和产生效应。

商业银行金融创新运行机制具有如下特征。

（1）开放性，即银行在科技进步、经济全球化以及金融深入发展变革的趋势下呈现的资本高速流通、行业竞争高度激烈以及银行呈现产品体系不断完善等特征。

（2）动态性，根据莫利纽克思和沙姆洛克（Molyneux and Shamroukh，1996[173]，2003）理论，金融创新扩散效果取决于内外因素的共同作用。外部因素是指创新扩散的外部条件，包括宏观经济、市场、法律、信用制度以及政策等因素；内部影响因素主要取决于商业银行内部采纳机制，它特指金融创新开发与运作流程，包括设想、研发、评估、应用以及推广（营销）等这几个流程步骤。在此运行过程中，需要涉及银行战略、组织架构（金融创新流程涉及的部门协同）、内部制度（金融创新所涉及的制度包括内控、风控、产品研发以及产品定价、影响、激励机制等）以及企业资源配置（金融创新所需的多层次企业资源如人力资源、财务资源、科技资源以及技术手段等）。上述过程中外部经济发展水平、技术水平、监管与法律环境以及商业银行资源与资金情况都是动态变化的，受此影响商业银行金融创新效应也会随之而变。

（3）不确定性，包括金融市场要素波动性、宏观经济周期性、收益不确定性以及外部监管、货币政策不断变化等造成的整体不确定性。

2.2.4.2　商业银行金融创新运行机制的理论假设

影响商业银行金融创新运行机制基于以下两个假设。理性效率假设（rational efficiency hypothesis）。即商业银行是否采取金融创新的决策根据内部影响要素（包括规模、资本充足水平、盈利水平等）进行评估。采纳机制是动态的，先期未采用创新的商业银行在预期采用成本下降或盈利上升的情况下重新评估，使其利益最大化。当然，如该项金融创新预期收益呈上升趋势，采纳者将不断增加，有关采纳者传播者给未采纳者的特征信息就越多，促使采纳银行越来越多。当采纳者增加到创新已无利可图时，创新将停止扩散。基于此，当银行经过内部决策决定采纳选择创新后，整个流程是不可逆的。但是如商业银行决定等待，将继续受到内外因素影响并在下一周期继续决策是否采纳。综上所述，商业银行对于金融创新产品的采纳与否以及采纳后所呈现状态与特征会基于外部环境与内部需求的改变而不断变化，采纳评价机制会进行动态调整。

另一个重要假设是外部攀比压力假说（bandwagon hypothesis）。它是指采取创新不单只是基于收益与成本特征评价，同样也来自竞争对手采纳创新个数形成的“群体压力”。它分为制度性攀比压力和竞争性攀比压力，前者指采纳金融创新与否的压力来自失去治理合法性及失去股东支持的压力，竞争性性攀比压力来自与失去外部竞争优势的威胁压力。

总之，一般认为上述两种假设解释了商业银行在内外部因素作用下采用或拒绝采用金融创新的原因。

2.2.4.3　商业银行金融创新运行机制的影响机理

从一定意义来说，商业银行金融创新的扩散过程比金融创新本身还要重要（Niehans，1994[174]；Bhattacharyya and Nanda，1993[175]）。它与自然界物质扩散机制类似，需要一定条件和动因才能由产品开发者向其他采纳者进行传播并将影响力扩展到整个体系。因此，商业银行金融创新是在不断演变过程中被开发者改造（或创造）、采纳和扩散的。对于商业银行金融创新，对外部产生作用的最关键阶段无疑是创新扩散过程。商业银行金融创新通过反复的扩散机制，采纳者不断增加，金融创新扩散的速度不断上升，进而拓展了创新范围，这里范围既包括机构也包括金融创新产品，比如扩大了银行资金聚集手段，丰富资金投放手段，推动金融资产有效增长吸引更多未采取创新的商业银行效仿等。因此，商业银行金融创新的采纳扩散过程对实体经济各个层面都具有创新溢出效应，它主要体现在三个方面的作用。

（1）企业融资需求诱导机制。随着经济不断发展，新经济部门企业生产活动越活跃，其对投资、信贷、支付结算等金融服务的需求越大，越容易吸引大量的银行机构扩张市场与业务，助推创新扩散过程。

（2）金融资本逐利性。金融要素具有稀缺性和追逐价值最大化的特征，会从边际收益率低的业务向边际收益率高的业务流动，这种“择优”

机制促使金融要素向创新融资需求较大的产业流动，从而对该区域的创新生产活动产生重要影响。

（3）对金融发展促进作用。当商业银行采纳后创新会通过扩散机制向外溢出，进入扩散阶段，随着模仿者或采纳者的出现，扩散的速度不断上升在此过程中无疑伴随着银行业务规模增长，金融功能增强。随着采纳者不断增多在内外因素效应作用下增强资金聚集效应和业务规模效应。此时，商业银行向实体经济传导的创新溢出效应无疑更显著。

基于此，商业银行金融创新运行机制见图 2－3。

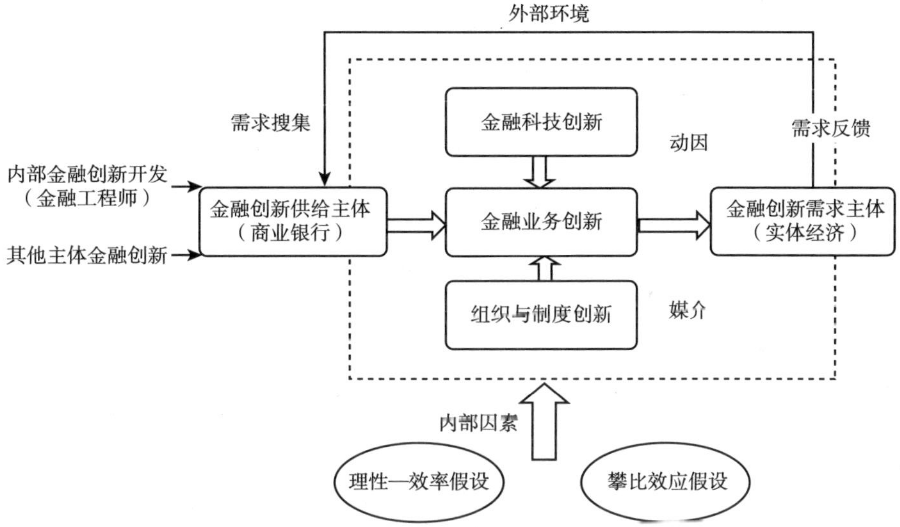

图 2－3　商业银行金融创新过程

2.3　相关理论对本书研究的启示

（1）习近平新时代中国特色社会主义思想揭示了当前阶段的经济工作的总基调和工作重点。商业银行回归本源切实服务实体经济需要围绕这个总基调作为战略导向、工作重心和经营理念。商业银行应结合本领域实际情况开展经营活动、提供匹配当前经济发展阶段的产品和服务，更好服务实体经济。本书严格遵照和借鉴习近平新时代中国特色社会主义思想分析商业银行金融创新的合理区间，从而提出当前商业银行金融创新的总体方向和行动路径。

（2）供给侧结构性改革则明确经济转型的重点领域，为本书研究重心明确方向。本书从供给侧结构性改革的方向出发，探究商业银行金融创新如何通过多方面、多层次的措施，契合供给侧结构性改革内容，融入经济供给侧结构性改革，实现金融精准支持，有效激发市场主体活力以及加强服务效能等内容。上述内容将作为研究商业银行金融创新与实体经济增长关系的重要切入点。

（3）金融发展理论为商业银行金融创新如何影响实体经济提供了重要的理论借鉴。它通过单纯重视规模与比例转变为重视质量与效率并举的转变过程其实也就是创新优化银行业务结构和功能过程。创新是动态的，银行需要通过有效创新引领金融发展朝正确方向前进；金融功能观是金融发展在金融中介领域的重要延伸，它为分析商业银行如何支持实体经济增长提供了更全面和更具体的视角，搭建了理论和实践的联系桥梁。金融结构理论为金融创新如何影响商业银行功能、经营管理与资本配置等层面提供了理论借鉴。

（4）关于商业银行金融创新运行机制很好地说明了金融创新形成、采纳与扩散机制和内外影响因素，为分析我国商业银行金融创新的动因、内容、影响效应以及传导机制提供了指导，也为后续分析供给侧结构性改革背景下商业银行金融创新方向与具体实施路径提供了良好的理论依据。

第3章

供给侧结构性改革背景下商业银行金融创新现状及存在的问题

本章围绕供给侧结构性改革背景下实体经济增长为什么需要商业银行金融创新展开分析，包括探析供给侧结构性改革背景下实体经济增长对商业银行金融创新的需求，对我国商业银行金融创新的动因、历程及所存在的问题等进行系统梳理，并简要评述国外商业银行创新的经验与教训，为后续研究奠定机理基础并提供经验借鉴。

3.1 供给侧结构性改革背景下实体经济增长对商业银行创新的需求分析

3.1.1 实体经济与虚拟经济的融合发展是经济增长的基础

商业银行金融创新如何准确服务实体经济的实质是虚拟经济与实体经济如何有效融合发展的现实层面反映。因此，厘清实体经济与虚拟经济的关系是后续深入研究基于支持实体经济增长的商业银行金融创新方向和路径的重要基础。

3.1.1.1 实体经济对虚拟经济的作用

实体经济对虚拟经济具有深远影响，体现在以下两个方面。第一，实体经济是虚拟经济的基础。实体经济是以提供有形产品、真实服务作为流通媒介，实体经济为虚拟经济提供了物质基础和生产支持，为虚拟经济运行（信用创造、货币流通等）提供了生产与技术手段支持。第二，实体企业金融需求是虚拟经济存在与发展的前提。这主要体现在：企业和居民对资金融通、风险分担、支付与结算等功能需求催生了现代金融体系；实体经济在国民经济中占据主导位置。其主要体现为实体经济创造真实财富，提供商品与服务有形性、交易媒介使用价值性、定价机制的客观性。

3.1.1.2 虚拟经济对实体经济的影响

虚拟经济以金融部门主导的围绕货币流通和信用开展活动，其目的是通过发挥货币结算与支付、资本融通与资源配置、经营风险管理、信息提供与激励等功能达到“以钱生钱”的目的。

虚拟经济具有以下特征：一是流动性高，虚拟资产的交易和流通实质是“价值符号的转移”；二是收益性高，虚拟经济可以通过杠杆效应和高风险承担放大资金倍数进行投资活动，通过维持高收益吸引资本进入；三是风险性高，虚拟经济领域要素价格决定的基础依据是资本化定价，而不是有形价值，造成产品价格很可能偏离其实际价值，形成波动。

虚拟经济的上述特征决定了虚拟经济对实体经济影响是复杂的，具体表现如下。

（1）虚拟经济对实体经济发展具有积极影响。这主要体现：①虚拟经济可以满足实体经济资金融通的需求，虚拟经济通过投资平台与金融市场，提高资本流动性加快周转，优化资本的投资组合，增强资本配置效能；②虚拟经济对实体经济潜在风险具有警示作用，由于虚拟经济具有高度敏感价格机制和市场运行机制，对信息反馈较快，可发挥提前预警的功能。

（2）虚拟经济背离实体经济需求时会对实体经济造成损害。虚拟经济对实体经济的背离的机理主要表现为如下几个方面。①金融活动可脱离实体经济独立运营。借助现代金融工具、金融市场和信息技术手段，资本可实现在虚拟领域内自我循环与流通寻求套利空间，进行投机活动即所谓的“脱实向虚”行为。此时，虚拟资本的价格已完全脱离成本运行的价值关系，相较于此时的符号价值其运行成本可忽略不计，高收益性体现得淋漓尽致。②金融活动与其他领域互动，形成泡沫经济。当缺乏外部约束机制时，虚拟经济将金融资源过度倾斜高收益高风险领域，因资本密集形成资产泡沫，商品价格陡然猛增形成价格扭曲，实物资产质量持续下降同时出现过度投资、价格泡沫等虚假繁荣的现象。③金融资源过度集中，挤占实体企业金融资源，本应获得资金被分流引流形成融资渠道的梗阻现象。造成整个企业生产停滞，产业结构处于不平衡，宏观经济处于不稳定状态。

3.1.1.3 虚拟经济与实体经济的融合发展是推动国民经济快速发展的基础

鉴于虚拟经济与实体经济存在推动及背离的双重性，应正确认识虚拟经济与实体经济之间的关系，保持虚拟经济与实体经济的良性互动，有效融合虚拟经济与实体经济，对于促进经济持续增长至关重要。

借鉴伍超明（2003）[176]通过改进费雪模型建立实体经济与虚拟经济关系的模型，对两者关系进行分析。

货币供求理论是货币金融理论的核心内容，欧文·费雪[177]（1911）提出了经典的费雪方程式，具体表现形式如下：

$$MV = PT \tag{3.1}$$

式（3.1）中，M 代表货币供应量，V 代表货币流通速度，P 代表价格水平，T 代表交易量，这里加入虚拟经济交易额概念（$P_f \cdot T_f$），将 T 进一步划分为货币在实体经济的交易额（T_r）和虚拟经济的交易额（T_f），P 进一步划分为 P_r 为实体经济资本一般价格水平，P_f 为虚拟资本一般价格水平，在封闭经济条件下有：

$$MV = P_r \cdot T_r + P_f \cdot T_f \tag{3.2}$$

根据式（3.1）、式（3.2），货币供给量分成两部分其中，$P_r \cdot T_r$ 为用于实体经济的货币（即服务与商品的购买与消费），$P_f \cdot T_f$ 为用于虚拟经济的货币（即虚拟资产的交易等）。按照凯恩斯（1936）[178]的理论，$P_r \cdot T_r$ 满足交易动机、预防动机的货币需求；$P_f \cdot T_f$ 满足投机动机的货币需求。在货币供给保持不变的前提下，如果虚拟经济交易量增多那么可用于实体经济货币量就相应减少。而虚拟经济出现过度繁荣，虚拟经济投资收益远远高于实体经济投资收益时，资金出于逐利性将大幅度进入虚拟领域，导致实体经济企业缺乏生产资金，实体经济增长将陷入停滞。

根据式（3.2）对时间 t 求导，有：

$$\frac{VdM}{dt}+\frac{MdV}{dt}=\left(\frac{T_rdP_r}{dt}+\frac{P_rdT_r}{dt}\right)+\left(\frac{T_fdP_f}{dt}+\frac{P_fdT_f}{dt}\right) \tag{3.3}$$

式（3.3）两边同时除以 MV，有：

$$\frac{1}{M}\cdot\frac{dM}{dt}+\frac{1}{V}\cdot\frac{dV}{dt}=\left(\frac{P_rT_r}{MV}\cdot\frac{1}{P_r}\cdot\frac{dP_r}{dt}+\frac{P_rT_r}{MV}\cdot\frac{1}{T_r}\cdot\frac{dT_r}{dt}\right)+\left(\frac{P_fT_f}{MV}\cdot\frac{1}{P_f}\cdot\frac{dP_f}{dt}+\frac{P_fT_f}{MV}\cdot\frac{1}{T_f}\cdot\frac{dT_f}{dt}\right) \tag{3.4}$$

令 $\alpha=\frac{P_rT_r}{MV}$、$\beta=\frac{P_fT_f}{P_rT_r}$、$\alpha\beta=1-\alpha=\frac{P_fT_f}{MV}$

式（3.4）中，α 为实体经济占整个国民经济比例，β 为虚拟经济与实体经济的比例，$\alpha\beta$ 为虚拟经济占整个国民经济比例。其中，α 与 β 均随时间变化，符合经济动态变化的特征。令 m_t、v_t、p_r、t_r、p_r、t_f、p_f、α_t、β_t 分别为 t 时刻的货币供应量变化率，货币流动速度的变化率，实体经济平均价格水平的变化率、实体经济总量的变化率，虚拟价格水平变化率，虚拟经济总量的变化率，实体经济占比变化率和虚拟经济占比变化率，式（3.3）、式（3.4）可变为：

$$m_t+v_t=\alpha_t\cdot(p_r+t_r)+(1-\alpha_t)\cdot(p_f+t_f) \tag{3.5}$$

从式（3.4）、式（3.5）可得，在均衡状态下，整个经济中增加的 m_t+v_t 货币将按照 α_t 和 $1-\alpha_t$ 比率流向实体经济和虚拟经济，实体经济增长 p_r+t_r，虚拟经济增长 p_f+t_f。当投入两者货币比例与均衡状态不一致时对当期经济总量产生重要影响改变总产出。

令 V_{rt}、V_{ft}、MD_{rt}以及 MD_{ft}为 t 时刻实体经济货币流通速度、虚拟经济货币流通速度、虚拟经济货币量和实体经济货币量，且有：

$$P_{rt}\cdot T_{rt}=MD_{rt}\cdot V_{rt},\ P_{ft}\cdot T_{ft}=MD_{ft}\cdot V_{ft} \tag{3.6}$$

即 t 时刻虚拟经济总量等于货币量乘货币流通速度，实体经济亦然。

那么，上式可以写成：

$$MD_{rt}\cdot V_{rt}+MD_{ft}\cdot V_{ft}=P_{rt}\cdot T_{rt}+P_{ft}\cdot T_{ft} \tag{3.7}$$

这里假设资产转换货币需要成本，净收益水平等同于一般价格水平 P，

因此 t 期实体经济或者虚拟经济的净收益等于收益（R_{rt}、R_{ft}）减去成本（C_{rt}、C_{ft}），进而式（3.7）可写成：

$$(R_{rt}-C_{rt})T_r+(R_{ft}-C_{ft})T_f=MD_{rt}\cdot V_{rt}+MD_{ft}\cdot V_{ft} \tag{3.8}$$

从式（3.7）、式（3.8）可以看到结果如下。一方面，当虚拟经济收益率 R_{ft} 大于实体经济收益率 R_{rt}（实际情况中实体经济成本 C_{rt} 往往高于虚拟经济成本 C_{ft}）。实体经济货币转入虚拟经济并纷纷转换成虚拟资产 MD_{ft}，虚拟领域货币增加虚拟资产价格上升，虚拟资产转换程度加快，虚拟经济规模 MD_{ft} 增长。此时，货币供应不变情况下，实体经济被挤占资源，导致 MD_{rt} 下降进而使企业生产缺乏资金，无法扩大生产或投入研发活动，产出效益递减最终增长停滞。另一方面，当虚拟经济发展慢、投资渠道少、现有金融产品无法满足投资者需求时，就会造成大量资金涌入实体经济，实体经济流动性过于充裕，那么此时实体经济各种生产价格将上涨，出现通货膨胀导致生产成本上升。

上述数理推导结果对本书研究的启示意义如下。

（1）实体经济与虚拟经济关系的本质是由经济体的发展模式和发展阶段所决定的（刘志彪，2015）[179]，商业银行应遵循虚拟经济演变规律正确认识虚拟资本的运行机制，根据实体经济情况相应调节虚拟经济的发展方向。因此，商业银行需要通过金融创新提升业务水平更好引导虚拟经济发挥正向反馈作用。

（2）商业银行要准确向实体经济传送价值而不是抽取利润。虚拟领域利润过高的情形要得到有效扭转，需要商业银行建立合理适当激励机制，防范虚拟经济脱实向虚。商业银行要正确认识到金融业的大部分收益来自实体经济，挤占实体经济融通资金是一种典型的“损人不利己”行为，这里既包括虚拟经济自身经济活动脱实向虚、也包括实体部门的过度虚拟化。

（3）商业银行需要正确把握实体经济金融化的趋势，有效防范泡沫产生，纠偏虚拟经济脱离实体经济的趋势。实体经济金融化包含了实物资产货币化、公司产权股份化、大宗商品和公司债券交易虚拟化、资本流通便利化等内容。在实体经济金融化的趋势下，经济与金融之间的互动就变得更加频繁；因此商业银行应正确看待实体经济金融化，准确把握经济增长方式变革趋势，满足实体经济合理需求，助力实体经济转型升级，激发企业金融服务需求，也要避免实体经济过度金融化，避免企业杠杆率过高造成宏观经济波动（肖崎和廖鸿燕，2020）[180]，实现实体经济与虚拟经济的良性互动发展。

总之，在国民经济宏观调控中，平衡把握虚拟经济和实体经济的之间关系尤为关键，既要推动适度虚拟经济发展、又要防范虚拟经济过度发展。而商业银行如何通过金融创新正确引导虚拟经济适应实体经济发展步伐显得尤为关键。

3.1.2 供给侧结构性改革是实体经济增长的根本动力

外部环境的变化是金融创新运行机制的重要影响因素。通过对供给侧结构性改革背景下中国实体经济状况、特征以及发展趋势进行分析，可为后续商业银行金融创新影响效应和作用机制分析提供重要的外部环境参考。

3.1.2.1 中国经济发展状况

过去中国经济高速增长主要依赖旺盛的外部需求（货物和服务净出口）、高储蓄率、银行提供稳定资金、较年轻人口结构以及庞大农村人口基数，较低收入水平提供了大量廉价的劳动力，旺盛的外部需求提供了产品销售的市场等因素，属于典型的要素粗放投入的增长模式。此种模式为中国带来高速增长的同时，引发环境污染和资源开发过度、城乡和区域间发展不均衡、工业部门产能相对过剩、企业研发能力不足等弊端。

供给侧结构性改革背景下宏观经济呈现如下特点：①经济从高速增长转化为中低速增长；②经济结构不断转型；③经济增长动力从投资驱动转向要素优化配置与技术创新驱动；④宏观经济政策以稳健为主；引导技术

创新，淘汰高耗能高污染的落后产能，培育高新技术、高端制造业等新经济产业；通过经济转型，产业转型升级有效释放改革红利与增长动力。需要在宏观层面通过触动深层次的改革来进一步解决。经济增速放缓是经济转型期最显著的特点，根据国家统计局统计，中国 2018 年 GDP 增长率为 6.6%，到了 2019 年上半年中国 GDP 增长率拉低至 6.3%；相关数据经平减①处理后，其下降与波动幅度更大，具体可见图 3－1。

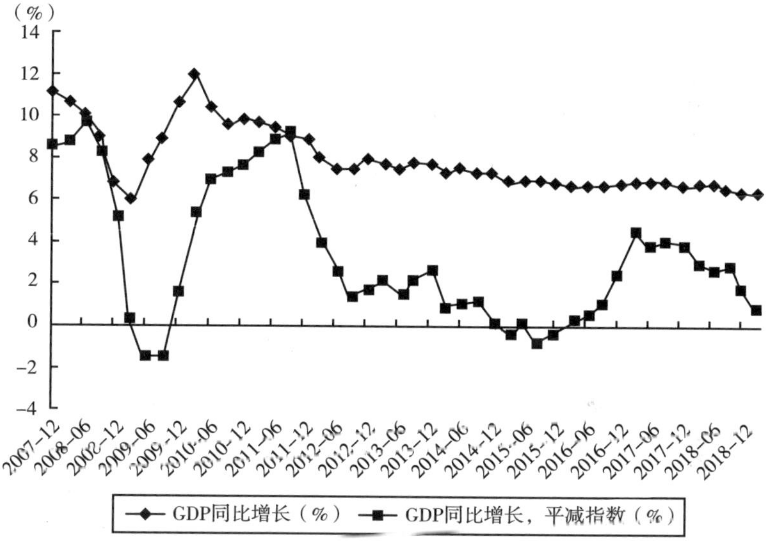

图 3－1　宏观经济增长率

数据来源：国家统计局，Wind 数据。

与此同时，宏观经济产业结构也发生重大变化，包括第三产业对经济增长贡献度显著。根据国家统计局统计，第三产业的贡献率已经从 2008 年一季度的不到 50% 增长到 2019 年二季度的 60% 左右；与此同时，第二产业占比贡献率从 2008 年一季度的 50% 下降到 2019 年二季度的 36.6%。金融业实现快速增长到峰值后下降到回升趋势，房地产行业则达到峰值后一路下滑，具体可见图 3－2。

① 即当期 GDP 平减指数 =（当期现价 GDP 数值 ÷ 当期不变价 GDP 数值）×100。

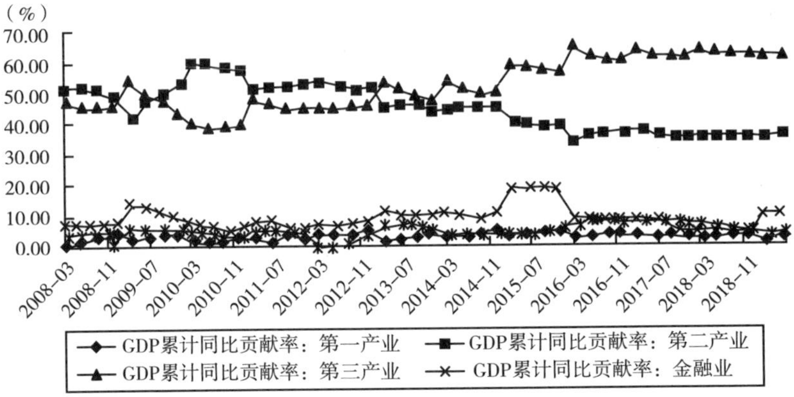

图 3-2 三大产业对经济增长同比贡献率情况

实体经济金融化不断深入。从图 3-3 可知，M2 总量增长，社融规模等都保持较快增长。相应地，M2 与 GDP、社融与 GDP 比值保持正增长，但从 2017 年开始出现下滑，具体趋势包括：M2/GDP 指标从 2001 年的 1.52 上升至 2017 年的 2.01，但 2019 年小幅回落至 2.005，虚拟经济发展过快的势头出现扭转。

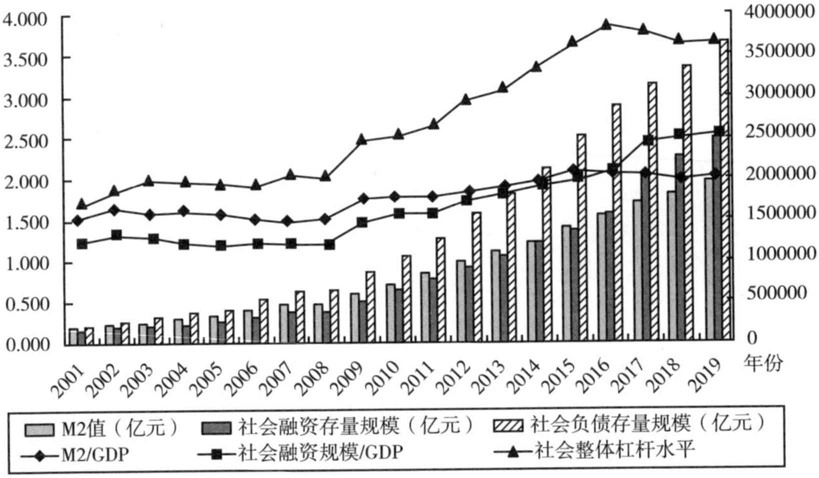

图 3-3 实体经济金融化趋势

数据来源：国家统计局网站、Wind 数据。

随着实体经济金融化深入，实体经济与虚拟经济结构也相应发生改变，按照黄群慧（2017）标准测算，实体经济规模（即国内生产总值刨去金融业和房地产业）占比从 2008 年一季度的 88. 42% 下降到 2019 年二季度的 84. 61%；虚拟经济（即金融业和房地产业增加值）占比从 2008 年的 11. 57% 上升到 2019 年二季度的 15. 38%，但增速有所放缓。

3. 1. 2. 2　供给侧结构性改革推动实体经济转型发展

供给侧结构性改革不是单纯的加大供给，而是生产力进步与生产边界扩张，增加要素投入可持续性和优化结构。同时，注重基于通过改善供给端创造经济新增长点与驱动力，沿纵轴拉升潜在增长趋势线，增加有效供给，刺激潜在产出，最终达到提升经济整体产出效能的目标。当前，供给侧结构性改革背景下的宏观经济呈现实体经济去杠杆、旧动能减弱以及新动能发展等特征。

（1）去杠杆。去实体经济杠杆主要是通过财政与货币政策以及金融监管强化等一系列“组合拳”达到对实体经济与企业负债结构调整的目标；主要通过挤出行业水分，去行业杠杆防止债务资本扎堆高利润行业，防止对金融资源造成“挤占”或者形成“梗阻”。因此，金融去杠杆的最主要目的是让实体企业从收入杠杆率过高，盲目负债扩张的误区走出，回归让资本回归劳动剩余价值的本源。根据国家金融与发展实验室国家资产负债表研究中心统计，非金融企业部门杠杆率已从 2017 年的峰值 161. 4% 降至 2019 年初的 155. 7%。

实体经济高杠杆的另一面就是金融机构通过影子银行等业务手段满足企业的不断扩张需求，所以金融去杠杆和实体经济去杠杆就好比硬币两面，紧密联系。去杠杆政策在执行过程中如果“用力过猛”，那么必然对实体经济以及企业造成伤害；极端情况下有可能形成“去杠杆风险”。为确保转型期间经济平稳有序运行，在“去杠杆”也要“稳杠杆”，防止因为银行贸然抽贷断贷造成企业（特别是民营和小微企业）经营困难。因此，供给侧结构性改革背景下的金融去杠杆不是简单货币紧缩、更不是货币化的倒退，而是需要通过以金融创新的完善银行机构为主体金融体系融资机制与渠道，疏通货币传导机制，发挥数量型与价格型货币供给导向机制，落实资金切实流向有需求的产业与企业的过程。

（2）旧动能减弱，去产能与去库存。从要素贡献来看，传统动能对宏观经济影响持续减弱。根据国家统计局数据显示，2019 年 6 月基础设施投资对 GDP 累积贡献率为 5.6%，2019 年 6 月房地产对 GDP 累计贡献率为 2.7%，系 2016 年以来最低水平。

基于此，供给侧结构性改革提出了去产能去库存的任务要求，具体包括如下。

①落后行业去产能。劳动密集型和资源密集型产业运营成本已无相对优势，通过低端制造业拉动出口的传统方式难以为继。产能过剩是宏观经济局部领域过度繁荣下遗留的负面效应，由于过去信贷流动性宽裕，银行风险偏好低且基于“羊群效应”扎堆过剩产能行业，企业盲目乐观对行业走势预期过高，地方政府投资扩张驱动等因素多重作用下诱使企业过度举债扩充产能。上述情况在钢铁、煤炭、水泥、电解铝、平板玻璃等传统制造行业体现得尤为明显。从 2016 年开始，政府开始一系列去产能措施，包括钢铁、煤炭与水泥产业去产能推动产业结构优化，船舶行业退出与重组等。据国家发改委统计数据显示，“十三五”期间全国累计压减粗钢产能 1.5 亿吨以上，退出煤炭落后产能 8.1 亿吨，淘汰关停落后煤电机组 2000 万千瓦以上。总之，去产能对提升行业资本回报水平、挤出行业水分、推动产业供需关系回归理性水平与提升生产效率都有积极意义。

②基建投资势头减弱，过热产业去库存。即呈现出固定资产投资回落，房地产投资下滑，制造业投资低迷，基建增速回落的态度。随着经济持续放缓，金融持续去杠杆政策，房地产和基建投资的变化趋势必然对经济产生十分显著影响，固定资产投资特别是房地产投资指标呈现“周期钝化”趋势。根据国家统计局数据显示，2018 年中国基础设施投资比上年增长 1.79%，增速比上年大幅回落 13 个百分点。2019 年上半年，这个比例

进一步下降至 2.95%；房地产行业投资减弱，房地产行业增加值同比增速落后于整体 GDP 增速，2018 年为 3.8%，2019 年上半年为 2.5%。与此同时，房地产行业去库存加快，2019 年底我国商品房待售面积为 52414 万平方米，较 2015 年减少了 27%。

值得注意的是，中国当前新旧产业分化十分明显，传统增长动力在逐步减弱，但是由于"基础设施 + 房地产"投资本身存量规模大，旧动能势头衰退速度大于新动能扩张速度时，经济增速回落就不可避免。

（3）新动能增长。新经济产业是相对于旧传统产业，它具有高技术以及高附加值特征，以新产业、新业态以及新商业模式（即"三新"）为表现形式，且具有成长性好、轻资产和较强自主研发能力等优势且不易受经济转型、波动的影响。新经济产业具体涉及产业高技术制造业，如机器人制造、人工智能、航空航天装备、海洋工程及高技术传播制造；战略性新兴产业，如信息技术、新材料、新能源以及高新服务产业（如大健康养老、文化娱乐等）三大类。

新经济产业通过新技术推广与融合发展较快，其在国民经济中比重不断提高。根据国家统计局统计，以三新经济为代表的新经济产业占 GDP 比重由 2016 年的 15.3% 上升至 2019 年的 16.3%，经济增加值超过 16 万亿元。此外，高技术制造业和战略性新兴产业经济效益比较显眼。2019 年 1—6 月，高技术制造业和战略性新兴产业利润同比分别增长 6.3%、4.6%，增速比 1—5 月分别加快 3.5 个、1.6 个百分点。与此同时，全行业工业利润却同比下降 3.1%，增速明显。随着产业升级的步伐稳步加快，前沿科技成果将与中高端制造业和信息技术产业深度融合，并贯穿产业价值链条全流程，以最终实现从低位资源转向高位资源最终实现国民经济的变革式升级。

3.1.2.3　供给侧结构性改革背景下中国经济发展趋势

未来，供给侧结构性改革背景下中国经济发展趋势将体现如下特征。

（1）居民消费需求持续扩大，消费模式进一步升级。中国人均收入突破 1 万美元门槛，中国城镇居民恩格尔系数已经降到 27%，已属于富裕水平。居民消费升级和商品消费支出依然有很大的提升空间。新经济产业通过生产和技术在服务行业深度融合，以更贴近消费者需求、更便利服务业态，商业模式促进消费升级（如线上消费对耐用消费品、信息消费品支出增长的推动作用）。未来，消费支出对实体经济增长的贡献将进一步提升，如何通过科技赋能有效拉动内需将成为经济转型升级的迫切需求。

（2）新兴业态加速崛起，新旧产业将加速融合。具体表现为：①新兴业态崛起体现为新型业态产业将围绕制造业智能高端化、产业信息化、城镇化、服务业与农业现代化等几个方向推进，在此过程中整体内需潜力将不断释放为传统制造业转型升级提供物质基础；并促进了制造业、服务业的分工细化和融合发展。而产业升级的步伐加快、新经济产业的快速增长将为加快动能转换，通过创新驱动推动国民经济的顺利换挡。②新旧产业融合体现为传统行业将与新产业加快融合。比如，重要的制造行业和工业产业将通过智能化改造，通过信息化和服务精细化变革，与信息技术产业一齐推动实体经济的智能化与数据化进程，并对产业产品、产业业态、商业模式、生产方式、生产组织等方面产生颠覆性影响。

（3）技术创新对实体经济增长的作用更加关键。技术含量和高附加值是新经济部门（企业）的基础，并与研发、针对性服务深入融合和互补。因此，新经济产业技术含量高、附加值高、产业带动能力强，边际利润水平较高。产业涉及企业大多属于知识密集型的创新型企业，以科技研发与知识资本作为核心要素禀赋。在发展过程中，新经济企业把研发和创新能力视为企业的核心竞争力。随着供给侧结构性改革持续推进，知识资本和研发能力正逐步取代资本和其他资源，成为企业最重要的软资源。据麦肯锡（2019）[181]统计，2018 年中国的 R&D 占 GDP 的比例为 2.18%，接近经合组织国家 2.4% 的平均水平，已占全球的 14.4% 以上，仅次于美国，超过欧盟总量，位居第二，但依有提升空间。与此同时，中国国内发明专利的申请数量迅速增加，2018 年达到 139 万件，2019 年上半年达到 88 万件，高居世界首位。从上述数据可知，中国科技进步作为创新驱动发展“第一动力”的作用凸显。

(4) 产业持续优化升级。全新的数字生态系统将成为实体经济发展新的驱动力，并推动平台经济成为主流，各种数字化“产业+”平台模式（如“互联网平台+制造业”“智慧云平台+零售”等）大大增加交易效率、降低交易成本，成为经济模式升级的重要载体。

3.1.3 商业银行金融创新的本质是供给侧结构性改革的重要组成部分

商业银行金融创新如何引导虚拟经济适度发展又防范过度发展十分关键。在当前形势下，商业银行需要有效支持实体企业从事技术创新，进而提高产品质量或者生产效率，而不是将资金转入虚拟领域（如衍生品市场）进行套利活动才能推动经济持续增长与有效转型。

这里借助 Itai（2014）[182]银行博弈均衡模型进行参数模拟，通过比较经济形势发生变化以及银行通过有效创新降低成本等不同情况假设下银行最优反应函数（Banks' Reaction Function）变化，探讨供给侧结构性改革背景下商业银行金融创新的必要性和重要性。

假设金融市场分为两类主体：个体银行 i 且 $i=1$，待观察个体银行（以下简称“个体银行”）决策即投资的成功率为 q_i 且有 $q_i \in [0, 1]$ 和市场上其他银行（以下简称“其他银行”）决策即且有投资成功率为 q 且有 $q \in [0, 1]$。银行信贷资金来源资金市场，由于存在信息不对称、个体银行与其他银行的信用风险敞口相互叠加，因而使市场投资人饱受逆向选择的困扰，投资人基于良好（即确保业务良好运营）银行出现概率做出投资决策。因此，两方银行具有天生的资金短缺性并都希望通过博弈提高项目成功率以获得资金市场投资人的青睐以获得资金。具体博弈过程见图3-4。

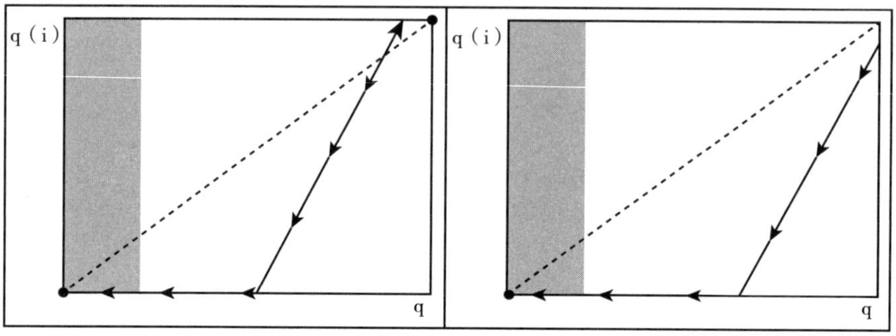

图 3-4 银行均衡偏离路径示意图

资料来源：Itai（2014）。

如图 3-4 所示，个体银行最优决策（最优反应）是项目融资成功率为 q_i，当最优决策与呈 45 度角的直线相交时，纳什均衡发生（即 $q_i = q \in [0, 1]$）。此时，无论是个体银行、还是市场其他银行都是最优选择。该模型总共有三个均衡点即坐标轴原点，右上角以及内部均衡点。由于信息不对称等原因，银行会偏离最优决策组合，图 3-4 中的箭头是方式偏离均衡时银行反应路径。图 3-4 中的左图与右图的区别是，左图达到均衡点时银行违约风险很小或近乎为 0，且不会受到大的冲击，如资产收益率发生变动，偏离发生时可通过右上角移动快速回复均衡，因此被 Itai 称为“好的均衡”；而右图由于反应函数在 45 度线以下，从不均衡恢复均衡路径唯一路径是回归原点，此时成功率均为 0，极易发生金融风险。阴影部分是市场停滞区间（breakdown zone），逆向选择现象过于严重，此时项目成功率低，导致收益下降风险高，市场不愿意提供资金给银行，银行此时也不愿意借贷（由于市场违约率太高），信贷业务无法持续进行。

此外，银行在市场中从事两种活动一种是支持实体经济给企业提供融资（即企业项目），另一种是投机活动获取投机收益（即投机项目）。银行根据投资成功概率做出融资或投机的决策。按照“银行开始对有融资需求的企业进行监督，保障项目（按照项目成功率）开展，银行博弈决策，银行融资以及博弈结果产生”的流程进行，在此过程中商业银行目标是将投资成功率 q_i 实现最优化。

根据 Itai（2014）银行最优反应函数有：

$$q_i^* = \frac{1}{2c}\left[R - d\left(\frac{1-\rho}{q^*(1-\rho)+\rho} + \rho x\right)\right] \quad (3.9)$$

式（3.8）、式（3.9）中，R 为银行给企业提供融资时的项目收益，项目成功率高则意味着银行资金利用率高，反之亦然。往往宏观经济状况较好时，企业经营好相应的项目收益情况高；反之，社会经济情况较差时，企业经营情况不佳相应的项目收益情况降低，因此项目收益率可视为反映宏观经济整体水平的变量。

d 为银行负债比例且银行负债资金全部通过市场上融资获得，e 是银行自有资本比例，有 $d=1-e$。

x 是投机收益。

ρ 是投机成功率且有 $0<\rho<\frac{1}{x}$、$x>\frac{R}{d}$，即当投机收益大于实体项目收益时，银行将愿意从事投机活动。

c 是监督成本，为了避免项目失败确保企业正常经营，银行将对企业提供监督，实际监督效能是 cq_i^2，$c\geq 0$，可知监督效能与监督成本、项目投资成功率正相关。

q_i^* 是样本个体银行的项目融资成功率同时也等于最优反应函数，反映其他银行 q^* 采取决策前提下，个体银行的最优反应措施。

由以上设定不难看出，当项目收益 R 增加时对函数是正向影响，此时企业项目收益增加意味着采取监督将获得更高收益；而其他参数不变，单独提高银行项目监督成本 c 时或者银行负债水平 d 提高时则对最优反应函数影响是负向的。而投机成功率 ρ 影响待定。

下面根据最优反应函数式（3.8）、式（3.9），进行数值模拟。参考 Itai（2014）、苟琴等（2014）[183]有关参数设定如下 $d=0.925$，$\rho=0.41$，

$x=1.19$，$c=0.048$。先比较项目收益存在差异即模拟宏观经济环境发生变化时，银行最优反应函数的变化。当项目 $R=1.13$、$R=1.08$ 时，对均衡变动的影响，参数模拟结果可见图 3－5。

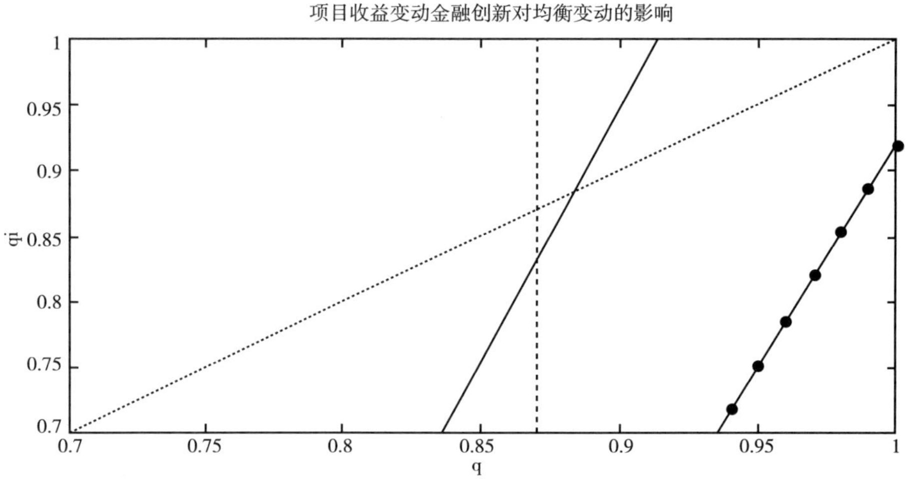

图 3－5　外部经济环境导致项目收益变动对均衡变动的影响

在图 3－5 中，实线为 $R=1.13$ 时单个银行 q_i 的最优反应函数曲线，方框点状线为 $R=1.08$ 时单个银行 q_i 的最优反应函数曲线，45°角虚线是纳什均衡反应曲线（简称“均衡曲线”），有 $q_i^*=q^*$，即处于这条线上各方反应是最优的。水平垂直虚线是银行对项目融资进行博弈的项目成功率门槛值，当 q 小于门槛值时因成功率太低，不能满足市场最低收益需求，银行将得不到外部资金，融资行为将中止。从图 3－7 可知。

当 $R=1.13$ 时，处于 Itai（2014）所说“好”的均衡状态，此时与均衡曲线相交于 $q_i \approx 0.88$，即此时银行融资成功率为 0.88，所有银行都会选择对融资项目进行监管。因此，当 $R=1.13$ 时，即由于项目收益率足够高，银行都愿意对企业的项目提供融资支持且收益能够获得保障，即当经济发展状况较好时对商业银行融资业务开展具有积极作用且有助于降低商业银行违约率。

当 $R=1.1$ 时（即当宏观经济状况发生变化时），由于项目收益率受影响走低，随着 R 降低，在 q^* 不变情况下 q_i^* 随之下降，最优反应函数向右下方移动。这背后机理是，当经济形势发生变化项目收益率走低（比如经济转型期传统产业受到冲击收益下降），其反应函数曲线完全在均衡水平的下方，造成市场停摆的局面。此时，一方面，由于项目收益率低，银行最优选择是放弃对项目监管（由于项目违约率过高）导致银行不再愿意放贷，只是维持存量业务。由于企业得不到融资实体经济得不到有效金融支持，外部经济无疑将持续衰退（陷入恶性循环）。另一方面，当项目收益 R 减少到 1.1 时（从上文可知，资金方对项目收益率最低要求至少大于 1.128，即 $R>2c+d\,[1+\rho\,(x-1)]=1.128$，由于 $\rho=\frac{x}{r}$ 且 $x\geqslant\frac{R}{d}$。此时，投机活动收益率较实体项目收益要高，将导致银行更倾向于将资金投入投机活动，使银行资金在金融市场空转形成恶性循环并最终在坐标轴原点（$q^*=q_i^*=0$）达成纳什均衡，此时也意味金融危机开始。上述结果背后的经济学逻辑是：商业银行有必要支持实体经济增长，只有实体运转良好，项目（企业）收益率才能维持必要水平使银行能够有意愿向实体经济提供融资资金并可持续获得外部市场资金，在维持自身持续经营与支持市场有效运营、相互支持。而经济下行无疑会加剧银行风险承担，造成资产质量恶化（Angeloni，2015）[184]。考虑当前经济下行压力较大，部分企业盈利水平与资产价格下降，商业银行基于理性决策有动力且有必要为实体经济提供有效业务支持。

那么，当宏观经济状况持续保持当前水平，即项目收益 R 不变前提下，当商业银行采取有效金融创新时，市场情况是否会发生变化。此处，假设商业银行通过金融创新提高效率降低监督成本。此时，$R=1.08$，其余参数取值不变，商业银行项目监督成本 c 通过金融创新从 0.048 下降成为 0.03。此处比较当 $c=0.048$ 与 $c=0.03$ 时对均衡变动的影响，参数模拟结果可见图 3-6。

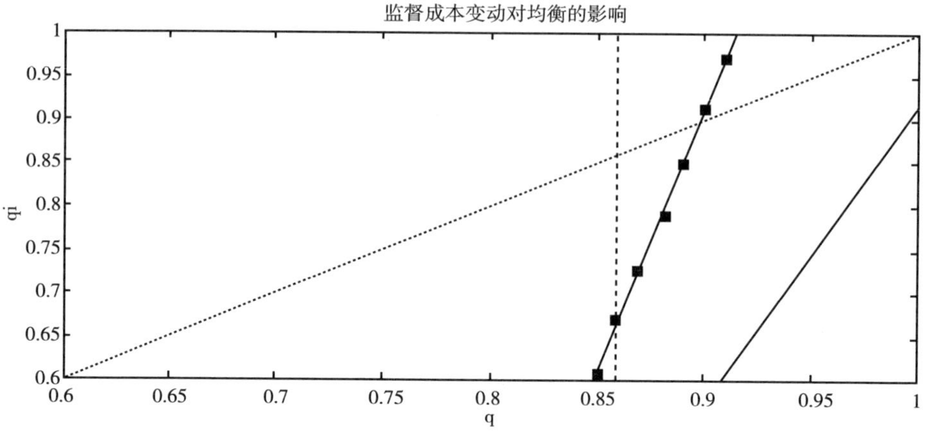

图3-6 银行金融创新导致监督成本变动对均衡变化的影响

实线 $c=0.048$ 时，单个银行最优反应函数曲线，方框点状线 $c=0.03$ 时单个银行最优反应函数曲线，其余不变。从图3-6可知，在项目收益率不变情况下，银行通过金融创新降低监督成本对均衡产生了影响，当项目监督成 c 降低时，此时最优反应函数曲线显著地向左上角移动，并且与均衡曲线相交与 $q_i \approx 0.9$ 处。

当 $c=0.03$ 时，市场上银行再次愿意为项目提供监管，尽管项目收益率依然保持较低水平，但是商业银行通过创新降低监管成本提高资金使用效率，促使银行愿意对项目提供融资且项目投资的成率得到了提高。因此，商业银行通过金融创新可提高资金使用效率和配置效率并对外部经济产生积极影响。结合实际情况，比如商业银行通过金融科技创融入业务流程抑或开发出更具针对性的产品组合使监督成本下降，原来不太可能获得银行融资的项目或者企业，由于银行业务和风控水平提升而能够获得了信贷支持。上述变化在银行发展普惠金融服务长尾客户上面得到了很好体现，过去难以获得银行支持的中小微企业，银行借助大数据、智能审核有效识别信用风险，同时通过供应链金融或者“政银企”等模式创新获得增信措施；因此得以提升对中小微企业支持力度，帮助实体经济补齐补短板，助力供给侧结构性改革。

综上所述，借助银行博弈均衡模型并进行数值模拟，得出以下结论。

第一，商业银行金融创新可视为供给侧结构性改革重要组成部分，商业银行只有在外部经济环境良好的情况下，才能获取合理收益维持经营稳健性和业务开展的可持续性。因此，银行通过金融创新提升资金使用效率、提高项目投资成功率、有效引导资金流入实体经济。

第二，一味追求高收益获取不当得利，只会诱发银行展开“投资活动”，进而造成经营不稳定并将这种波动传导至宏观经济并形成恶性循环。最终整个银行体系陷入不稳定乃至危机（如无法获得外部资金，项目成功率为 0）。

第三，商业银行通过金融创新提高项目成功率、提高资金使用率并有效满足企业融资需求加强对实体经济支持力度、支持实体经济完成供给侧结构性改革的任务。

综上所述，一方面缺乏金融有效支持的实体经济将成“无水之源、无本之木”；另一方面过度金融支持的实体经济将成为虚假繁荣的“空中楼阁”。作为虚拟经济和实体经济关系的延伸，商业银行金融创新本质是供给侧结构性改革重要组成部分，商业银行金融创新只有与实体需求良好融合才可实现双赢。

3.1.4　供给侧结构性改革背景下实体经济增长要求商业银行持续开展金融创新

为促进经济顺利转型，支持供给侧结构性改革顺利完成，各有关方应做到如下几点。首先，在宏观政策层面，无疑需要通过财政、货币政策有效引导，加大逆周期调节力度；其次，在政府治理层面，需要持续建设现代经济体系以保障经济转型顺利进行；最后，在金融体系层面，金融将在其中扮演重要支撑作用。在这其中，商业银行需通过有效金融创新高效支持，帮助旧动能产业渡过难关，推动新经济产业的发展。不断发现新的技术和创新，并在此过程中将创新成果转为有效生产力，促进新技术、生产工艺、管理的创新扩散和采纳，减少生产资源分配中的扭曲，并带动金融资源合理有效分配。商业银行金融创新应围绕实体经济高质量增长需求展开。

因此，实体经济增长要求商业银行持续展开金融创新，具体体现在以下三个方面。

3.1.4.1 实体经济增长需要商业银行业务创新

商业银行通过业务创新可以让银行准确把握发展方向，深刻理解政策边界，更精准地为客户提供金融服务引导资金流入需要创新的企业。银行可以根据外部经济环境变化，市场需求精准定位为战略导向与客户定位，基于客户细分进行业务创新，改变过去业务同质化严重局面与集中度过高的问题。商业银行通过业务创新可加强市场研判，以战略定位为导向，新产品、新业务模式和新服务手段为推手，立足本行特点进行创新。

业务创新可以让银行产品和服务手段更多元化，并以此提高金融供给对外部需求的适应性和灵活性。在过去高速增长时代，由于产品服务体系相对比较孤立且缺乏科学的客户评估体系和综合营销手段，“见招拆招”现象比较常见。在供给侧结构性改革背景下，经济形势较以往更为复杂，针对不同行业与规模的客户需求差异化，通过业务创新可以让商业银行根据客户行业特性，成长周期打出业务组合拳提供更灵活、更具有针对性的综合解决方案。

通过业务创新商业银行以保持适当盈利，维持经营稳健性为基本要求，不再盲目追求利润最大化和超常规规模扩张，避免对实体经济造成波动。商业银行通过创新更注重精细化管理、加强成本管控的同时，实现收益稳中有升，商业银行对资金成本定价、交易成本的降低、业务收入特别是非信贷中间业务收入来源的发掘；因此商业银行积极推动中间业务和调整业务结构，将金融资源配置向下沉淀，通过产品和流程的优化，扩大收入来源。

3.1.4.2　实体经济增长需要商业银行金融科技创新

（1）金融科技是新时期商业银行金融创新最主要的内源动力与助推手段，对于解决传统商业银行体系业务发展过程中解决风控、效率、信息透明以及服务覆盖面等内生问题矛盾发挥了显著作用。

（2）商业银行金融科技可有效支持业务和组织制度的创新活动。一般商业银行通过金融科技深入应用、融合对业务创新、组织创新形成推力，促使金融产品优化、金融效能提高、金融供给改善等；进而达到为企业提供多元化融资渠道、提高资本使用效率、最终影响实体经济的增长的目的。

（3）商业银行金融科技创新可以满足市场需求。金融科技通过交易提速与交易提质满足消费者需求，增强消费者购买力，产生消费动力，从而有效促进内需。

（4）金融科技可作用于普惠需求。商业银行需要金融科技创新提高金融科技水平可消除信息不对称并降低金融交易在长尾市场的成本（包括固定成本和信息成本）。比如，商业银行金融科技创新通过与产品、业务模式以及服务的深入融合，可有效填补克里斯·安德森（2017）[185]所提及的"信息缺口""金融产品缺口"和"普惠缺口"，提高银行信息搜集、甄别和评估能力从而研发出符合长尾市场需求的金融产品和服务，实现最大程度覆盖普惠群体并有效降低交易成本、管理成本等。

综上所述，金融科技创新既是赋能业务创新、增强金融供给与金融服务覆盖面、填补金融服务空白领域的重要手段，又是推动科技进步、助力经济增长的有效手段。

3.1.4.3　实体经济增长需要商业银行组织与制度创新

银行组织与制度创新对实体经济增长具有双重影响。

一方面，优化银行组织架构和制度，可以使银行组织和制度更好地适应业务发展与科技应用。内控制度的完善是确保商业银行在风险可控前提下推进金融创新的保障，组织架构的优化是银行在内外环境变化情况下做出的相应调整，为金融业务创新和科技创新提供组织层面支持，具有关键支撑作用。此外，合理的组织结构和有效内部机制可以确保银行对外部市场研判和战略发展定位更准确，有利于银行更好发挥职能，更好地满足居民和企业的金融需求，以实现引导实体经济与虚拟经济良好融合的目标。

另一方面，组织架构和制度创新有助于银行完善内部治理机构，建立良好的法人治理结构以防范各种信用风险、操作风险甚至道德风险的发生。

因此，商业银行通过组织结构和制度创新可以确保银行稳定有序运营、经营导向更科学，进而达到更好引导商业银行有序开展创新活动目的，为经济增长营造稳健良好的金融运营环境的目标。

3.2 我国商业银行金融创新现状及存在的问题

改革开放40多年来，中国商业银行无论是规模、治理水平、风险管理能力还是服务实体经济能力等方面均取得了长足进步。其主要体现如下。第一，在服务实体经济方面，商业银行在支持实体经济高速增长，产业结构优化升级以及国民经济全面实现工业化、初步普及信息化等目标发挥核心作用。以资金融通为例，根据中国人民银行数据统计截至2019年6月银行资金在社融规模中占比高达77%①占据绝对优势份额。第二，中国商业银行在执行货币政策，推动宏观体系货币深化，维护国家资产负债表稳定，为重大项目提供资金融通，为宏观市场体系建立提供风险管理与公司治理等方面服务发挥了关键的作用，并在改革历程中施加了深远的影响。第三，就商业银行自身体系而言，也经历了从计划传统时代经营方式到现代市场经营方式的转变。

① 数据来源Wind数据，具体统计口径为银行信贷加上银行通过委托贷款和信托贷款发放资金。

3.2.1　中国商业银行金融创新动因

金融创新动因是影响商业银行开展金融创新活动的重要因素。Patrick（1966）[186]提出“供给—需求框架”，将金融创新划分为需求带动和供给引导两种类型，即金融创新可以是被动防御和反应滞后、也可以是主动进攻和先试先行的。BIS（1986）对金融创新动因进行进一步细化、梳理并认为，商业银行金融创新的动因主要来源于科技进步（Technological advanced）、监管压力（特别体现在资本约束方面，Regulatory pressures of increased capitalization）、外部竞争（Increased financial competition）及创新的历史动力（The historical dynamics of innovation）等供给引致因素，流动性、信用与股权创造等内源需求驱动型因素。

“供给—需求框架”认为经济发展水平不同对于金融创新驱动因素具有重大影响。①发达国家商业银行的金融创新是内部供给需求层面推动。商业银行金融创新是为顺应新环境，适应市场变化，追求利益而做出的创新，达到规避信用、价格风险，财富管理等目的。在创新过程中，商业银行处于主动地位属于进攻型创新，供给层面推动的金融创新是金融发展领先实体经济需求的典型表现。②发展中国家的创新是外部需求层面推动的，由于经济体制改革旧金融体系下的金融产品与服务无法适应新的情况，倒逼商业银行通过金融创新满足转型需求，满足新的需求。在创新过程中，商业银行处于被动影响的地位、属于防御性创新，需求层面推动的金融创新是商业银行金融发展程度落后于外部实体经济需求进而被动做出转变的典型表现。

3.2.1.1　供给侧结构性改革前中国商业银行金融创新的动因

基于上述理论框架，本书认为供给侧结构性改革前中国商业银行金融创新动因具有浓厚“需求跟随型”特征，而呈现这种特征主要是受到外部经济改革和内部金融体系演变等因素影响。其包括外部环境、内部环境。

（1）外部环境，在经济高速发展且金融体系不完善的情况下，商业银行的许多创新根据市场改革所衍生需求做出转变，并在很大程度上依据国家行政指令进行的，并非完全基于对市场的判断预期。经济体制变革与政府的行政干预是商业银行金融创新最大的源动力。在很多情况下，由于外部实体经济新需求的紧迫性和迫切性，在自身业务水平不高、产品体系不完善的情况下，中国商业银行一般通过直接模仿国外商业银行金融创新满足需求，具有吸纳性、临时性和滞后性的特征。

（2）内部环境：经济高速增长时期，中国商业银行业盈利水平高，牌照价值高，市场势力强大导致其创新主动性不足。

3.2.1.2 供给侧结构性改革后中国商业银行金融创新的动因

供给侧结构性改革后，中国商业银行金融创新动因向“供给引致型”转变。导致这种变化的原因如下。

（1）外部环境，供给侧结构性改革背景下实体经济转型与产业升级的金融需求更复杂和多元，由于当前中国宏观经济广度和深度国外经济体已无法可比，在无先例可循的情况下将促使中国商业银行更主动地开展原创性金融创新，以更有效地解决日益复杂的局势。

（2）内部环境，随着金融体系改革深入，中国银行业原来具有的“国家垄断”特征市场结构被打破，竞争更加充分。一批民营银行批准设立，外资银行零门槛准入，新兴金融业态不断发展以及金融脱媒加剧等变化造成市场份额、优质客户以及社会资金等金融资源的抢夺更加激烈。根据本书测算，全国主要商业银行①的勒纳指数（Lerner）② 从 2008 年的 0. 37 下降至 2018 年的 0. 29［根据张娜（2018）[187]同期日本商业银行约为 0. 17，美国为 0. 21］，说明中国商业银行市场竞争变得更充分，具体可见图 3 - 7。

---

① 选取样本银行包括 5 家国有商业银行、13 家股份制银行以及 47 家排名靠前的城市商业银行。

② 根据 Fernandez and Maudos（2004）以勒纳指数（Lerner）即通过对价格与边际成本偏离度的度量来反映市场的竞争程度，指数介于 0 到 1 之间，0 为完全竞争，1 为完全垄断，指数越小竞争越充分。

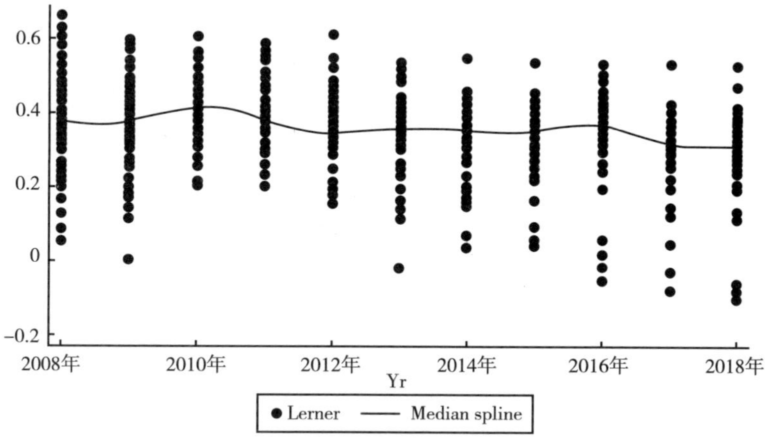

图 3-7　主要商业银行勒纳指数直线拟合图

在此情况下，商业银行将通过金融创新突出业务的差异化和专业性以此争取优质客户。未来，中国商业银行将基于对宏观财政、金融与产业政策以及外部市场环境进行综合评估基础上，更敏锐地捕捉市场信息，快速响应市场变化特别是当前科技创新驱动等需求，开展金融创新活动精准支持，以更主动地顺应中国经济结构和金融发展趋势客观要求，为客户创造价值的同时实现自身价值提升。

3.2.2　中国商业银行金融创新历程

借鉴已有研究，本书将中国商业银行金融创新历程划分为：建立与初步发展、深入改革、高速发展以及转型调整四个阶段。具体包括如下内容。

3.2.2.1　1978—1991 年初步发展期

在初步发展期，中国商业银行体系得到建立与初步发展，因此商业银行金融创新主要围绕完善金融产品体系，改善金融服务力求更好适应经济体制改革形势，并为经济建设提供必要金融服务为主要动因。由于改革开放早期经济建设需要大量资金投入，商业银行主要在国际银团贷款承接国际金融组织、外国政府等政府间或准政府间金融业务等方面做出突破，但主要以效仿西方同业类似做法为主。此外，针对80年代末高通胀导致居民储蓄意愿较低现象，商业银行在吸储手段上也进行不少有益尝试。比如，在个人储蓄产品（通存通兑存折、银行卡）等以改善客户体验、增强银行资金吸收能力。

3.2.2.2　1992—2003年深入改革期

在深入改革期，中国进入全面建设社会主义市场经济的崭新时期。与此同时，商业银行也进入改革转型的关键时期，国有商业银行通过政策性业务剥离、补充资本金以及剥离巨额不良贷款等三个阶段改革转型为真正意义上的市场化主体，银行体系竞争日益加剧。伴随着外部经济增长不断加快，企业与居民的金融需求日趋专业化和多元化，商业银行金融创新在各业务条线全面开花。例如，出口外向型经济催生一系列贸易融资以及跨境结算业务创新，包括票据类业务、信用证业务、进出口信用保险融资业务以及全球授信业务等。上述产品对促进贸易便利特别是对企业出口、产品流通提供了有效支持，包括国际贸易融资、保理等贸易金融产品均在这一时期出现，为中国成为“世界工厂”提供了信用与资金保障。此外，这一阶段金融市场基础设施建设趋于完善，标准化的金融市场，如全国统一同业拆借市场（1996年）、银行间债券交易市场（1997年）以及外币同业拆借市场（2002年）相继成立为后续商业银行业务范围扩张，全面参与金融市场业务奠定基础。

3.2.2.3　2003—2014年高速发展期

高速发展期是商业银行发展与创新的“黄金时期”。商业银行经过前期改革与不良资产处置，轻装上阵实现资产规模快速扩张，利润猛增。由于此时中国经济在2003年“入世”、2008年后“四万亿财政刺激”等多种红利刺激下进入高速增长阶段，实体经济对金融需求空前强烈，商业银行金融创新步伐显著加快。

此时，商业银行金融创新内容更丰富、细分更专业化，具体表现如下。

（1）银行金融市场业务快速发展。银行通过金融市场（同业拆借市场、银行间债券交易市场以及外币同业拆借市场等）调节资金头寸、融入与借出资金以及买卖标准化金融产品等业务不断成熟，催生了利率债、信用债、资产证券化产品以及同业拆借等多种筹资型创新工具出现。银证、银保、银信合作全面开花，银行、信托、证券以及保险等不同业态之间的资金流通壁垒基本打破，资金跨业态流动成为可能，泛资管格局俨然形成。存贷利差不再是银行唯一的收入来源非利息收入占比更重要，银行更有动力通过中间业务和表外业务创新扩大业务规模获得超额收益。

（2）银行理财业务在这一阶段诞生（2005 年），财富管理市场开始专业化转型并获得了迅猛发展。据中债登数据统计，2007 年末中国理财产品存续规模为 5200 亿元，而 2016 年达到 29 万亿元，复合年化增长率接近 65%。随着居民收入增长以及多层次金融市场不断完善，银行理财资本配置更为灵活，期限、收益、产品结构、资产组合等变化令人眼花缭乱，银行除了储蓄外增加了新的资金吸收手段且投向更灵活。

（3）商业银行通过批发性融资方式提高筹资能力和流动性管理弹性，提高业务投放能力和定价水平。值得注意的是，上述变化也催生影子银行出现。影子银行核心包括：商业银行以委托贷款、信托贷款、未贴现银行汇票、理财和资管的资金通过通道业务和委托投资（与非银行金融机构合作）等方式投资相关资产达到解决客户资金融通的需求。一般认为，银行理财和同业业务是影子银行主要资金来源（王喆等，2017）[188]。上述项目依附银行业务需求展开具有“银行的影子”特征，在经济高速增长时代，在规避监管、趋利性以及“羊群效应”等因素趋势下，商业银行影子银行业务大多集中于产能过剩行业、地方政府融资平台以及房地产等局部领域，产生低效金融供给。

（4）互联网金融模式得到了长足的发展并形成深远的影响，随着互联网技术和信息通信技术得到了广泛应用，不少的中小银行为了实现“弯道超车”优先拥抱新业态，通过资金融通、支付、投资和信息中介服务等线上化实现获客，风控手段升级转型。同时，金融科技也为金融机构、金融市场以及金融基础设施的完善提供了可靠的支撑，并在业务流程、产品开发以及技术应用等方面产生了重大影响。

（5）银行混业经营在这一时期取得了实质性发展，真正意义上的金融控股集团出现，商业银行可以更好地发挥“一体化”效应满足客户更复杂的需求，支持经济转型发展。

3.2.2.4 2015 年至今转型调整期

在转型调整期，随着供给侧结构性改革拉开序幕，外部经济形势发生根本性转变，在经济结构调整过程中局部金融风险开始显现，金融监管通过制度性规范，填补监管空白，严防系统性风险，业务无序扩张受到限制。本阶段金融创新主脉络是商业银行根据外部监管、经济形势变化进行调整转型，精准施策。本阶段商业银行金融创新现状和存在问题见本书 3.2.3 以及 3.2.4，这里不再赘述。

3.2.3 中国商业银行金融创新现状与成效

3.2.3.1 业务创新情况

（1）创新与重组金融产品，提升服务实体经济质量。

①商业银行基于融资信贷类产品要素改造和升级，以加大金融供给力度。比如商业银行通过灵活设置期限与还款方式，推出多种模式信贷产品（如围绕商圈、核心产业展开的信贷产品），扩大可接受增信方式并设立专营机构（如信贷工厂）依托金融科技加大业务受理力度等方式优化传统信贷供给，加大覆盖面以此加大支持中小微企业的力度已取得了阶段性效果。根据银保监会数据统计，截至 2018 年底，小微企业法人贷款授信 237 万户，同比增加了 56 万户，增长了 30.9%，占小微企业法人总户数的 18%；从贷款余额上看，我国小微企业法人贷款余额为 26 万亿元，占全部企业贷款的 32.1%。

②商业银行为满足客户不同需求，通过金融创新加大资金配置力度。一是优化产品要素，支持企业创新。商业银行在信贷支持科创型企业做出了较大努力并采取一系列创新措施。以科技专利质押为例，国家知识产权局统计数据，2019 年我国专利质押融资金额为 1105 亿元，同比增长 24.8%，质押项目为 7060 项，同比增长 30.5%，专利质押贷款已经成为拓宽高新技术企业获得贷款重要渠道；此外，商业银行还通过金融创新优化贷款增信方式。除了科技专利，商标、国企与政府订单等软资产也成为可行的增信手段，增加企业融资可得性。根据国家市场监督管理总局统计，2019 年我国商标质押融资超过 500 亿元，同比增长 32.6%。二是升级传统产品。中小微企业在商业活动中作为结算工具积累了大量票据和信用证，传统模式下票据作为一种流动性很差的流动性资产难以盘活。商业银行加大票据业务融资创新力度为企业特别是中小企业提供服务，通过系统直连专业交易所实现信息互通、产品整合以及线上化服务等方式活跃票据交易，实现“二次金融资源分配”的职能。根据中国人民银行数据统计，2018 年上海票据交易所签发量为 18.27 万亿元、结算量为 56.56 万亿元、贴现量为 9.94 万亿元，分别同比增长 24.84%、62.59%、38.83%，单张票面金额下降至 87.96 万元较前年下降 21.93%，贴现利率低于同期贷款水平，其中，中小企业签发票据量占比超过三分之二。

③优化信贷产品结构。针对一些地方大型固定资产建设项目以及一些新兴部门企业项目规模大、周期长、资本密集和沉没成本高的特点，丰富产品体系，增加中长周期信贷产品占比，通过提供“耐心资本”满足大型基础建设、高端制造生产、前沿科技研发等特殊领域的资金需求。一般认为，贷款期限越长既满足长期投资回收期的项目要求，中长期贷款比重又反映了银行信贷技术水平（Berger，2002）。以中长期贷款为例，根据中国人民银行统计，截至 2019 年 12 月，中长期贷款占贷款总额比重，在用途上固定资产贷款同比增速（11.3%），为经营性贷款同比增速（6.2%）的 1.8 倍。

④产品定价市场化。当前，利率市场实现了从定价自律和协调机制到

现在贷款市场报价利率机制转变，利率市场化改革接近尾声。商业银行特别是大中型商业银行在定价时拥有自主定价权，在完善内部转移价格机制和建立内部收益曲线基础上，商业银行可借鉴自身情况和市场联合报价情况实现完全市场化报价。而这对于商业银行的成本控制、经营策略观察、客户的筛选和关系的维护以及支持实体经济增长都具有积极意义。

从图3－8可以看到，在采取LPR（贷款基础利率）机制后，LPR和MLF（因为LPR以中期借贷便利MLF为基准加点）、SHIBOR的走势图，可以看到SHIBOR敏感度更高且波动更大。而相比较下LPR保持相对固定水平且前期呈现阶段式下降趋势，这固然有LPR使用频率不高和LPR贷款规模不大对外部环境影响不敏感缘故。在2019年8月27日中国人民银行将LPR贷款发放额度纳入MPA并于2020年3月1日启动贷款定价基准转换后，保持平稳且小幅下降的走势，也充分说明了报价行通过收益曲线和内部转移定价机制等方面创新建立了足够韧性的价格定力，初步达到推动利率市场化，带动利率下行与提升贷款市场竞争性的目的（中国人民银行，2020）[189]，对实体经济开始传导积极效应。

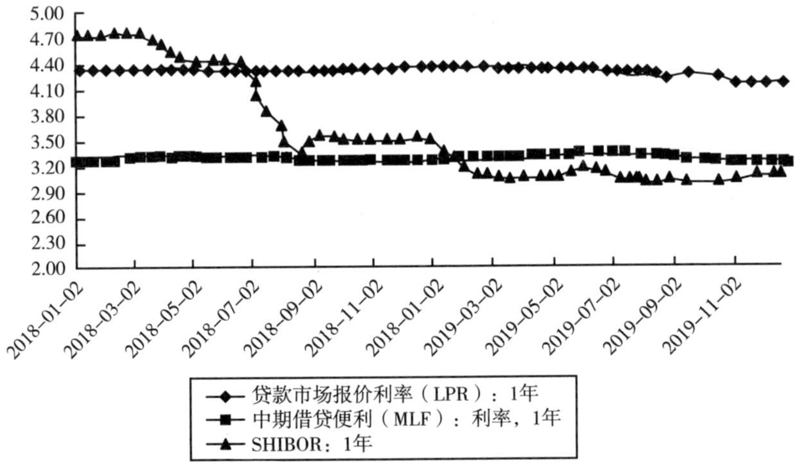

图3－8 商业银行SHIBOR、MLF与LPR走势图

数据来源：Wind数据库。

⑤创新带动银行业务收入多元化。随着商业银行金融创新深入，金融产品不断丰富，投行、资管以及个人金融业务创新衍生的手续费与佣金成为新的收入来源，银行营业收入呈现多元化趋势，非利息收入占比显著上升。根据中国人民银行统计，2007 年中国商业银行非利息收入占营业收入比重为 9%，2018 年平均非利息收入占营业收入比重大幅度上升为 22%。

（2）丰富直接融资工具，助力经济转型。商业银行的资金融通职能得到有效扩张。商业银行通过金融创新业务范围已不局限于银行信贷；通过多层次的金融市场以及与其他金融机构的合作，各类各种理财产品、各类资管计划、债券或其他债权融资工具、股票、股权或其他衍生品等多渠道将资金配置到实体经济。具体包括如下内容。

①拓展企业融资渠道，银行通过理财等方式募集资金增加债券配置，投贷联动等多种方式加大对实体经济的支持，拓展企业融资渠道满足企业对不同性质资金的需求。在债券承销和发行上，根据 Wind 数据统计，2018 年非金融企业全口径信用债发行笔数为 9797 只，同比增长 22%，金额为 9.68 万亿元，同比增长 30.54%，其中按承销金额排名前十商业银行承销占比就超过 65%。因此，银行通过公开金融市场为企业拓展融资渠道提供了极为重要的影响。

②增强资金吸收能力支持业务创新。银行认购公开市场债券等创新业务的资金一般来自于同业融资与发行理财产品等。理财产品是商业银行吸收资金比较典型的创新业务。根据 Wind 数据统计，截至 2018 年底商业银行理财产品资金余额为 32 万亿元。商业银行通过理财资金投向实体经济余额达到 20 万亿元。其中，银行理财产品非标债权占比从 2013 年底的 27.49% 跌至 2018 年的 16.93%，而非金融企业债券投资占比从 2013 年底的 38.64% 上升至 2018 年的 55.93%，为企业发行企业债、公司债等直接融资工具提供重要支持，优化企业融资结构并有效降低融资成本。

③加大对科创型企业的支持力度。商业银行通过投贷联动（即“商行 + 投行”模式）支持科技型企业，具体措施包括：通过科技赋能提高投放效

率，比如兴业银行通过“芝麻开花·兴投资”平台对申请融资科创企业进行线上审核，也发挥撮合作用为合作的VC/PE提供业务对接平台发挥组合服务优势；通过综合服务扩大服务覆盖面，比如，北京银行对于中关村科技园区的创新企业融资类服务、高成长性的Pre－科创板阶段的企业，提供企业财务顾问服务，为企业的资产重组、股份制改造提供方案等。

④创新业务模式化解存量风险。2018年以来监管的逆周期操作包括加大对民营企业融资支持力度，除了加大对民营中小微企业的信贷投放，还推动商业银行作为参与主体密集创设债券融资支持工具并鼓励银行对民企债券进行增信。总之，通过在直接融资市场业务模式创新降低了投资人资金运用风险、缓解市场信息不对称、树立市场信心并达到有效缓解企业财务压力、防范金融风险并增强经济长期持续增长韧性等目的。上述措施取得良好效果，根据中国人民银行统计，截至2019年5月，市场一共创设了信用风险缓释凭证（CRMW）87只，支持56家民营企业发行债务融资工具金额达到398.6亿元，其中银行认购份额超过九成。

（3）创新拉动消费内需，满足居民金融需求。先是居民理财业务，随着居民财富不断积累，国内财富管理市场呈现高质量发展趋势，朝规范化、专业化以及精细化的方向发展。银行通过丰富产品、灵活产品要素以及精准定位客群等方式展开创新，成为中国财富管理市场的主导者。根据Wind数据，2018年银行理财规模占资管市场总量占比23%（同期持牌机构资管总量为135.4万亿元）。按资金来源划分，居民资金占银行理财比重高达67%，占绝对优势。随着严监管成为常态，同业理财受到限制，居民理财重要性将进一步凸显。居民消费金融业务，随着银行不断加大消费金融领域创新并充分运用金融科技赋能业务取得了快速发展。根据艾瑞咨询（2019）[190]统计，中国消费信贷规模从2011年不足9万亿元增长到2018年的33.8万亿元，同期消费渗透率从2011年不足10%（同期美国为32%）增长到2018年的32.14%（同期美国为36.9%）。

3.2.3.2 金融科技创新情况

通过科技赋能支付与结算取得飞速发展。高效平台化的支付体系已经对支付与结算领域产生了深远影响并深刻改变中国居民的消费支付方式和习惯。根据中国支付清算运行报告（2018）[191]统计，2018 年银行机构支付机构共处理移动支付业务为 375 多亿笔、金额为 202 多万亿元，同比分别增长 46.06% 和 28.80%。与此同时，非银行支付机构互联网支付达到 483 亿笔，金额为 38 万亿元；非银行支付机构共处理移动支付业务为 2390 多亿笔、金额为 105 多万亿元；非银行支付机构共办理条码支付业务为 73 多亿笔，金额为 9100 亿元，消费占比 99.93%。

线上产品销售与服务取得突破进展。以互联网直销银行业务为例，根据中国金融年鉴统计数据，2017 年全国设立直销银行的商业银行共 113 家，较上年新增 42 家，发起行中城商行和农商行占 90%，但直销银行资产占总资产规模不到 1%，目前几乎全部商业银行都搭建网络银行平台，并都包含有支付、理财以及网络贷款等维度产品。2017 年首家独立法人互联网银行百信银行投入运营，标志着"互联网金融"模式进入了新时期。当前，一些大中型商业银行开始前端销售数字化转型升级现有网络业务平台，搭建线上场景式金融产品销售并借助前沿底层技术深度发掘客户价值，丰富服务渠道、完善产品供给。

科技投入与研发成果取得瞩目成绩。包括如下内容。一是商业银行对金融科技投入不断加大，根据艾瑞咨询（2019）统计，2018 年银行业技术资金投入已达到 2297.3 亿元，其中投入到大数据、人工智能、云计算等为代表的前沿科技资金为 675.2 亿元，占总体投入比重为 29.4%。此外，据 Wind 数据统计，2019 年 35 家 A 股上市银行金融科技投入占营收比例已达到 2% ~3% 水平，许多银行纷纷设立金融科技子公司加强科技赋能业务同时通过跨界竞合、生态重构等手段实现金融科技需求方到金融科技服务供给方角色转变。二是金融科技专利显著增多，2018 年全球金融科技发明专利申请量排行榜前二十的企业中，有 6 家（中国平安、阿里巴巴、腾讯、京东、中国银行以及百度）属于中国，且这些企业的专利申请量为 3349 件占比高达 42%，涵盖人工智能、区块链、云计算、大数据、边缘计算与

5G 等多方面技术创新。

3.2.3.3 组织与制度创新情况

（1）商业银行制度创新情况。

银行各项制度根据外部监管不断完善而不断变迁，随着银行体系在金融发展、金融创新的步伐不断加快，商业银行金融功能不断完善，业务边界不断扩张，银行在经济运行中发挥的角色越来越重要。在此基础上，监管部门相应制定了一系列法律、法规来规范商业银行的管理机制和运营流程。

外部市场变化、内部管理与运行的需求也催生了一系列制度的变迁，以此贯彻合规经营理念，加强员工合规意识，为业务管理和运营流程提供制度保障。目前，主要商业银行围绕产品体系，运行情况建立完善的内部控制制度、审查审批制度以及业务管理制度。

（2）商业银行组织架构创新情况。

内部组织架构创新情况，随着金融改革步伐加快，新时期各商业银行都进行了不同程度的组织架构调整力求更好地适应外部环境的变化，在组织创新趋势上，具有以下三个特征。一是以客户为中心，围绕客户需求进行组织划分。各大中银行纷纷打破部门“藩篱”按照业务流程设定业务板块。二是分工越来越专业化。例如，2017 年兴业银行在金融市场条线上设立同业总部和投资银行与金融市场总部，投资银行与金融市场总部只做产品，不做营销而同业金融市场部注重客户关系维护与影响。三是组织资源上向低风险，低资本占用，收益稳定的重点业务（如个人金融、交易金融等）倾斜。例如，2016 年，招商银行为突出发展“交易银行”业务，以业务流程为核心进行组织改造，将交易银行不作为公司金融总部下的新增二级部门，涵盖供应链金融、结算与现金管理、跨境金融、贸易融资和互联网金融等业务全部纳入新设部门下，以实现服务的全面升级，产品销售演化成综合化方案提供。值得注意的是，尽管主要银行已着手于组织架构创新与变革，整体来看许多商业银行依然以传统部门银行模式为主，管理链条过长、业务处理流程被分割的现象依然存在。因此，如何施行组织架构改革以更好地使业务创新和科技创新的发展态势，更好地为客户提供全方位的一体化金融服务，为核心竞争力打造提供组织保障是未来组织创新的方向。

商业银行综合经营情况。目前，中国大中型商业银行在金控化产业布局取得了重大进展，商业银行通过新设立或并购等方式在证券、保险、信托、资管等战略性布局，为提供综合化金融服务奠定了坚实的组织基础。

商业银行在其他金融业态方面的布局状况见图 3 –9。

	证券	保险	基金	租赁	信托	投资	资管
工行	工银国际	工银安盛	工银瑞信基金	工银全融租赁		工银金融资产投资	工银理财
建行	建银国际	建信人寿 建信养老 建信财险	建信基金	建信租赁	建信信托	建信金融资产投资	建银理财
中行	中银国际控股/ 中银国际证券	中银保险	中银基金	中银航空租赁		中银金融资产投资 中银集团投资	中银理财
农行	农银国际	农银人寿	农银汇理基金	农银金融租赁		农银金融资产投资	农银理财
交行	交银国际/ 华英证券	交银保险/交银康联	交银施罗德基金	交银租赁	交银国信	交银金融资产投资	交银理财
招行	招银国际	招商信诺	招商基金	招商金融租赁			招银理财
中信				中信集团			
民生		民生金融租赁	民生加银基金				
兴业	华福证券– 间接		兴业基金	兴业租赁	兴业信托		兴银理财 兴业国信
浦发	浦发国际		浦银安盛	浦银金融租赁	上海国际信托		
光大			光大集团				光大理财
华夏				华夏余融租赁			
平安				平安集团			
北京		中荷人寿保险	中加基金	北银金融租赁			
南京			鑫元基金	江苏金融租赁			鑫沅资产管理
宁波			永赢基金	永赢金融租赁			永赢资产管理
上海	上银国际		上银基金				上银瑞金资本
江苏				苏银金融租赁			

图 3 –9　主要商业银行金融牌照布局

资料来源：中银研报。

3.2.3.4　对外部监管的影响

当前，商业银行金融创新对外部监管产生了深远影响，并在一定程度上改变监管格局与内容。交叉性综合业务的不断发展演变将对监管措施政策和机制顶层设计提供借鉴和升级的契机，监管将从管机构为导向转变为以管业务、管风险为导向具体采取填补监管空白，预防系统性金融风险，压降实体杠杆等措施。监管机构开始加强影子银行类创新业务的指导。

2014 年开始出台一系列政策规范同业业务。2018 年 4 月 27 日银保监会《关于规范金融机构资产管理业务的指导意见》出台，监管部门将同业、理财、表外以及影子银行等业务作为整治重心。此外，监管部门还加快金控机构规制与监管措施落地。2020 年 9 月 13 日国务院发布《关于实施金融控股公司准入管理办法》落地金控平监管规则，从顶层设计出发防范不同金融业态交叉风险。在供给侧结构性改革背景下，随着金融市场和金融机构发展与完善，监管无疑逐步减少对金融机构微观创新活动干预，更注重风险管理、杠杆率以及资本约束等功能性监管以达到提高系统监管水平，在防范关联性、系统性金融风险等目的。

3.2.4 中国商业银行金融创新存在问题

3.2.4.1 金融创新与外部实体经济需求存在结构性矛盾，重点领域存在创新不足

商业银行金融创新难以满足外部市场不同规模、不同产业特征客户的差异化需求，即“金融需求的多样化和多变性，与金融供给的不平衡和不适应之间的矛盾”（肖远企，2019）[192]。其包括如下几点。①业务结构失衡，即直接融资与间接融资产品之间的结构性矛盾，间接融资比重过高而直接融资比重过低。②服务对象失衡。银行融资服务对象以国有企业、政府融资平台、传统“老经济”部门企业为主。而广大中小微企业，新经济产业企业以及民营企业获取融资难度大，融资难、融资贵问题依然未得到实质性解决。根据清华大学 2018 年发布，社会融资成本指数显示当前我国社会融资平均成本为 7.6%，但是资金成本较低的银行贷款（6.6%），公开市场发债（6.68%）等渠道主要为国有企业以及大型集团公司所享有，广大中小微企业更多是通过小贷公司（21.9%）、互联网金融（21%）获得外部融资资金。三是区域间金融资源错配，即商业银行业务投放往往倾向于发达区域具有“嫌贫爱富”特质，造成不同地域间金融发展水平差异极大。资金性质

错配，即商业银行金融产品核心要素（融资期限与用途等）无法有效满足实体企业需求，导致实体企业经营活动缺乏资本性资金支持，长期处于寻求银行信贷等短期债务资金、期限错配，即短融长用行为时有发生。四是信用风险局部集中，整体杠杆率过高问题虽然得到遏制，但是局部行业负债过高的现象依然存在。五是商业银行无法全面、有效满足经济转型背景下多元化的需求，包括：居民投资需求，新兴产业、创新型企业的融资需求和资本交易需求以及符合各地经济特点的产品需求，缺乏对宏观经济结构调整需求的精准支持。

3.2.4.2　金融过度创新推高杠杆，损害实体经济

商业银行金融过度创新导致影子银行出现，往往通过同业理财、资管、信托计划等存在高杠杆、多嵌套且底层资产风险敞口较大的“通道类高风险资产”推高实体经济杠杆，影子银行随之产生，信贷资产占比下降，股权及其他投资增速明显高于传统贷款增速。在极端情况下，资金流向虚拟领域，追求高利润同时产生无用低效的金融供给，资金投放在某些行业领域甚至形成梗阻。特别是非标业务的快速发展与相应监管空白为个别机构高风险、多嵌套与信用无序扩张提供便利，个别激进隐患机构的全面风险隐患在当时已埋下伏笔。

在供给侧结构性改革前经济高速增长时代，在商业银行利润驱动、信贷规模受限以及规避监管等因素影响下，商业银行通过加杠杆、期限错配、改变风险等级以及提高收益方式吸引同业资金，运用非标准化融资工具投放于地方政府平台，国有企业、房地产企业、资源型企业或产能落后的大型制造类企业，助长企业盲目乐观的投资行为，进而埋下风险隐患。经济转型带来增速放缓使债务积累来支持经济增长的边际效益下降，局部区域或某些企业债务水平居高不下偿债压力与日俱增，存在很大的隐形债务风险。

3.2.4.3　银行考核导向偏差有逐利倾向、内控无法有效管控创新业务

长期以来，由于银行创新存在重视业务、组织外延扩张忽略组织内源

建设的不良导向。具体表现为片面强调业务外延式扩张与机构（分支机构、子公司）增设而对内部管理包括流程、制度、组织架构职能的优化往往不重视。很多时候，只是基于业务需求进行临时改良，许多深层次矛盾未做实质性调整。因此，组织和制度发展严重滞后于业务发展便形成内部结构性失衡，导致许多结构性矛盾产生。比如：银行在服务实体方面的创新不足、金融产品和服务不匹配客户需求、业务创新同质化严重以及投机氛围浓厚、制度建设滞后于产品创新步伐、对产品设计研发缺乏合理制度指导与约束、内控制度未有效识别金融过度创新所隐藏风险等。而当市场出现波动时商业银行就会受到波及导致巨额亏损，甚至引发流动性危机与资产质量危机。

近期发生的恒丰银行、锦州银行以及包商银行事件，都是因为管理层短视的逐利行为且银行内控制度流于形式。经营管理要么由实际控制人（如包商银行事件）控制、要么是股权过于分散，公司治理缺位导致管理层内部控制（如恒丰银行事件）。银行往往利用监管漏洞、不当使用创新产品（如理财、资管等）将大额资金在金融市场与房地产领域套利，信用敞口集中在少数企业。恒丰银行甚至出现前高管突破监管底线将信贷和理财资金多层级空转套现后通过壳公司（大多都是房地产企业）违规进行管理层收购的咄咄怪事。

3.2.4.4 商业银行面临内外部挑战较大

当前外部经济环境依旧复杂，经济下行压力仍然较大，银行同时面临外部输入性风险和内部高杠杆风险。而内部竞争激烈、业务模式复杂风险承担加大、居民储蓄分流、利差收窄导致银行盈利承担压力、经济转型期优质资产项目紧缺等问题将对商业银行实现稳健发展提出诸多挑战。

3.2.4.5 商业银行体系存在经营冗余

商业银行存在现有业务不够完善，产品同质化严重，业务创新能力不足，不同类型银行定位混乱，经营理念缺乏科学规划、中小银行机构信用风险显现，服务水平有待提升等。

3.2.4.6　商业银行背离实体经济，存在抽取实体经济利润的现象

（1）资金空转套利，挤占实体金融资源。商业银行通过同业业务过度扩张等方式将资金投入其他金融同业资产，形成在虚拟领域的空转套利。而银行资金在金融领域空转使虚拟领域对实体经济形成资金挤出效应，虚增金融机构杠杆造成不稳定，并抽取金融资源直接导致中小企业融资难、融资贵，间接融资与直接融资结构失衡，进而导致偏离对实体经济的支持。

（2）抽取实体经济利润。当前银行为代表虚拟行业对实体经济形成挤出效应，既包括资源挤占、也包括利润挤占，脱实向虚趋势依旧明显。据统计①，实体经济以占 GDP 比重超过 60%，利润占比不到 20%。

3.2.4.7　金融科技风险显现

随着金融科技的深入应用，金融科技的开放性、互联互通性、科技含量高等特征使金融风险的隐蔽性、传染性、广泛性、突发性特征更为明显，潜在的系统性风险更加复杂。比较典型的是自动应用电子交易和智能合约等新技术的传统金融风险和操作风险更加突出，信息科技风险加剧法律和监管合规性等操作风险。

3.3　国外商业银行金融创新经验与教训

3.3.1　国外商业银行金融创新经验

梳理国外商业银行金融创新流程，可为我国商业银行金融创新方向与路径提供经验借鉴。

① 数据来源：林毅夫（2019）：《金融创新如何推动高质量发展：新结构经济学的视角》。

3.3.1.1 国外商业银行金融创新回顾

整体而言，国外商业银行的金融创新的特征和趋势表现为金融产品结构化、杠杆扩大化、资产证券化和不同市场体系间互相融合等特征。

本书将分为全球性金融危机前、金融危机后两个部分简要回顾国外商业银行金融创新发展情况。

（1）全球金融危机前国外商业银行金融创新。

①国外商业银行金融创新基于规避监管和追求利润等目的，围绕调整业务结构、拓宽资金来源渠道开展金融创新。例如，美国商业银行通过负债产品创新将负债渠道从储蓄拓展到货币，资本市场形成管理型负债。具体通过货币基金，同业存单等产品维持高流动性以摆脱对传统储蓄依赖。比如，经过多年发展，国外商业银行理财资金可投向多种资产，并给客户提供收益较好、风险相对可控的产品。此外，资产证券化市场快速发展为银行加强负债管理提供有效渠道，以发起分销（Originante to Distruibute，OTD）模式下打包上市分销投资者助推下发展迅猛，为商业银行创造流动性提供了新的渠道。以美国为例，与国债等固定收益相比 1985 年资产证券化产品规模相比微不足道，但在往后十年中保持年均 11% 以上增长率，到了 1998 年一举超过国债成为最大规模的固定收益资产，截至 2008 年底其规模高达 11.6 万亿美元，占全美固定收益市场规模 1/3，通过此种模式加强银行与金融市场的密切联系，使商业银行资本负债与金融市场紧密相存。

②金融危机前国外商业银行金融创新表现为杠杆融资，即以少量资本金撬动较大规模业务，满足客户需求并获取超额收益。具体包括如下内容。一是高杠杆、高负债、高错配的业务创新对商业银行资产负债结构产生重大影响。在利率市场化和金融脱媒化大趋势推动下，商业银行通过金融市场进行短期为主的批发性融资（证券化、商业票据、回购协议融资等）成为主要资金来源。受此影响，以美国为例，根据 FDIC 数据，美国商业银行存款占总负债比重由 1989 年的 79% 持续下降到 2008 年的不到

64.9%，贷款占总资产比重由 1989 年的 60% 下降到 2008 年的 49%，上述趋势在 2008 年金融危机爆发后才发生转变。二是商业银行将金融衍生品用到极致。金融危机前期货市场，票据市场以及信用违约交易工具市场等新产品规模达到顶峰，以金融衍生品为例，根据美国金融危机调查委员会（2012）[193]统计，截至 2009 年，全球金融衍生品交易市场未偿付名义本金约为 60 万亿美元，OTC 市场的未偿付名义本金则达到 605 万亿美元（同期全球 GDP 为 59.7 万亿美元）。许多商业银行通过衍生品撬动高杠杆，2008 年美国六大商业银行，衍生品杠杆率（衍生品合约未偿付金额 ÷ 总资产）均超过 24 倍，德意志银行相应比率更是达到惊人的 47 倍。

③商业银行通过金融创新推动资产管理等多层次业务发展与完善，储蓄投资转换水平等基础职能得到显著提升。早在 20 世纪 80 年代，商业银行资管产品体系基本成型，并形成了银行、养老保险、货币市场共同基金、对冲与货币市场基金多足鼎立局面。随着西方发达国家经历长期的金融市场繁荣期，各类投资工具高速扩张，银行类资管业务也进入迸发期发展，为应对对冲基金、量子基金等竞争，银行类资管产品可投资产呈现多元化趋势，深远影响金融结构和居民财富结构并延续至今。

（2）全球金融危机后国外商业银行金融创新。在外部经济复苏缓慢、企业债务风险显现以及严监管等多种因素影响作用下，国外商业银行在后危机时代相应调整策略。这主要包括金融创新实现回归金融本源，主要着眼于增强稳健性、维持流动性与夯实资本实力，在此基础上主要围绕客户需求和市场变化展开。

①重视资产质量的管理。国外商业银行在危机时遭受重大损失导致资本侵蚀严重，在危机后强资本约束的监管环境下国外商业银行纷纷回归本源。比如，在负债端更注重通过零售业务创新强化存款负债，对批发性负债创新大幅度收缩，资产负债期限错配程度明显缓解（王胜邦和邓鑫，2019）[194]。在资产端加大信贷业务投放减少高风险、交易型的金融资产；同时渠道补充资本，提高资本充足水平，进行资产负债优化管理等。

②利用科技水平开发场景式金融产品。国外银行以IT、数字化为推手、根据行业、地域、客户规模、专业金融解决方案实现业务领先。具体通过业务改造将匹配的大数据技术嵌入流程，制定贴近个性化的金融产品，升级分析模式获取商业机遇。例如，花旗银行从2010年就开始借助IBM Watson智能平台处理客户数据提供更具有针对性的营销活动，美国银行实施了多个旨在洞察客户行为的大数据分析项目，比如通过识别客户关键时刻来增加客户黏性，进行交叉销售。

③持续提升财富管理水平。为应对竞争压力和息差收紧影响，国外商业银行不断丰富完善资管产品与加强投研能力，巩固资管业务的市场份额加大资管业务收益的贡献度。比如，完善投资策略，在低利率环境下采取主动策略精细化资产配置提高服务客户的水平；以及加强业务的科技投入并根据业务需求强化资管板块组织架构。根据麦肯锡数据，按照管理资产规模排名2017年全球前二十家资管公司中有一半的母公司属于银行系（如瑞银、摩根资管、道富等），可见国外商业银行通过创新不断巩固资管业务战略位置。

④有侧重地发展公司银行业务。金融危机后国外商业银行在风险可控审慎原则基础上有针对性地深耕某一细分领域或专注于特定客群金融服务。典型的例如，美国硅谷银行通过PE和VC联动融资方式，为硅谷区域科技与健康行业企业提供全流程、有针对性的金融产品与服务等。此外，围绕“以客户为中心”推出综合金融服务。随着信息技术发展，企业客户对于产业链生态交易提出新的金融需求，国外商业银行适时创新嵌入行业生态圈的交易银行业务。该业务因具有贴近客户需求、盈利稳定、风险可控以及轻资产等特征，受到国外商业银行的重视。汇丰银行、花旗银行、富国银行和渣打银行等头部机构更是强化了交易银行产品创新力度。具体通过针对客户交易流程提供“交易+数据+场景”综合产品与服务；并针对客户个性化需求提供定制化服务，以此获得新的盈利点。比如，根据花旗银行2014年年报，其交易银行占整体净收入的30%以上。

3.3.1.2　经验启示

（1）功能和业务范围大大拓展。商业银行金融创新自身影响，国外商业银行经过多年演变与创新，已不再局限于传统商行的吸存放贷业务，涵盖支付结算、资产管理、衍生品交易、资产证券化等，产品体系十分丰富，深度改变银行功能和职能。

（2）采取差异化创新策略。由于市场竞争过于激烈，一些国外商业银行推行差异化经营和创新策略，以公司金融业务为例衍生出投资银行服务、交易银行服务、互联网金融以及全能服务等不同模式，商业银行根据经验模式实现差异化、有针对性的创新并取得了良好效果。

（3）对外部经济具有深远影响。国外商业银行全面的金融创新无疑增强全球金融体系对宏观经济体系的作用力。特别是在宽松货币政策和扩张的财政政策刺激下，商业银行通过金融创新特别是在业务方面的创新加强信用扩张、灵活配置资金、加大金融供给对经济全球化、产业价值链专业分工、第三次技术革命等起到重要支撑和推动作用。因此，西方发达国家长达几十年的长期持续发展离不开商业银行通过金融创新满足外部市场不断更新金融需求。

（4）商业银行金融科技创新的重要性日益凸显。与国内商业银行采取的措施类似，在颠覆性科技变革趋势下，国外商业银行加快创新步伐，通过跨界合作、加大研发投入等方式全面拥抱新技术并加大在不同业务领域的应用力度，通过金融科技创新达到吸引客户、节约运营成本等目的。

3.3.2　国外商业银行金融创新教训

（1）商业银行金融过度创新导致非理性扩张和新风险。在全球性金融危机前，在内控缺失和不当激励作用下国外商业银行往往基于规避监管和趋利性等目的，为实现单纯业务扩张，以少量资本撬动高杠杆、期限高度错配的主要手段、过度使用金融衍生品以及批发性短期融资等金融创新；

最终，造成信用风险堆积演变成破坏性极大的金融危机。当前，资本流通和金融市场发展程度远超以往，银行风险具有传导隐蔽且波及面广等特征，因此任何激化银行内生脆弱性的过度创新行为都可能成为新金融危机爆发的源头。基于此，商业银行金融创新更应遵循理性路径，避免超越制度水平的业务创新出现，实现业务创新与制度创新平衡发展。（樊志刚和李卢霞，2011）

（2）商业银行金融创新与实体经济需求脱节会造成破坏性后果。全球性金融危机的根源是“脱离实体经济发展滥用金融创新产品，并疏于金融监管”（秦建文和梁珍，2009）[195]。当商业银行资金配置偏离到虚拟领域将加剧实体经济空心化，导致资产泡沫，最终形成危机。危机前，在宽松货币政策与缺位监管等外部因素助推下，持乐观情绪的商业银行不断放大信用敞口，催生资产价格泡沫，造成房地产和互联网经济产业虚假繁荣。最终，由孤立事件（抵押贷款支持证券价格下跌导致新世纪金融公司、雷曼兄弟因损失过大而先后申请破产）演变成为埋藏已久的流动性风险和信用风险集中爆发，并蔓延成为全球性的金融市场动荡和经济危机。因此，商业银行应切实回归金融本源，根据经济发展的特点和需求，找准金融创新重点，有针对性地优化金融产品和业务结构，与实体经济形成良性互动。

3.4 本章小结

（1）实体经济与虚拟经济具有紧密的互动的关系。实体经济是虚拟经济的基础，虚拟经济是实体经济的延伸。本章运用拓展费雪方程式推导说明实体经济和虚拟经济的有效融合是推动实体经济增长关键，商业银行应通过金融创新，因势利导防范虚拟经济对实体经济的背离。

（2）本章运用银行均衡博弈模型并进行数值模拟的方式说明了金融创

新对供给侧结构性改革的重要性和必要性。因为商业银行通过金融创新减低监督成本，提高资金利用率，融资给有融资需求的企业进而提高产品质量或者生产效率才能推动经济持续增长与有效转型。

（3）供给侧结构性改革是当前经济发展的根本动力。在经济增速放缓动能换挡趋势下，宏观经济需要通过供给侧结构性改革实现“三去一补”并推动新动能的发展。

（4）供给侧结构性改革呼唤商业银行金融创新，需要通过业务创新深刻理解政策边界，更精准地为客户提供金融服务；通过金融科技创新赋能业务、组织制度创新并作用于普惠业务等；通过组织架构和制度创新优化组织架构与内部制度，确保银行稳健性，保障业务和科技创新有效开展。

（5）对中国商业银行金融创新的动因、历程、现状以及存在的问题进行梳理，包括：我国商业银行金融创新动因正经历“需求跟随型”向“供给引导型”的转变，未来创新主动性更强；我国商业银行金融创新通过重组金融产品要素，丰富直接融资工具，加强科研投入，推广线上服务，根据业务需求改革组织与制度等方式支持实体经济转型发展，但也存在着与外部实体经济需求产生结构性矛盾、重点领域存在创新不足、过度创新推高实体杠杆，抽取实体经济利润现象突出等问题。

（6）对国外商业银行金融创新的经验和教训进行探析，应吸取国外商业银行金融创新在非理性扩张、与实体经济需求脱节等方面的教训。

第4章

商业银行金融创新影响实体经济增长的机理分析

本章将对商业银行金融创新对实体经济增长的影响、作用机制与传导路径进行系统性分析与论述，以厘清商业银行金融创新影响实体经济增长的机理，为进一步研究奠定理论基础。

4.1 商业银行金融创新对实体经济的影响效应分析

4.1.1 商业银行金融创新的积极作用

金融创新对实体经济发挥整体积极作用的逻辑脉络如下。第一，商业银行金融创新通过丰富产品与拓宽融资渠道发挥“总量效应”，加强“信用创造”与“信用扩张”将资金分配到实体经济各层次部门。所谓信用是指经济主体在负债方面计量的规模，适当的信用总规模与经济增长存在稳定且显著的均衡关系（李斌等，2019）[196]，有益于降低经济风险，增加国民收入。商业银行作为实体经济关键资金纽带，通过舒畅信用渠道对国民经济起到支撑作用。第二，商业银行通过改善微观特征，建立与完善符合市场逻辑、客户需求和外部政策导向的金融供给与配置机制。因此，商业银行金融创新的整体积极作用，主要通过经营能力提升（总体效应）与微观指标改善（特征效应）以更好地发挥金融功能推动实体经济的增长。

4.1.1.1 经营能力提升

商业银行的经营能力包括绩效水平、业务水平等方面展现的能力。商业银行金融创新作用下的经营能力增强，体现为两个方面。①绩效水平，创新是银行发展的源动力，创新可促使银行更好地发挥金融职能，通过优结构提质增效等方式，增加业务规模、调整业务结构、提高资产收益水平并有效防范风险。②业务水平，在金融中介与金融市场交互演进趋势中，银行通过创新促使业务触角有效延伸（如金融市场业务、同业业务等），并充分发挥银行在技术、资本与信息等优势为客户提供综合服务，通过“干中学”实现协同发展使银行业务方向更适应复杂的市场环境和客户需求。

对实体经济而言，商业银行经营能力提升可产生如下重要影响。

（1）商业银行经营能力提升有利于商业银行更好地信用供给“总量效应”，提升信贷配置的精准度。其包括如下两点。一是通过建立多层次产品体系，扩展信用规模（如将闲余资金转换为投资总量），更好地满足实体经济资金融通需求；提高商业银行的反应水平，有助于提高商业银行可控性与执行力实现中介目标，进而可以更灵活地应对经济周期变化甚至熨平周期风险。二是商业银行金融创新有助于提高商业银行业务水平特别是信贷业务水平，实现从传统的关系型融资（Relationship financing）转型为市场化的价格型融资（Pricing financing），通过融资机制优化商业银行对风险识别更准确、对价格进行精准捕捉，以更好地对风险收益进行均衡、对资金投放针对性更强。总之，商业银行通过适当创新能拓宽金融供给渠道且确保增量供给有效流入实体经济，满足实体经济合理需求。

（2）商业银行经营能力的提升使得银行业务范围有效延伸，多元化业务手段。比如，通过创新商业银行功能向金融市场实现有效拓展（如债券承销、认购、资产证券化业务）；通过直融融资与间接融资手段的有效整合与创新，商业银行可发挥规模化、专业化优势借助更丰富的产品体系满足不同规模、产业和发展阶段客户的差异化需求，许多高度专业化融资服务主要依靠高度专业化银行安排，信贷渠道不再是商业银行影响外部经济的唯一要素，银行实现了从单纯借贷中介向咨询顾问中介、直接投资中介、风险分担中介的延伸。

（3）商业银行金融创新通过完善内控机制促进实体经济增长。比如，商业银行通过改善运行流程、强化约束机制等措施使经营方向更契合外部经济运行规律，对外部宏观环境变化观察更为敏锐反应更为迅速。此时，商业银行在制订经营策略，供给与配置金融资源就更有指向性、针对性和持续性并围绕供给侧结构性改革下实体经济的需求掌握业务服务对象与业务投放节奏。

4.1.1.2　微观特征（指标）改善

从已有文献（详见本书 1.2.4）可知，商业银行通过具体产品、服务和业务模式对外部经济产生影响，商业银行微观指标包括：业务规模（发展）指标，如信贷产品规模与变化比率、其他融资产品（如持有债券、资产证券化以及资产管理计划等金融产品）规模与变化比率；业务效能指标，如投资收益水平、存贷比、总资产收益率以及净资产收益率等；治理与风控指标，包括流动性、风控类指标，比如银行金融创新水平对银行资本充足率、存贷比以及风险承担能力具有显著影响（顾海峰和张亚楠，2018）[197]。上述微观指标能比较全面地反映商业银行金融（业务）结构、经营水平，公司治理完善程度等，而上述指标特征的差异性可通过“微观—宏观”渠道向实体经济传导效应，具体包括如下内容。

（1）商业银行金融创新通过改善商业银行流动性和规模充裕性特征促进实体经济增长。货币政策会引起银行信贷总量改变，但是微观特征（流动性特征和规模特征）差异影响商业银行的信贷供给存在横截面异质性（徐明东和陈学彬，2011）[198]。商业银行通过同业类和金融市场业务创新创造流动性，创造信用并改变流动性指标，有效增加规模，使商业银行可以将更宽裕的资金投放符合其审查标准的企业。此外，商业银行金融创新可以加强其资金吸收能力，比如商业银行通过个人类业务创新（如多元化理财产品），引导居民提升金融资产配置比重，引流储蓄资金并有效吸收需求波动较小的零售客户资金，可以起到有效平衡商业银行公司银行业务和同业业务的波动和风险，对商业银行经营起到“稳定器”的作用。

（2）商业银行金融创新通过改善商业银行风险承担特征促进实体经济增长。商业银行风险承担水平（内在脆弱性）与实体经济增长具有密切关系，当商业银行风险承担过高导致资源配置等功能受到损害，改变实体经济与虚拟经济结构，最终导致实体经济面临资金紧缺和空心化（张元，2015）[199]。商业银行通过金融创新增强风控水平可体现为如下两个方面。①商业银行通过适度创新改善风控管理水平，比如通过资产证券化产品、金融衍生产品转移与分散风险，通过发行资本补充债券、金融永续债等创新方式改善资本充足与风险拨备指标；而商业银行风控管理良好也意味着其资本覆盖的水平相应较好，其可以配置更多资金用于满足实体企业的融资需求。②商业银行金融创新通过改善商业银行风险承担特征可以维持银行经营稳健性，有助于营造良好的金融生态环境，确保信贷、利率和资产价格渠道的顺畅。

（3）商业银行金融创新通过改善商业银行盈利能力促进实体经济增长。商业银行通过适当创新，在风险承受范围内对盈利能力具有促进作用，主要体现在对营业收入多元化、营业收入增长的促进作用和盈利能力的拉动作用。商业银行盈利能力与实体经济具有密切联系，银行利润水平对银行资本积累、信贷投放水平和加大科技研发投入具有直接影响，盈利水平好有助于商业银行业务发展的持续性，达到更好地为实体经济服务进而推动实体经济增长。因此，商业银行金融创新通过改善盈利能力对实体经济具有重要影响。

4.1.2 商业银行金融过度创新的消极作用

金融过度创新具有突破业务安全边界，扰乱当局监管努力，盲目投放导致企业高杠杆，资产负债配置不合理等特征。

金融创新给商业银行和金融生态带来重要变化，在便利资本流动，资金交易以及金融合作的同时无疑给银行体系风险的波动共振和风险传导带来新的渠道。商业银行过度创新将资本套利性质放大，套利空间变得更广阔。金融过度创新将造成的信用杠杆提升，资本流动的频繁并有放大金融的亲周期性，加剧市场潜在波动，扩大银行内在脆弱性。商业银行过度创新会使资金在虚拟领域堆积不但造成过度扩张信用，而且推高实体经济杠杆、造成实体经济金融化超出实际需求并背离金融资产分散配置原则，挑战资产定价和风险管理基础突出集中风险，最终放大经济波动并形成负面效应。具体表现如下。

（1）商业银行过度创新放大商业银行内在脆弱性，并通过银行脆弱性的“自增强”机制对实体经济产生冲击。商业银行具有因流动性错配的天生脆弱性，而金融创新造成信用风险累积加剧这种不稳定性时，商业银行自增强效应加速了脆弱性在金融体系内外蔓延速度（Brunnermeier M，2009）[200]。商业银行金融过度创新具有高度错配性、高杠杆性等特征，由于银行无法维持高度错配性形成违约时，风险引发信用敞口（且这种敞口因为高杠杆变得更大）出现，银行需要根据损失情况用利润填补并加大拨备损耗资本，此时微观特征指标恶化、金融环境恶化、虚拟经济不稳定进而对外部经济传导负面效应。

（2）商业金融过度创新加大实体经济成本，造成融资结构不合理。当银行金融过度创新将资金通过理财产品、资产管理和互联网金融等渠道在金融体系内自循环或者向高收益领域流动，虚拟部门挤占实体本应获得的资金加重金融抑制现象。由于正规融资渠道不顺畅，难以获得融资的企业（以中小微企业为主）通过非银行机构甚至非持牌机构渠道获得资金，其获取融资成本远高于正规渠道且对影子银行规模扩张具有催化作用，并隐藏较大合规风险和信用风险（如中小企业从国有企业或者大型企业获取滴漏资金补充缺口，这种非金融企业的“再放贷”本身蕴藏较大风险）。

（3）中央银行以商业银行作为中间方，通过信贷、利率、资产价格以及风险承担等特定渠道影响银行信贷投放等行为，向实体经济传导宏观调控意图，商业银行金融创新对货币政策传导机制具有重要且复杂的影响。具体包括如下两个方面。①适当的金融创新有利于商业银行更准确地执行货币工具的有效性，通过信贷、利率、资产价格以及风险承担等特定渠道更好体现传导货币当局的意图，减少货币政策执行过程中的偏差与时间滞后效应，更精准地向特定行业或者项目传递政策倾斜效应。②商业银行金融过度创新造成货币政策效应被削弱，削弱监管意图。当商业银行通过高错配、高杠杆批发性负债可以削弱甚至抵消货币工具与货币政策的效用，导致货币政策传导在金融市场和实体经济之间出现“割裂”（孙巍和张男，2020）[201]。由于通过“同业业务渠道”等创新业务获得信用创造功能，商业银行灵活调节自身资产规模和流动性而不受货币政策传导机制的约束。此时，由于货币政策传导机制的影响受到显著减弱，政府宏观意图无法通过货币政策引导商业银行信贷投向和经营行为，并且会助长商业银行逐利性与投机性。

（4）银行金融过度创新对实体经济造成整体破坏面大且具有负反馈循环，放大危机破坏效应。金融具有顺周期特征，随着外部经济动态变化造成周期频率加快，银行相应做出经营调整，具体表现为：当市场处于高速增长、货币政策宽松时，银行出于逐利性本质采取持续扩张行为，扩大信贷规模。随着业务规模扩大，实体经济杠杆提高。而信用敞口进一步扩大导致实体企业负债过高等问题，风险开始推挤并易产生资产价格泡沫（如房地产泡沫房价呈现出螺旋式上升变化轨迹并形成风险隐患）。而一旦商业银行因自身风险预警收缩信贷，企业就会因被抽贷、断贷导致资金链出现问题。与此同时，信贷规模减小也会导致资产价格下降、资产缩水。此时，企业生产难以为继，居民收入下降，消费需求减少。这又进一步恶化了企业与家庭信用造成银行信贷违约，进一步恶化局面形成负反馈循环并最终演变成危机。图 4－1 展示了商业银行金融过度创新导致危机后，商业银行去杠杆对实体经济负向影响循环的路径。

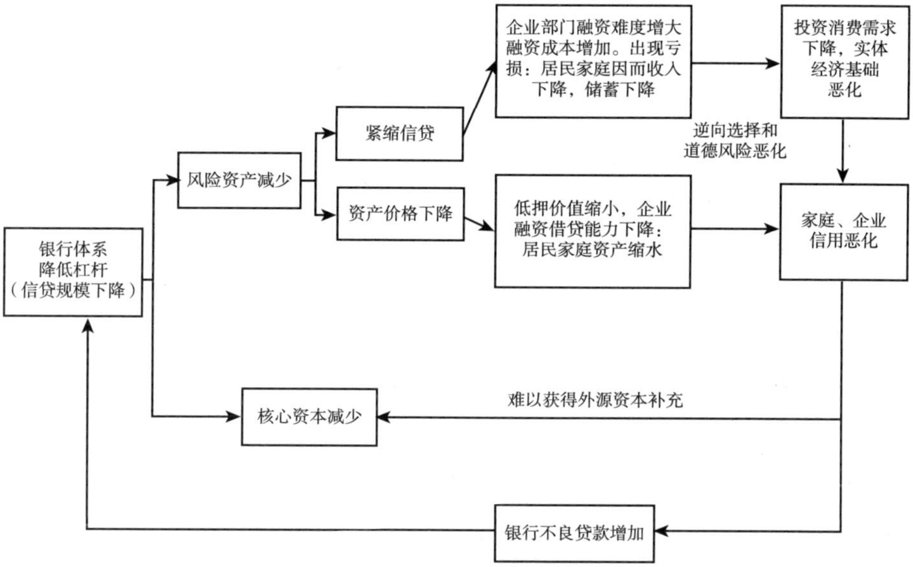

图 4－1　商业银行金融过度创新导致对实体经济负向影响的循环路径图

资料参考：刘鹤等（2013）[202]，米什金（2005）。

所以，危机起源于资产泡沫的积累和破灭。银行危机不是经济崩溃的结果，而是实体经济波动的重要诱因，并不断冲击实体经济。因此，商业银行金融过度创新加剧风险并传导到实体，同时这种波动也反作用于金融体系和商业银行。

4.2　商业银行金融创新对实体经济增长的间接作用机制分析

实体经济生产过程一般是指企业通过投入要素禀赋通过特定生产手段转换成商品，影响经济中长期增长的要素禀赋包括物质资本（K）、劳动力（L）以及技术（T）三大类，t时段典型的生产函数见式（4.1）。

$$Y(t)=F[K(t),L(t),T(t)] \tag{4.1}$$

结合式（4.1），本书把商业银行金融创新影响资本供应、技术进步等资源要素，优化需求端与升级供给端等经济结构，达到推动实体经济增长的作用机制称为“商业银行金融创新对实体经济增长的间接作用机制”。由于上述机制实质是商业银行通过金融创新对实体经济的资源要素和经济结构传导溢出效应，进而推动经济增长，因此也可称之为“商业银行金融创新的‘要素与结构路径’”。

金融创新对实体经济的间接作用机制具体表现如下几个方面。

4.2.1 加强资本积累

4.2.1.1 资本积累对实体经济增长的作用

新经济增长理论非常重视资本积累对实体经济增长的作用，并将其归结为资本积累、劳动力水平提高以及技术进步的共同结果，后两者的实现路径也离不开资本积累的支持，比如：技术进步需要资本持续投入，劳动生产效率提高也需要资本支持。一般认为，一个国家的资本水平高低与国民经济发展水平紧密相关，除此以外资本积累涉及居民财富水平、储蓄意愿、银行储蓄投资转换能力以及投资主体融资选择等因素等。由于企业从事生产、经营乃至研发活动都需要资金支持，因而资本的有效积累是经济增长的决定因素。

在中国，资本积累对经济增长的贡献度最高。根据张车伟等（2019）[203]测算，1982—2016年，全生产要素对经济增长平均贡献程度约为36%，年均增长率约为2%；而在具体生产要素方面，归类于各因素后，1982—2016年资本积累的平均贡献率为第一位高达35%，教育（科技投入）贡献率较低（为5%）。图4-2展现了各生产要素贡献度情况。

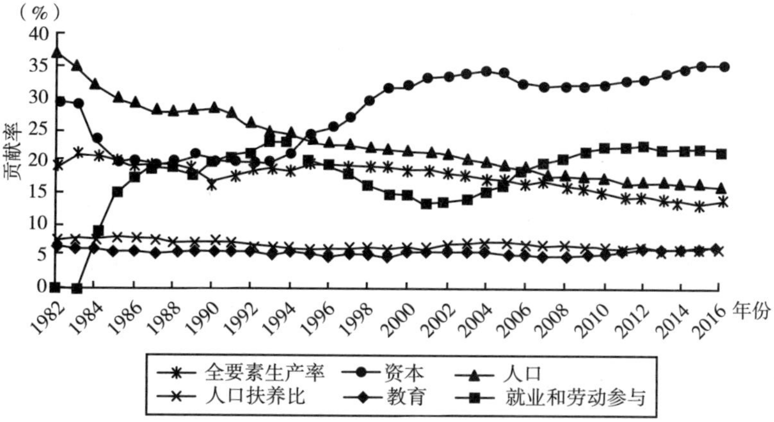

图 4－2　中国改革开放以来主要生产要素贡献的情况

资料来源：张车伟等（2019）：《经济转型背景下中国经济增长的新动能分析》。

4.2.1.2　商业银行金融创新推动资本积累的机理

（1）商业银行与资本积累具有紧密联系。商业银行吸收储蓄并将其转换投资是资本积累的关键环节。因此，资本有效积累需要银行增强资金吸收能力，提升资金配置水平，提升运营效能并提供风险承担与信息搜集等服务加快实体企业资本的积累速度，助力企业突破预算约束，完善资本结构并通过引致投资效应引导更多的社会资源投向实体经济的重要环节和重点领域。

（2）商业银行金融创新对资本积累影响机理，体现为对资本形成与积累机制的增强，优化融资结构、提高融资总量等。因此，商业银行金融创新深刻影响企业和个人的行为，通过加速资产的金融化、资产的流动速度和影响企业与个人的融资选择，最终对资本流动性、收益性以及风险性产生重要影响。资本积累机制受到企业生产投资需求、储蓄投资转换渠道以及可供利用的资源（“金融＋实体经济”）等因素影响，资本最主要来源是储蓄。商业银行通过金融创新可以为储蓄者提供更好的风险保障和更高的收益率对资本积累机制发挥作用。

总之，实体经济对资本需求并形成有效积累离不开商业银行金融创新发挥好基础职能，实现对资本从货币到最终形成产业资本的全流程支持。

下面，通过简单的数学推导运用 Sollow - swan 模型，对商业银行金融创新对资本形成、积累路径进行研究。假设在一个封闭且相对稳定的经济体内，其基本的资本积累方程有：

$$\dot{k} = I_K - \delta K \tag{4.2}$$

式（4.2）中，$\dot{k}$ 为资本增量，I_K 可用于投资的资本，δ 为折旧，K 为存量资本。

从式（4.2）可知，资本净增量由可用于投资的资本减去折旧实现，而可用于投资的资本取决于银行资金的供给水平有：

$$S = Y - C \tag{4.3}$$

$$I_k = \theta S = \theta(Y - C) \tag{4.4}$$

式（4.3）、式（4.4）中，Y 为整体产出，C 为消费，S 为储蓄，$Y - C$ 为宏观体系原则上的可贷资金，θ 为储蓄投资转化比率，$1 - \theta$ 为资金漏损比率，造成原因主要是金融效率不高、道德风险以及信息不对称等摩擦因素造成。

因此，资本积累也可表达为：

$$\dot{k} = \theta(Y - C) - \delta K = S \cdot Y - \delta K \tag{4.5}$$

在不考虑其他要素禀赋前提下，有：

$$Y = AK \tag{4.6}$$

A 是资本积累的技术水平，也代表银行财富吸收的业务水平。

根据 Pagano（1993）该式（4.6）则变换为：

$$\dot{k} = A\frac{I}{Y} - \delta = A\theta S - \delta \tag{4.7}$$

从式（4.7）可得资本增量 $\dot{k}$ 取决于技术水平 A，转换率（θ）、储蓄率（S）即银行财富聚集水平 $Y - C$，商业银行只能把 $Y - C$ 资金在一定转换比率下转换为资本，商业银行的资金配置水平很大程度取决于 θ 高低。因此，商业银行金融创新可通过两种路径推动资本积累：一是提高储蓄投资转换率 θ 进而对资本净增长量进行影响，比如通过开发匹配经济转型需求的融资产品提高资金投放效能；二是提高 A 来增强资本配置效率，比如通过丰富产品与场景化营销等手段吸引客户，提高资金的吸收能力。

4.2.2 推动技术进步

4.2.2.1 技术进步对实体经济增长的作用

由于资本边际收益率实际是递减的，因此需要技术创新改进企业创新生产技艺和水平，并发挥技术扩散、渗透、引导等方面的功能，推动全面的技术变革，从而促使资本边际产出提升，实现实体经济可持续增长。通过研发活动实现技术进步进而克服回报递减、实现禀赋递增，是实体经济创新最重要的作用。

（1）技术进步对实体经济可持续增长具有积极意义。具体表现为：技术进步对高附加值产业和新经济部门的发展，产业结构优化与升级至关重要，尤其对转型国家作用尤为显著。由于资源要素在实际经济环境中变化相对较慢、劳动力的增长短期内难以发生实质性改变，所以技术进步对经济增长具有显著的驱动效应。这种效应具体表现为：技术进步可以推动新产业、新业态的崛起；技术进步可以增强资本使用效率，通过增强资本配置精准度并引入高质量资本；技术进步还可以提高劳动者生产效率，即通过技术手段提高生产工具效能、提高教育水平全方位提升劳动者生产率。

（2）技术进步也需要其他要素投入的支持。技术进步需要资本有效积累和支持，需要科技“劳动者”进行科研活动，更需要产业结构优化对技术进步提供物质基础，因此技术进步与其他要素投入结构和结构之间具有紧密联系。

4.2.2.2 商业银行金融创新推动技术进步的机理

技术进步与商业银行金融创新具有相互作用耦合关系（Chou，2004；赵志耘等，2007[204]），即：一方面技术进步为商业银行解决流动性风险、信用性风险及其他不确定风险提供了更有效的识别与筛选的手段，技术与金融的深入融合将为商业银行金融创新提供了基础设施保障和技术支持；另一方面商业银行金融创新丰富商业银行产品，增强金融功能为生产企业技术进步与改造等提供资金保障与风险分担支持，并最终实现产业与产品的增值（Gorodnichenko，2013）[205]。技术创新活动离不开资本的支持，往往前沿技术的研发与运用具有高风险、长周期和研发效果不确定性的特征。这些需要金融创新提高商业银行业务水平满足高新技术的差异化需求。

具体而言，商业银行通过以下路径推动技术进步。

（1）商业银行金融创新可为研发部门提供资金基础。技术创新活动是高风险高投入的活动，缺乏足够内源资金支持科研活动是企业科技创新面临最大的制约。商业银行金融创新可以有效支持企业进行技术创新活动，具体包括如下两个方面。①商业银行金融创新可优化银行在项目筛选、风险防控以及企业监督等功能提高科技创新项目投资的成功率，开发专门科创融资产品（如科创基金）向投资者（储户）提供合理投资收益并发挥专业优势提供风险“防火墙”，充分发挥“金融中介”职能避免投资人因风险厌恶（规避）而不愿意将资金投向高风险的技术创新项目。②商业银行金融创新可提高金融产品和服务对技术创新活动需求的匹配度，增加对科创型企业金融供给，提高资金配置效率为企业提供及时、持续和多样的综合金融服务，达到鼓励企业创新、引导企业选择有应用前景技术展开研发与成果转化活动的目的。

（2）商业银行金融创新可以为技术创新提供金融安排。除了融资服务外，商业银行金融创新可以为企业科技创新与研发活动提供风险管理、信息搜集以及公司治理等方面一系列的金融顾问服务。其包括如下内容。商业银行可以发挥信息搜集功能，建立项目合作机制。商业银行可发挥其信息优势，筛选优质项目建立几方收益共赢与风险共担的合作框架，有效缓释风险并多元化资金来源。商业银行可发挥风险管理功能，监督企业科研活动。作为债权人和利益方，商业银行可监督并确保企业将资源投向新技术生产，并优化这种资金投向创新活动的机制。此外，商业银行还可通过新技术企业示范效应以点带面，技术扩散提升社会整体生产技术与水平。

4.2.3　升级供给端

商业银行金融创新可通过有针对性金融服务，顺畅实体经济供给端渠道，提升供给端产业链水平、活跃商品流通、增强微观主体活力进而达到促进实体经济增长的目的。

4.2.3.1　优化与升级产业

产业结构包括产业供需结构、产业要素配置以及产业比重等。由于宏观经济是动态发展的，产业结构升级就是当产业结构包括总预算、要素价格和比较优势不再适应经济发展阶段时，通过调整要素禀赋相应结构、升级相应基础设施（包括硬性设施和软性设施）使产业结构再次符合新的阶段，达到促进生产和交易、经济形成新生产边界目的。林毅夫等（2012）[206] 认为，根据“配第—克拉克定理”进入后工业时代的国家和地区随着工业产品及服务的收入弹性下降，工业部门比重将逐步下降服务业的比重逐步上升并成为经济部门主体，产业结构必然向技术型和创新性行业转变。这是一种经济产业升级合理化的增强。在升级与转变过程中，相关行业必然需要商业银行在资金配置、资本引导与治理监督方面发挥的作用。

商业银行金融创新支持产业升级的路径具体包括如下内容。

（1）商业银行金融创新通过资本形成机制充当信用媒介，为产业升级提供所需资金，推动金融资本和产业资本的良性循环，提升产业结构的调整转换能力。

（2）商业银行金融创新对产业资本具有促进作用。商业银行金融创新可促进资本有效形成，完善信息搜集与项目筛选功能，再通过产融融合机制确保资金投入产业转移和升级相关项目，助力产业优化调整，引导资金投向有潜力的行业。

（3）商业银行金融创新、技术进步与产业升级发挥协同作用。技术进步是产业升级的源动力，产业升级离不开技术溢出效应突破旧结构的约束，商业银行金融创新通过激发企业研发活动，支持市场微观主体进入新产业，鼓励产业转移以及鼓励外部资金进入，通过金融服务支持新产业项目投资特别是延伸至发展前景好、辐射效应强的新经济产业相关项目进而推动技术进步，并通过技术创新反哺产业优化与升级、提高产业高度和竞争力、形成良性互动。

4.2.3.2 活跃贸易

对外贸易是推动经济增长的重要因素之一，贸易活跃对区域科技创新、人力资本水平、基础设施都有显著互动影响（赖永剑，2015）[207]。一般认为，对外贸易可以形成有效供给，促进双向资本流动，推动资本形成，对供应链延伸、产业专业化分工都有显著的正向影响，对经济持续健康发展有积极意义。同时，已有研究表明，对外贸易发展对于发展外向产业（如电子科技产业）刺激区域创新能力有积极意义，可产生技术溢出效应。因此，发展对外贸易可有效促进实体经济增长与升级转型。

国际贸易平稳、有序发展离不开良好的金融服务保障，商业银行金融创新可以活跃外贸。资本的有效积累是对外贸易发展的前提条件，这就决定了对外贸易发展离不开金融的有效支持。商业银行金融创新对于贸易便利的特殊意义，具体表现如下。

（1）商业银行金融创新可以丰富支持贸易的金融产品和服务，商业银行通过金融创新开发贸易金融综合服务，涵盖贸易融资、支付与结算、避险保值、信用担保以及财务管理等一系列金融解决方案，提高服务效率满足企业差异化需求。

（2）商业银行金融创新可以加快资本流通，有助于形成全球范围内金融市场，企业不但可以在境内获得金融服务支持还有可能在境外获得对应服务支持，甚至可以在境内获得境外服务待遇（离岸金融服务），促进经济向外向型发展，多方拉动经济增长。

（3）商业银行金融创新对商业银行加强外贸支持具有积极意义。在经济全球化趋势进一步加深、产业分工进一步细化的趋势下，商业银行通过外贸金融产品的创新，针对外贸企业产业链条提出一揽子产品与服务，可以助力企业的产业链布局提升企业生产效率、节省成本，并将过去企业内分工升级为区域间甚至国家间的社会分工，带动经济高质量发展。

商业银行金融创新通过带动创新，以创新驱动支持支柱产业和战略新兴产业发展，优化对外贸易结构，增强“中国制造”的海外竞争力。

4.2.4 优化需求端

4.2.4.1 消费需求对经济增长的作用

（1）居民消费需求的优化对于经济高质量增长具有重要意义，居民消费需求由消费意愿、收入水平两大类要素构成。居民消费支出的扩大对于带动生产与满足资本需求均具有积极意义。实体经济转型既需要投资驱动、更需要消费驱动，消费驱动可以优化供给侧结构，通过双轮驱动模式共同促进实体经济高质量发展。

（2）居民收入增长取决于生产率提高、人口与资本增加以及市场摩擦减少等因素。与此同时，居民收入水平对储蓄水平和储蓄意愿具有决定性影响，直接影响储蓄规模。

4.2.4.2 商业银行金融创新优化需求端的机理

商业银行金融创新对增加居民财富、便利交易、丰富商品经济与刺激社会消费有重要意义。其主要体现如下。

（1）商业银行金融创新带动劳动者素质有效提升在优化人力资源，推动生产率提高，改善企业效益，进而改善劳动者收入水平，增加居民财富，为消费提供物质基础。

（2）商业银行金融创新，有效发挥资金融通等职能达到活跃市场，降低交易成本与信息成本。信息透明度提高、市场摩擦将减少，促进商品流动活跃交易从而降低商品成本并将价格调整效应传导到零售端达到刺激消费目的，而消费扩大将进一步提升社会需求从而企业特别是制造类在需求端提供良好的条件，让企业有动力扩大产能、扩大生产边界。

4.3 商业银行金融创新对实体经济增长的直接作用机制分析

作为虚拟经济组成部分，由于金融部门不直接从事实物生产，而是提供虚拟的以货币、信用为载体的金融产品和服务。商业银行金融创新作用最直接对象是宏观体系和微观机构，即通过金融发展机理完善金融市场、丰富金融产品等。金融创新既是银行持续推动经济发展的源动力、也是银行业深化发展的内生要素，具有金融和实体的双重属性。因此，商业银行金融创新具有通过要素与结构向实体经济增长间接传导作用。它还可以带动金融结构优化，改变金融供给，提升金融技术、优化金融渠道和服务，进而推动金融发展、提高金融规模加速推动实体经济增长。

本书将商业银行金融创新增强金融功能、推动金融发展、优化金融结构以及影响货币深化、实现对实体经济增长的作用机制称为“商业银行金融创新对实体经济增长的直接作用机制”。由于上述机制主要通过推动金融发展（如增加金融供给、优化金融结构以及提高金融效率等）达到支持实体经济增长的目的，因此也可称为“商业银行金融创新的‘金融发展路径’”。

商业银行金融创新对实体经济的直接作用机制主要体现在如下几个方面。

4.3.1 增强金融功能

商业银行的金融功能不是一成不变的，而是根据外部经济环境、内部金融生态动态变迁，商业银行通过金融创新可增强与优化金融功能，具体包括如下几个方面。

商业银行的金融创新有助于增强储蓄转换投资功能。对于居民资金，商业银行通过金融创新强化金融合约效能，增强产品流动性，提高产品收益率更好地动员储蓄，吸收资金实现有效资本积累。对于企业（机构）资金，商业银行在信息搜集和处理方面具有优势，使其更有效地评估项目。这种优势往往对其他金融机构形成投资示范效应，资金持有者（如机构投资人）基于对"银行主导地位"的肯定易于跟投项目。因此，商业银行通过金融功能优化可以优化资金配置职能以更好地引导资金进入重点领域。

商业银行通过金融创新可以增强其风险分担能力。商业银行金融创新可以分摊跨期流动性风险起到缓释作用，比如：通过信贷资产证券化、衍生品交易产品等创新达到转移与分担风险、拓宽资金补充渠道、减少风险资产占用、加强利率风险管控等目的。此外，商业银行金融创新丰富商业银行避险手段，当商业银行经营过程中由于内外部原因出现偏差、导致损失或将要面临损失时，商业银行可以通过不良资产证券化等方式转移风险或分担风险，及时止损防止风险进一步扩散，上述措施对银行持续稳健经营同样具有积极的意义。

通过金融科技手段的应用，商业银行的信息揭示与甄别功能更完善。在金融科技赋能下，金融产品和服务模式迭代升级加快以更好满足需求。此时，商业银行在投资机会识别、客户分析、投资决策、利率定价等方面能力得到完善，可以减少信息不对称性与减少交易成本，有效减少银行运营成本同时信息传递便捷、有效信息捕捉与分析更准确，在竞争日趋激烈大环境下无疑有助于占据先机获得业务。此外，商业银行通过金融科技手段应用可以更好地指导与监督信贷关系企业生产技术创新与组织结构优化，同时依托信息手段商业银行的价格定价与资本分配机制也变得更合理。

金融创新有助于商业银行提高结算效率，降低社会交易成本同时最大程度消除交易摩擦，为实体经济中的要素流动、交易提供了便利，更好推动生产技术创新，同时为这种创新提供资金支持。

商业银行金融创新优化金融功能的效应、载体以及对实体经济影响可见表 4-1。

表 4-1　商业银行金融创新对金融功能的优化——基于支持实体经济增长的视角

金融功能	金融创新增强效应	创新载体（产品、服务以及业务模式等）	对实体经济增长的作用
风险管理	信用、流动性以及资产负债风险规避以及管理的职能增强	①金融产品类：资产端补充手段创新，各类资产证券化金融工具，新的负债或者补充流动性手段，发行同业存单，发行各类资本债券，信贷资产甚至不良信贷资产证券化等 ②金融科技类：前沿底层信息技术在信贷审查、合规管理以及资产负债管理等方面应用	减少自身不稳定性，更好地分散风险，避免金融不稳定风险传导至实体经济；同时金融摩擦降低
信息搜集	信息揭示、信息甄别与传递功能更高效、更便捷；价格定价与资本分配机制更合理	商业银行金融科技的场景式应用，包括：客户发掘精准营销，市场信息专业化数据精细化、集中化、低成本管理	消除信息不对称与不完善
公司治理	项目筛选更高效；更好地避免逆向选择与道德风险问题	投贷联动产品与机制，债转股产品等	企业监督与管理功能增强；有效化解高杠杆过剩产业风险，避免风险传递与蔓延；为有需求企业提供更精准，针对性的服务
动员储蓄转换投资	优化资金筹集机制，增强储蓄投资转换与资金配置功能，加速资源整合	①负债端：新型理财、储蓄类金融产品；交叉销售的财富管理类型产品；互联网金融储蓄类产品等 ②资产端：商业银行主动参与金融市场业务，投资（认购）各项非金融企业债务融资工具（如永续票据、供应链融资票据、并购票据、双创专项债务融资工具、绿色债权、资产支持票据、民营企业支持债券等）	拓宽融资渠道，增强信贷效应，为企业提供精准、有针对性的综合金融服务（基础融资产品+高附加值服务）

续表

金融功能	金融创新增强效应	创新载体（产品、服务以及业务模式等）	对实体经济增长的作用
便利交易	进一步降低交易成本，完善信息揭示与传递功能	互联网电子支付，移动终端支付，线上结算、托收等	消除摩擦，提高资产流动性，更好推动生产技术创新，并提供资金支持

从表 4-1 可知，一方面商业银行金融创新可以增强与优化金融功能；另一方面商业银行金融功能增强可以更好地支持金融创新的实施，两者相互促进。

4.3.2　推动金融发展

商业银行金融创新对经济最重要的影响路径就是推动金融发展改变信用供给总量及资金配置路径，满足企业融资需求支持经营活动，经济增长是从量性区间向质性区间转变的过程。此过程离不开商业银行金融创新推动金融发展对实体经济持续传导作用。

金融发展与金融创新是相辅相成、相互作用的。①商业银行金融创新很大程度决定金融发展水平，通过影响资本供应、改变资本配置结构提高金融效能、提高了金融业产值，进而推动了金融有效、持续发展。因此，金融发展进程中每一次突破性升级都来自于金融创新（李媛媛，2015）。②金融发展水平又影响金融创新的效用。一般金融发展水平越高，商业银行金融创新效用越显著；但是当金融发展超过一定水平而相应经济发展水平滞后的话，实体经济和虚拟经济结构出现失衡。过度虚拟化导致资产泡沫、价格机制失灵以及债务水平过高等问题，并造成实体经济波动。因此，金融创新与金融发展水平存在紧密的联系。

商业银行金融创新通过激励机制、扩张机制、调节机制等影响金融发展水平。具体包括如下内容。

（1）激励机制是指通过金融创新激发银行对于金融发展需求。激励原因既来自外部市场竞争压力、监管关于资本要求和流动性等方面的约束，也来自股东业绩要求、银行维持盈利需求等。因此，商业银行金融创新特别是业务创新通过增强金融资产质量、提高资产收益水平、扩展业务范围，以达到提高金融发展水平的目的。

（2）扩张机制指商业银行金融创新过程中，通过创新扩散推动新金融产品与服务的推广与使用，包括金融业态融合、资金覆盖面增加、资金投放精准度提高等内容。扩张机制包括：一是金融创新效能提高，通过金融产品质量提高（收益性、流动性、效用以及创新传播速度的增强）推动金融发展，具有垂直类创新特征；二是金融创新规模增加，通过依托金融创新运行机制，创新开发者、采纳者以及产品规模增加，通过创新产品覆盖面的扩大将金融创新效应渗透到实体经济各个层面，具有水平类创新的特征。

（3）调节机制是指银行加强基本业务管理以及加强风险内控等方面措施。商业银行金融创新推动金融发展既对外发挥影响效应、又对内发挥调节效应增强自身风控和管理能力，应对外部复杂环境变化造成的不利影响（利率、资产价格以及货币供应波动）措施更丰富。基本业务管理包括资产负债管理、信用风险管理、利率风险（缺口与久期）管理以及内控管理。由于商业银行是高负债经营，如何有效管理负债是最重要内容。商业银行通过同业类金融创新借助多层次金融市场、灵活负债配比，以达到负债管理提质增效、精细管理、有效调整业务结构、优化客户群体和降低负债成本等目的。当银行建立长效可持续的资产负债策略时，可借助外部市场调节机制结合创新内部调整策略（如资金头寸、久期管理）抵御利率变化造成市场波动风险等。总之，调节机制表现较好的商业银行往往受货币政策调整、资金价格变化等外部环境因素影响较少，那么商业银行在支持企业信贷政策、投放规模与成本就具有稳定性与连贯性（Kishan and Opiela，2000）[208]。

4.3.3　优化金融结构

金融创新优化商业银行金融结构主要体现两个方面：一方面是商业银行体系的金融结构（即整体业务构成）；另一方面是商业银行微观金融结构（包括微观个体的经营情况、业务表现以及产品构成等）。

（1）商业银行金融创新可以优化银行体系宏观与中观结构。商业银行金融创新对银行体系金融结构具有优化作用，具体表现为如下三个方面内容：商业银行的信贷质量与实体经济存在周期关联关系，适度的金融创新可提升银行信贷投放的精准度，有助于银行在理性前提下避免过度投放与投资失误，维持良好金融生态环境。商业银行金融创新有利于提升商业银行整体收益水平，商业银行收益提升可以显著增强银行资本实力与抗风险能力，更好发挥资金融通作用并可以在资金定价方面采取合理措施，精准传递政策效应。商业银行金融创新改变银行市场结构。比如，中小银行机构可以发挥决策链端、体制灵活以及熟悉当地市场“小银行优势”施行差异化策略并通过及时、有效的金融创新，通过更有针对性的金融产品、服务以及业务模式抢占市场先机，提高自身竞争力，实现“弯道超车”和可持续发展，以达到活跃银行市场以及降低市场集中度等目的。

（2）商业银行金融创新可以优化微观商业银行主体的业务结构。商业银行金融创新的具体内容和发展方向既会影响商业银行个体经营、风险承担以及绩效表现，也会影响其客群构成与客户结构等，而一家商业银行所服务的目标客户直接影响商业银行对外部实体经济具体传导的效应。比如，商业银行依据其市场定位（如侧重服务物流贸易布局供应链金融、侧重服务居民消费布局消费金融，或者侧重服务当地重大装备制造业改造升级和布局综合化金融服务等）通过金融创新动态调整其产品结构。商业银行通过金融创新可针对新产业、新商业模式的特征调节产品结构（如不同贷款期限产品的结构、公司类信贷产品和消费金融类信贷产品的比重、标准化债权融资工具与非标债券融资工具的比重）以提升产品与客户需求的匹配程度。因此，商业银行银行金融创新的微观结构特征也将通过“微观—宏观”传导机制作用于宏观经济层面。

（3）商业银行金融创新可以优化企业融资选择，有效支持企业生产经营活动。在银行主导金融体系下，商业银行信贷往往是企业最依赖的融资方式。商业银行金融创新可以优化企业融资选择，支持企业生产活动，优化市场运营机制，平衡供需端。企业价值与资本结构、融资选择都具有重要关系（即所谓新资本结构理论）。因此，企业在做出融资决策时会受到资金供需不平衡的限制，并受到外部融资的约束，无法获得发展所需资金。目前，很多中小企业（特别是高新技术企业）在成长初期由于内源资金不足，只能通过外源融资解决生产资金需求，成长初期企业缺乏有效抵押物而面临信贷歧视，使企业无法获得足够资金，缺乏创新动力无法进行有效生产（武力超，2015）[209]。商业银行金融创新可以通过完善信息揭示、甄别机制完善交易机制，进而便利融资流程与扩大有效融资供给，为企业提供更为灵活的资金安排影响企业融资选择并起到“蓄水池”作用。比如，商业银行通过投行业务创新合理组合运用间接融资和直接融资产品，优化企业融资结构与融资成本，合理控制企业杠杆等，更好地支持企业生产与研发活动。此外，商业银行的金融创新也可以通过促进治理监督机能增强，更好解决融资企业“委托—代理”范式问题，为企业提供更有针对性的外部监督与指导，以确保企业更好地遵守金融合约督促职业经理人履行职能。

4.3.4 影响货币深化

所谓货币深化指实体经济的货币化程度的提高，反映的是实体经济的金融化程度。在特定货币政策的环境下，商业银行的金融创新，通过利率、信贷以及资产价格等渠道影响企业投资价值，促进资本形成并加速这一形成的过程。它的实质就是商业银行金融创新拓宽供给渠道，通过信贷、债券市场乃至资本市场影响金融供给渠道推动企业适度金融化的过程。

具体机理体现如下。

（1）货币深化加深实体经济对金融的依赖。银行通过丰富金融产品种类，活跃市场助推并借助金融便利增加资产中金融资产的比重，由于市场摩擦减少、交易成本降低、资产置换变得方便，资产价值获得提升，最终深度影响经济发展水平和产业结构，改变企业经营行为与居民储蓄消费行为等。商业银行金融创新推动实体金融化具有“蓄水池”和“挤出”两种效应（Tori and Onaran，2017[210]；王红建等，2017[211]）。当商业银行适度金融创新时，“蓄水池”效应占据主流，通过营造良好金融生态、促进资本积累改善等对实体企业主业业绩等具有的积极影响。

（2）商业银行金融创新推动实体货币化过程，其对实体经济体系的渗透能力也就越强，两者相互作用。由于企业价值升高投资活动收益提高，企业与居民对持有资产的增值保值需求就越强烈，旺盛需求推动商业银行去更好履行吸收资金和投放资金的基础职能，更精准承接货币政策调控效应以及提供更完善的产品和更高效服务，为客户实现经济价值，提高整体社会收益水平。

（3）商业银行适度金融创新可对货币深化进行有效调节。过度的金融化不利于实体经济良好、有序运营，需要商业银行通过金融创新对货币深化机制进行调节。而这种调节对处于经济转型和货币深化拐点阶段的宏观经济具有积极意义。在供给侧结构性改革背景下，实体经济结构调整与动能转换趋势出现下金融效应递减以及杠杆偏高等现象。这使货币政策调控由流动性扩张转为合理流动性下精准调控。此时，货币当局更倾向于使用货币调控工具来改善传导机制，受此影响实体经济更需要商业银行通过金融创新实现货币的重新创造与金融资本再分配，改变过去某些领域（如房地产、“两高一剩”产业等）资金扎堆局面。

（4）商业银行金融创新在增强货币供给传导效应基础上推动实体经济

的持续货币化。资本市场的投资决策很大程度取决于Q值水平。商业银行金融创新在有效拓展银行业务范围，增强银行功能基础上通过银行信贷、债券融资乃至股票市场投资（通过基金子公司等）等渠道为企业厂商提供更灵活的金融服务，降低资金成本，解决企业资本需求。此时，资本成本（利率）、资本边际效率变化对企业托宾Q值产生影响，改变企业重置成本。

根据资产价格传导理论，托宾Q值通过货币政策对宏观经济产出有重要影响，托宾Q货币政策传导机制为：

$$M\uparrow\Rightarrow P\uparrow\Rightarrow \text{Tobin } q\uparrow\Rightarrow I\uparrow\Rightarrow Y\uparrow \tag{4.8}$$

从式（4.8）可知，在货币供应量增长情况下，商业银行作为政策效应重要中间环节承接货币规模和传导信用流向。这势必造成资产结构变化。为达到合意资产负债比率，避免大水漫灌式信贷投放造成经济波动，商业银行通过金融创新改变科技水平存量和科技研发活动增量（Hicks，1969）[212]，进而提高资本配置水平等方式改变Tobin q值的形成过程和成本，而这无疑会刺激企业股权资产的发行数量并提高投资额，使投资价格上升，相应的企业产量提升、投资收益提高，国民收入相应也得到提高，交易货币需求跟着提高吸收原本超额发行货币，最终恢复均衡状态。

此外，商业银行金融创新可以通过影响消费者收入水平而对实体经济产出产生影响。储蓄是企业生产扩大资金的重要来源，而银行在这里发挥基本中介职能。根据Ramsey（1928）[213]、Cass（1965）[214]以及Koopmans（1965）[215]，消费者（也是储蓄者）依据资产收益报酬率、消费水平以及消费习惯（即偏好率）等因素安排消费支出。而消费支出一般为生命全周期的期望收入，消费者将收入分为两个主要部分，即劳动收入和存量财富（如金融资产，即股票、债券等有价证券）。

其影响渠道一般为：

$$M\uparrow\Rightarrow P\uparrow\Rightarrow W\uparrow\Rightarrow C\uparrow\Rightarrow Y\uparrow \tag{4.9}$$

从式（4.9）可知，商业银行通过金融创新提高居民所持有金融资产价值形成财富效应。此时，消费者拥有财富总额（W）增加，消费支出（C）随之增加，进而创造需求拉动企业产出的增加。在此进程中，资本流动加快，大宗商品、资源交易更为便捷，货币传导效应更为直接迅速，进而促进实体经济增长。

4.4　本章小结

本章先分析商业银行金融创新与实体经济的影响效应。一方面，商业银行既可通过顺畅信用渠道，增加金融供给的同时提升经营能力、改善微观特征进而发挥“信用创造”和“信用扩张”作用充当实体经济关键资金纽带以推动实体经济增长。另一方面，商业银行金融过度创新加大企业成本、削弱货币政策效应以及导致形成负反馈循环等对实体经济增长产生消极影响。因此，商业银行金融创新对实体经济影响复杂且不确定，当前形势下商业银行影响效应的具体表现与差异性将在第 5 章实证论证。

再对商业银行金融创新对实体经济作用机制方面系统归纳与分析：一般把商业银行金融创新影响资本供应、技术进步，优化需求端与升级供给端进而推动实体经济增长的机制称为金融创新对实体经济增长的间接作用机制（要素与结构路径）。它体现在加强资本积累、推动技术进步、升级供给端如促进产业优化升级、活跃贸易与支持企业扩充产能以及优化需求端如拉动消费等；一般将商业银行金融创新增强金融功能、推动金融发展、优化金融结构以及影响货币深化实现对实体经济增长的影响机制称为商业银行金融创新对实体经济增长的直接作用机制（金融发展路径）。其主要体现在增强金融功能、推动金融发展、优化金融结构以及影响货币深化等几个方面。上述机制具体表现将通过第 6 章实证检验。

第5章

供给侧结构性改革背景下商业银行金融创新与实体经济增长非线性关系的实证分析

——基于面板平滑转换模型（PSTR）

结合前文机理分析，本章将从面板横向角度实证分析商业银行金融创新与实体经济增长之间的非线性关系及供给侧结构性改革背景下商业银行金融创新影响效应的异质性，以更好地探析现实经济金融环境下商业银行金融创新对实体经济增长发挥的整体效应是怎样的。

5.1 关系特征及实证假设

结合上章金融创新对实体经济的影响效应分析（详见本书4.1），可初步得出商业金融创新和经济发展不是一种简单的线性关系，而是一种复杂的非线性关系。商业银行金融创新是银行在提高竞争力及绩效水平的关键手段，也是商业银行对实体经济更好发挥金融功能的催化剂。因此，商业银行的金融创新与实体经济增长的关系可能呈现出差异化特征，主要基于以下几点分析。

（1）商业银行金融创新对实体经济效影响应具有不确定性，或因商业银行金融创新的具体表现有“双向”特征。合理金融创新可对实体经济发挥分散风险，降低企业融资成本，提高银行流动性，优化资金配给机制等作用；与此同时，如果商业银行金融过度创新，此时银行要么盲目投放使债务人对流动性依赖增加生产计划变得不切合实际；要么基于逐利性将金融资本在虚拟领域空转抽取实体经济资源，造成的“金融超发展”现象（黄宪和黄彤彤，2017）[216]，易造成系统性风险增加引发金融危机导致实体经济波动并伴随衰退和萎缩。因此，商业银行金融创新对实体经济产生影响效应可能存在差异且非连续性。

（2）商业银行金融创新对实体经济增长可能存在“阈值”特征。从前文可知（详见本书2.2.4），金融扩散过程实质就是创新扩散乃至溢出最终推动金融发展过程，在此过程中商业银行对实体经济发挥效应将有可能变得更显著。由于金融创新与实体经济具有相互影响的密切关系，创新扩散过程可能呈现倒U字型结构，这是因为当创新效用达到最大化会出边际递减的现象（王俏茹等，2020）[217]。

（3）商业银行金融创新与实体经济发展水平、资源要素结构以及产业结构等具有相互影响。一方面，银行通过合理创新可推动经济资源的合理性分配促进经济增长。另一方面，良好运行的实体经济可以为商业银行金融创新提供良好的市场、体制、法律等基础保障。由于我国幅员辽阔，不同区域间经济发展水平、产业结构特征以及金融发展水平存在差异，商业银行金融创新对不同区域实体经济增长的影响效应是否存在差异。此外，进一步分析在商业银行金融创新水平不同的前提下投资、外贸、人力资源等要素对实体经济增长发挥效应是否存在异质性，需要通过实证做进一步分析。

（4）商业银行金融创新影响效应与金融发展水平紧密相关。金融发展是存量静态变量而金融创新是动态变量，金融发展是商业银行金融创新的结果，商业银行金融创新是金融发展的过程。实体经济的金融化程度也是影响经济增长水平的重要因素。供给侧结构性改革背景下经济与金融环境发生重大改变的前提下，商业银行金融创新是否存在阶段异质性、供给侧结构性改革时间点前后商业银行金融创新对实体经济增长发挥的影响效应是否存在变化，需要通过实证做进一步分析。

（5）制造业是实体经济的核心产业，一般认为商业银行金融创新通过发挥金融功能加强资金与技术配置的路径促进制造业产能增长与结构升级。因此，商业银行金融创新对核心实体产业发展的影响效应如何，与对实体经济增长整体影响效应是否存在差异、是否具有相似性，需要通过实证做进一步分析。

本章拟通过实证研究重点研究以下几个方面内容：①供给侧结构性改革背景下商业银行金融创新与实体经济的相关性及影响效应，当前商业银行金融创新是否适度、是存在创新不足还是存在过度创新；②分析供给侧结构性改革前后各省市商业银行金融创新水平的变化趋势以及是否存在阶段性差异；③供给侧结构性改革背景下商业银行金融创新对实体经济增长的影响效应是否存在区域差异。

根据上述关系特征分析，提出实证假设如下。

H1a 商业银行金融创新所形成的规模，效率效应处于初级阶段时，由于存在金融创新不足的情况，对实体经济增长的影响是相对较弱甚至可能是负面的。

H1b 商业银行金融创新所形成的规模，效率效应处于初级阶段时，由于存在金融创新不当的情况，金融创新水平较低负面效应较轻，反而有利于实体经济增长。

H2a 商业银行金融创新所形成的规模，效率效应处于高级阶段时，由于存在金融创新适度且随着创新水平的提高，对实体经济增长影响是积极且逐步增强。

H2b 商业银行金融创新所形成的规模，效率效应处于高级阶段时，由于存在过度创新的情况，对实体经济增长效应递减甚至可能演变成负面影响。

H3 供给侧结构性改革背景下宏观经济与金融环境发生重大变化，商业银行金融创新对实体经济影响存在阶段差异性。

H4 由于各省市经济发展和金融发展水平差异，商业银行金融创新对实体经济增长影响存在区域差异性。

本章节将运用面板平滑转换模型（PSTR）并结合线性模型（系统动态面板模型）对 2006—2018 年省域数据进行分析，实证框架延续 King 和 Levine（1993b）金融发展的经典框架基础上进行延伸，引用面板平滑转换模型在经济增长模型中引入金融创新相应指标作为内生的门限变量，联动分析商业银行金融创新、金融发展与实体经济增长的关系，并在控制变量加入影响经济增长的重要变量（如劳动力投入、固定资本投入、科研投入、外商投资、进出口贸易等），并通过实证分析得到相应结果。

5.2 模型建立与变量选取

5.2.1 计量模型的建立与说明

面板平滑转换模型（Panel Smooth Transition Model，PSTR）属于非线性面板实证分析框架下的模型，不同于门槛模型对回归变量体制突变的严格设定，它可以较好地处理面板异质数据，该模型通过允许回归变量的系数随着时间和横截面变化而发生改变，从一类体制平滑、渐进的改变到另一类体制（宋涛，2013）[218]。

本章拟采用面板平滑转换模型主要因为该模型序列改变主要依赖于转换变量的作用，允许回归变量因截面和时间异质性发生改变，符合供给侧结构性改革背景下商业银行金融创新因各省之间经济与金融发展水平不同而造成的差异化影响，并方便观察商业银行金融创新水平变化对实体经济产生影响是否存在逐渐演变的过程。

由于已有文献对商业银行金融创新与实体经济增长关系方向存在争议（金融创新促进观点和金融创新毁灭观点），传统线性面板数据模型很难反映出商业银行金融创新影响效应的差异特征，而平滑面板转换模型的假设允许存在随个体变化的回归系数，可观察的个体变量（通常为转换变量）在一定区间内变化，还有转换变量超过门槛值转换机制发生变化，这种在极限数值内连续变化的极限状态，可以有效调和“创新促进论”和“创新毁坏论”，更贴近反映商业银行金融创新与实体经济增长之间关系的“阈值特征”和非连续性。

根据 Gonzalez 等（2005）[219]、Colletaz 和 Hurling（2006）[220]面板平滑转换模型（PSTR）的基本表达式（双机制，只含一个转移函数）如下。

$$y_{it} = \mu_i + \beta'_0 x_{it} + \beta'_1 x_{it} g(q_{it};\gamma,c) + \beta'_i \sum_{i=1}^{j} Control_{it} + \varepsilon_{it} \tag{5.1}$$

根据式（5.1），i 代表面板数据的截面维度，t 代表面板数据的时间维度。y_{it} 为被解释变量、μ_i 为截面固定效应、x_{it} 为核心解释变量、q_{it} 为门槛转换变量、$g(q_{it};\gamma,c)$ 为转换函数且有 $0 \leqslant g(q_{it};\gamma,c) \leqslant 1$、$Control_{it}$ 为控制变量，ε_{it} 为残差项且可进行泰勒展开，上述变量加入模型进行非线性回归分析。

转移函数 g 为 Logistic 函数，并在（0，1）区间之间变动，有：

$$g(q_{it};\gamma,c) = \left\{1 + \exp\left[-\gamma \prod_{j=1}^{m} (q_{it} - c_j)\right]\right\}^{-1} \tag{5.2}$$

式（5.1）和式（5.2）中，β'_0 和 β'_1 为待估参数，γ 为平滑参数并决定转换函数的变化速度，c 为位置参数并决定门槛变量的转换参数，m 为门槛位置参数的个数，根据 Gonzalez（2005）m 值一般取 1 或 2。

当 $m=1$ 时，意味着转移函数 $g(q_{it};\gamma,c)$ 含有一个位置参数（包含两个体制），随着变量 q_{it} 增加单调递增。转移函数 $g(q_{it};\gamma,c)$ 含有一个位置参数并随着变量 q_{it} 单调递增。且当 $g(q_{it};\gamma,c)=0$ 时，式（5.1）处于低体制（Low Regime）。当 $g(q_{it};\gamma,c)=1$ 时，式（5.1）处于高体制（High Regime）。转换函数 $g(q_{it};\gamma,c)$ 取值在（0，1）之间平滑转换且式（5.1）以 c 为中心随着 q_{it} 变化在 β'_0：$\left(\beta'_0 + \sum_{j=1}^{r} \beta'_j\right)$ 之间转换。

当 $m=2$ 时，转移函数随着门槛变量 q_{it} 的增加，先递减后递增。此时，转换函数含有两个位置参数 c_1 和 c_2 且围绕 $(c_1+c_2)/2$ 对称，且在 $(c_1+c_2)/2$ 位置时为最小值。

根据式（5.1）、式（5.2），核心解释变量 x_{it} 与被解释变量的一般机制转换过程（也是核心解释变量相对于被解释变量的边际效应）可以表示为：

$$\beta'_{x_{it}} = \frac{\partial y_{it}}{\partial x_{it}} = \beta'_0 + \beta'_1 g(q_{it};\gamma,c) \tag{5.3}$$

根据式（5.3），由于 $0 \leqslant g(q_{it};\gamma,c) \leqslant 1$，因此边际效应 $\beta'_{x_{it}}$ 的取值实际

上在 β_0' 和 $\beta_0'+\beta_1'$ 之间。可利用式（5.3）计算出被解释变量与解释变量对应关系的参数。

当符号 $\beta_{x_{it}}'$ 为正，意味着随着门槛值增长，对被解释变量的影响效应是积极的。

当符号 $\beta_{x_{it}}'$ 为负，意味着随着门槛值增长，对被解释变量的产生效应是递减甚至负向的。

为验证模型的体制转换效应是否显著，对式（5.1）在 $\gamma=0$ 处，对转换函数进行一阶泰勒展开，得到辅助回归方程如下：

$$y_{it}=\mu_i+\beta_0'x_{it}+\beta_1'x_{it}g^{(1)}(q_{it};\gamma,c)+\beta_2'x_{it}g^{(2)}(q_{it};\gamma,c)+\beta_3'Control_{it}+\varepsilon_{it} \tag{5.4}$$

此处有 $g^{(1)}=g^{(2)}$，为检验是否存在两个转换函数，对展开的辅助方程进行回归并采用 LM、LMF、LRT 检验非线性转换函数的个数。其中，残差项 ε_{it} 展开可有：

$$\varepsilon_{it}^{*}=\varepsilon_{it}+R_{\mathrm{m}}\beta_1'x_{it} \tag{5.5}$$

式（5.5）中，R_{m} 是泰勒展开式的残差项

经检验，如无法拒绝原假设 $H_0\gamma=0$（等价于 $H_0^{*}:\beta_0'^{*}=K=\beta_m'^{*}=0$），则无法说明 PSTR 模型能够比线性模型能够更好地克服参数的异质性问题，即线性模型是合适的。如果拒绝原假设 $H_0:\gamma=0$，那么面板平滑转换模型（PSTR）比线性方程更好地克服异质性的问题。

（在 $H_0\gamma=0$ 假设下）参考 Luukkonen、Saikkonen 和 Teräsvirta（1988）[221] 具体线性检验的步骤：在消除固定效应后，通过泰勒展开式和辅助方程，计算 LM 统计量并对转换后模型进行估计，有关统计量检验如下。

①估计模型的残差平方和 SSR_0，SSR_0 为在原假设成立条件下面板残差平方和。

②估计模型的残差平方和 SSR_1，SSR_1 为备择假设成立条件下的面板残差平方和进行 χ^2 和 F 统计，计算统计量。

③统计检验：

$$LM = \frac{TN(SSR_0 - SSR_1)}{SSR_0} \sim \chi^2 \tag{5.6}$$

$$F = [(SSR_0 - SSR_1)/K]/[SSR_0/(TN - N - K)] \sim F(K, TN - N - K) \tag{5.7}$$

$$pseudo - LRT = -2[\log(SSR_{ur}/SSR_0)] \sim \chi^2 \tag{5.8}$$

式（5.8）中 SSR_{ur}为无约束条件下辅助回归方程的残差平方和，在检验过程中，LM 统计量和 $pseudo - LRT$ 统计量遵循渐近 χ^2 分布，而 F 统计量则近似服从 $F(K, TN - N - K)$分布。

对于体制确定采用序贯检验法，通常开始设定 $m = 3$，检验 H_{03}：$\beta_3'^* = 0$，H_{02}：$\beta_2'^* = 0 | \beta_3'^* = 0$以及 H_{01}：$\beta_1'^* = 0 | \beta_2'^* = \beta_3'^* = 0$。如果可拒绝 H_{02}，则选取 $m = 2$，其余情况均选取 $m = 1$。

5.2.2 变量选取

5.2.2.1 被解释变量

参考黄群慧（2017）、李健等（2018）[222]，被解释变量选取剔除房地产和金融业增加值各省市生产总值（即实体经济规模）的同比增长率作为被解释变量（即实体经济增长率，*gRGDP*）。为避免极端值影响实证结果产生偏差，对数据采取 1% 水平双边缩尾处理。

5.2.2.2 门槛变量

第一，前文通过内生增长模型推导出银行金融创新通过规模效应（参数 υ）影响实体经济增长，也可通过效率效应（参数 ω）影响实体经济增长，且均具有非线性特征；第二，Tufano（2002）认为，商业银行金融创新通过“规模效应”和“效率效应”等渠道促进实体经济增长；第三，单一指标不能很好反映商业银行金融创新水平。基于以上考虑，本章选取商业银行金融创新规模指标（Innov1）和商业银行金融创新效率方面指标（Innvo2），作为商业银行金融创新指标也是模型的面板非线性门槛转换变量。

具体指标选取步骤如下。

(1) 商业银行金融创新规模指标 (Innov 1)。

根据 Beck (2012)、李丛文 (2015)，商业银行金融创新会引起投资性金融资产增加。

基于数据可得性，选取投资性金融资产定义为当年该省域银行总资产减去信贷资产，即所谓非信贷资产。根据商业银行的资产负债结构，非信贷资产基本等同于交易性，买入返售，可供出售金融资产以及持有到期类资产等投资性金融资产。在实践中，商业银行开展债券市场投资、股权融资以及混合融资等比较典型创新业务一般体现在非信贷类投资性金融资产科目上（如应收类投资、证券与基金类投资科目等）。

此处取相应数据的对数值，得商业银行金融创新规模指标 (Innov1)。

(2) 商业银行金融创新效率指标 (Innov2)。

商业银行金融创新效率提升意味着金融产出的增加，考虑到中国商业银行在地方金融体系的绝对主导地位，参考谢婷婷 (2017)、倪明明 (2015)[223]等，此处取当年该省市的金融业增加值与商业银行存贷之和取对数值，得到商业银行金融创新效率指标 (Innov2)。

5.2.2.3 核心解释变量

商业银行金融创新与金融发展具有密切联系，金融发展是商业银行金融创新的结果，商业银行金融创新是金融发展的过程。为衡量商业银行金融创新背景下的金融发展水平，选取一个新测度指标即银行基准深度比作为核心解释变量、一个传统测度指标即贷款同比增长率作为替代核心解释变量。

具体选取标准如下。

(1) 银行视角下的金融发展指标 1—银行基准深度比 (BR)。

一般传统银行发展指标表现为“相应金融指标/宏观经济指标”，比较常用存款（或贷款）除以 GDP，但是传统指标“未能考虑不同经济发展阶段具有不同金融发展指标这一规律”（郑伟和刘永东，2007）[224]。基于此，借鉴 Enz（2000）[225]、郑伟和刘永东（2007）关于“保险深度基准比”的指标概念，创建“银行基准深度比”指标作为银行视角下的金融发展指标。

银行基准深度比构建标准如下。

第一步，计算“基准银行发展深度”。

先借鉴 ENZ（2000），使用 Logistic 函数模型构建银行发展水平的模型，其模型表达形式为：

$$Y_i = \frac{1}{b0 + b1 \cdot b2^{x_i}} + \mu_i \tag{5.9}$$

式（5.9）中，Y 为对应传统银行视角下的金融发展指标，此处选取各省市银行存贷款之和与对应 GDP 之比。X 选取对应年份人均 GDP。$b0$、$b1$、$b2$ 则为待估参数，若 $b2<1$，银行存贷款与 GDP 之比将随人均 GDP 增长而增长，若 $b2>1$，银行存贷款与 GDP 之比将随人均 GDP 增长而减少。因此，该指标可以理解为“相应经济发展水平下的银行发展深度”。

再将各省区市人均 GDP 代入式（5.9）并利用 NLS 方法估计出待估参数，利用 Stata13.0 软件进行非线性回归（NLS）可得基准值，结果如表 5－1 所示。

表 5－1　银行基准深度模型估计结果

	(1) DLG（存贷款/GDP）	(2) LG（贷款/GDP）
b0	－3.764*** （－6.117）	0.133 (0.484)
b1	4.216*** (6.975)	1.028*** (4.421)
b2	0.94*** (4.45e+06)	0.91*** (2.33e+06)
N	403	403
R^2	0.905	0.915
adj. R^2	0.904	0.914

注：括号内为 T 统计量，*** 为 1% 的显著水平。

这里加入贷款/GDP的拟合结果作为比较参考。从非线性拟合结果可得，存贷款与GDP之比指标对于人均GDP具有增长效应但效应较微弱（0.94），贷款/GDP之比影响结果相类似（0.91）且待估参数 $b0$ 不显著，因而需要进一步考量该指标通过商业银行金融创新“提质增效”对实体经济发挥作用。

第二步，计算“实际银行发展深度”，即当年省域银行实际存贷款与GDP之比。

省域银行基准深度比计算公式有：

$$省域银行基准深度比 = \frac{省域银行实际存贷款与\,GDP\,之比}{省域基准银行存贷款与\,GDP\,之比} \tag{5.10}$$

式（5.10）分子为银行实际发展深度，分母则是式（5.9）Logistic 函数所得的基准值。

第三步，将分子与分母所得数据代入式（5.10），可得到银行视角下的金融发展指标1－银行基准深度比（BR）。

与传统指标选取相比，银行基准深度比通过估计S型 logistic 函数而得，可以更合理地反映出由于区域间经济发展水平的差异，使银行发展指标允许出现不同增长速度，比传统指标相比更加符合现实情况。银行基准深度比越高意味着该省市基准化的银行业发展水平相应较高，由于基准比剔除了经济发展水平施加影响，解决了传统指标可能存在的内生性问题，可为后面实证分析提供了较好的数据基础。

（2）银行视角下的金融发展指标2——贷款同比增长率（gLoan）。

商业银行本质上以信用为基础，通过杠杆等手段服务实体经济（郑志来，2020）[226]。只有金融资源（信贷）配置渠道顺畅的商业银行金融创新才能为实体经济发展提供有效保障。借鉴段进等（2016）[227]选取省域全部金融机构本外币贷款余额同比增长率（gLoan）作为替代核心解释变量。

5.2.2.4 控制变量

为更加全面考察模型效果，也为避免遗漏重要变量导致模型可能的内生性问题，此处加入科研支出、社会固定资产投资、对外贸易、外商直接投资、政府投入、就业人口、产业升级等对经济增长可能产生显著影响的控制变量 $Control_{it}$，具体选取标准如下。

①技术进步指标（R&D 经费支出）。技术进步是推动经济增长的关键要素，供给侧结构性改革背景下技术进步特别是高新技术的发展可以为经济格局转型升级提供新动能和新生产手段，有效打破旧的宏观格局改革纵向深入发展。科技研发主体需要银行为为科研活动持续进行与研发成果转换提供资金融通、风险监督等方面支持。基于数据可获得性，选取各省研究与试验发展（R&D）经费支出取对数化作为衡量技术进步的变量。

②资本积累指标（社会固定资产投资）。资本积累是影响经济增长关键因素，此处取各省当年社会固定资产投资取对数化，作为资本积累的变量。

③对外贸易指标（进出口总额）。宏观经济体的自由贸易程度越高，表示该经济体参与国际分工与国际竞争程度越高；该经济体融入世界经济水平越深入，对发挥比较优势促进经济增长具有积极意义。此处取当年进出口总额与当年 GDP 做比较。

④外商直接投资指标。国外资本流入可以增加企业可使用的资金规模，增强资本配置效率进而对实体经济增长也会具有促进作用。FDI 反应区域内国外资本流入情况，此处取当年 FDI 与 GDP 比值。

⑤政府投入指标。长期以来，政府带动投资是中国经济高速增长重要驱动力，为观察政府投入对实体经济增长的贡献，此处取以各省政府最终消费支出与同期 GDP 的比值作为政府投入的变量。

⑥人力资源指标。除资本和技术等要素禀赋以外，人力要素与经济增长关系紧密，此处取各省从业人口占总人口比重。

⑦产业升级指标。Rin 和 Hellman（2002）商业银行金融创新可通过资金引导机制（资金形成、资金导向、信用催化）、刺激社会需求（特别是消费需求）以及推动技术进步等机制影响产业结构的布局与调整。

根据产业发展理论，产业结构升级遵循第一产业、第二产业、第三产业的顺序发展，第二产业和第三产业在国民经济结构比重不断上升。参考史恩义、王娜（2018）[228]测算产业高级化指数，即对第一产业、第二产业和第三产业增加值进行赋值，选取产业结构系数作为衡量产业升级的指标，有：

$$IS = \sum_{v=1}^{3}(I_v \cdot v) = I_1 \cdot 1 + I_2 \cdot 2 + I_3 \cdot 3 \qquad (5.11)$$

式（5.11）中，I 表示第 v 产业增加值所占比重，v 取值范围为 1 ~ 3，越接近 1 表示产业结构层次越低，取值 3 表示产业层次越高。

⑧货币政策指标。有鉴于 M1 长期保持稳定增长态势“虚质较少”，因此用当年狭义货币对数化反映货币金融环境变量。

5.2.3 数据描述性统计

本章实证分析选取了 2006—2018 年全国 31 个省、自治区和直辖市（港、澳、台除外，下同）为样本。其中，金融相关数据来源于《中国金融年鉴》、中国人民银行官网相关统计数据，各省份区域金融运行报告，银保监会年度年报数据、锐思（RESSET）数据库以及国泰君安数据库。国民经济相关数据主要来源于国家统计局网站、《中国统计年鉴》《中国科技统计年鉴》以及各省市统计年鉴。

经整理，相关变量描述性统计如表 5 - 2 所示。

表 5 - 2　　变量的描述性统计

变量类型	变量名称	符号	均值	标准差	最小值	最大值	N
被解释变量	各省市实体经济增长率	gRGDP	0.134	0.069	-0.024	0.28	403
门槛变量	商业银行金融创新规模指标	Innov1	9.077	1.24	5.337	11.935	403
	商业银行金融创新效率指标	Innov2	10.247	1.129	6.465	12.699	403

续表

变量类型	变量名称	符号	均值	标准差	最小值	最大值	N
核心解释变量	金融发展指标 1（基准深度比）	BR	1	0.306	0.476	2.467	403
	金融发展指标 2（贷款增长率）	gLoan	0.17	0.086	-0.095	0.623	403
控制变量	R&D 经费支出	R&D	4.725	1.644	-1.051	7.759	403
	社会固定资产投资	Invest	8.815	1.105	5.201	10.919	403
	进出口总额	EX&IM	0.046	0.055	0.005	0.244	403
	外商直接投资	FDI	4.898	1.883	-0.305	7.718	403
	政府消费支出	Gov	0.16	0.119	0.082	2.152	403
	人力资源发展水平	Labor	0.562	0.099	0.033	1.486	403
	产业高级指数	IS	2.313	0.134	1.789	2.801	403
	狭义货币发行量	LnM1	12.461	0.492	11.583	13.206	403

5.3　相关检验

基于上述数据选取标准，本章基准模型通过选取两个核心解释变量和两个门槛变量建立四个平滑面板转换模型（PSTR）模型（模型 1 ~ 模型 4），通过两两之间实证回归以便交叉验证，可有：

模型 1：$$gRGDP_{it} = \mu_{it} + \beta'_0 BR_{it} + \beta'_1 x_{it} g(Innov1_{it};\gamma,c) + \beta'_i \sum_{i=1}^{8} Control_{it} + \varepsilon_{it} \tag{5.12}$$

模型 2：$$gRGDP_{it} = \mu_{it} + \beta'_0 gLoan_{it} + \beta'_1 x_{it} g(Innov1_{it};\gamma,c) + \beta'_i \sum_{i=1}^{8} Control_{it} + \varepsilon_{it} \tag{5.13}$$

模型 3：$$gRGDP_{it} = \mu_{it} + \beta'_0 BR_{it} + \beta'_1 x_{it} g(Innov2_{it};\gamma,c) + \beta'_i \sum_{i=1}^{8} Control_{it} + \varepsilon_{it} \tag{5.14}$$

模型 4：$gRGDP_{it} = \mu_{it} + \beta'_0 gLoan_{it} + \beta'_1 x_{it} g(Innov2_{it};\gamma,c) + \beta'_i \sum_{i=1}^{8} Control_{it} + \varepsilon_{it}$ (5.15)

上述模型 1 至模型 4 设定同式（5.1），且有 $Control_{it} = \{R\&D_{it}, Invest_{it}, EX\&IM_{it}, FDI_{it}, Gov_{it}, Labor_{it}, IS_{it}, LnM1_{it}\}$。

5.3.1 线性检验与剩余非线性检验

这里采用 matlab2016b 软件进行实证分析得到如下结论。

（1）考虑是采用模型是否恰当问题即所采用数据是否具有线性特征。为保证数据的稳健性和可靠性，需要采取 F 统计量、LM 统计量和 pseudo - LRT 统计量进行统计。如表 5 - 3 所示，所有模型中的 LM、LMF、LRT 三个统计量均在 1% 的显著性水平下拒绝 $r=0$ 的原假设，说明四个模型均具有显著的非线性特征，也证实了采用 PSTR 模型的正确性。

（2）在验证选用非线性模型估计模型的合理性后，在进一步进行的剩余非线性检验中。如表 5 - 3 所示，四个模型的估计结果均显示接受 $r=1$ 的原假设，拒绝 $r=2$ 的备择假设，说明四个模型的最优转换函数（函数转换区间）最优个数为 1。

表 5 - 3　　　　线性检验与非线性检验的结果

		门槛变量：金融创新规模指标（Innov1）		门槛变量：金融创新效率指标（Innov2）	
检验类型	统计量	模型 1：金融发展指标 1（BR）	模型 2：金融发展指标 2（GLOAN）	模型 3：金融发展指标 1（BR）	模型 4：金融发展指标 2（GLOAN）
线性检验：H0：$r=0$ H1：$r=1$	LM	60.98*** (0.000)	37.845*** (0.000)	113.590*** (0.000)	86.202*** (0.000)
	LMF	7.191*** (0.000)	4.18*** (0.000)	15.830*** (0.000)	10.975*** (0.000)
	LRT	66.119*** (0.000)	39.742*** (0.000)	133.431*** (0.000)	96.990*** (0.000)

续表

检验类型	统计量	门槛变量：金融创新规模指标（Innov1）		门槛变量：金融创新效率指标（Innov2）	
		模型 1：金融发展指标 1（BR）	模型 2：金融发展指标 2（GLOAN）	模型 3：金融发展指标 1（BR）	模型 4：金融发展指标 2（GLOAN）
剩余非线性检验：H0：$r=1$ H1：$r=2$	LM	13.589 (0.138)	14.083 (0.119)	11.158 (0.265)	15.500* (0.078)
	LMF	1.338 (0.216)	1.388 (0.192)	1.092 (0.368)	1.533 (0.135)
	LRT	13.824 (0.129)	14.335 (0.111)	11.315 (0.255)	15.806* (0.071)

注：原假设 H_0：r = 0，即不存在非线性效应。LM 统计量服从渐进 χ^2 分布，LMF 服从 $F(mK, TN-N-m(K+1))$ 分布，r 为转换函数个数，括号内为 P 值，*** 为 1% 的显著性水平，* 为 10% 的显著性水平。

5.3.2　位置参数的确定

在确定了是否存在机制转换效应和转换函数个数之后，还需确定每个转换函数中转换位置参数的个数 m，借鉴 Gozalez 等（2005）通过序贯检验方法，根据 AIC 和 BIC 最小的准则来选择最优的 m 值，以确定转换函数的个数。具体如表 5－4 所示。

表 5－4　　PSTR 模型最优位置参数个数的确定

模型位置参数个数		门槛变量：金融创新规模（Innov1）		门槛变量：金融创新规模（Innov2）	
M	指标	模型 1：金融发展指标 1（BR）	模型 2：金融发展指标 2（GLOAN）	模型 3：金融发展指标 1（BR）	模型 4：金融发展指标 2（GLOAN）
$m=1$	AIC	－8.000	－8.081	－8.188	－8.181
	BIC	－7.802	－7.883	－7.989	－7.982
$m=2$	AIC	－7.997	－8.090	－8.248	－8.170
	BIC	－7.788	－7.882	－7.920	－7.842
结论		r＝1；m＝1	r＝1；m＝1	r＝1；m＝1	r＝1；m＝1

从表5-4可知，根据AIC和BIC最小法则，上述四个模型最优位置参数应该为1，即金融创新对经济增长的非线性影响过程在两个机制之间转换，存在一个临界值。

5.4 实证结果

通过一系列检验得到模型最优选择（即$r=1$，$m=1$）后对模型进行实证。根据Luukkonen、Saikkonen、Teräsvirta（1988）、Gonzalez（2005），参数估计过程如下：第一，使用给定初步参数（γ、c）利用线性最小二次法（OLS）估计并采用取均值方法消除个体固定效应，得到系数初步估计值（β_0'、β_1'）；第二，利用非线性最小二乘法（NLS）对模型再估计，采用格点法（grid）来搜索使模型残差平方和达到最小的系数估计值；第三，将系数估计值代入模型，经反复迭代直至参数收敛，得到最优参数组合γ和c。

为更全面考量商业银行金融创新影响效应，加入线性面板回归分析结果进行比对。考察没有金融创新影响下银行视角下的金融发展指标与实体经济增长关系。由于金融指标与实体经济存在相互作用的关系，因此可能存在效应传导的时滞特征，可能导致数据内生性。本章选取系统动态面板广义矩阵估计法即系统动态面板模型（*SysGMM*），该模型可以有效控制可能的时间效应和区域效应。此处以年份固定效应作为工具变量，即被解释变量*gRGDP*的一阶滞后项L.*gRGDP*作为工具变量，可得模型5、模型6。

在采用动态面板模型分析前，使用AR检验和Sargan检验作为衡量工具变量有效性的标准，均通过检验表示工具变量不存在自相关问题、也不存在过度识别问题，具体结果如表5-5所列示。

表 5 – 5　　线性与非线性估计结果

解释变量	参数	门槛变量：金融创新规模指标（Innov1）		门槛变量：金融创新效率指标（Innov2）		解释变量	动态面板模型	
		模型 1	模型 2	模型 3	模型 4		模型 5	模型 6
金融发展指标 1（BR）	β_0'（低体制：$\leq c$）	−0.0269 *** （−0.009）		−0.0350 *** （−0.0086）		滞后一阶 GDP 增长率（L. gRGDP）	0.614 *** （−16.893）	0.596 *** （−19.601）
	β_1'	0.0357 ** （−0.0197）		0.0899 *** （−0.0286）		金融发展指标 1（BR）	−0.010 ** （−2.093）	
	（高体制：$> c$）	0.0088		0.0549				
金融发展指标 2（gLoan）	β_0'（低体制：$\leq c$）		0.0446 *** （−0.0152）		−0.0867 * （−0.0478）	金融发展指标 2（gLoan）		0.054 *** （−11.818）
	β_1'		0.0555 ** （−0.0267）		0.2652 *** （−0.0988）			
	（高体制：$> c$）		0.1001		0.1785			
R&D 经费支出（R&D）	β_0'（低体制：$\leq c$）	−0.0226 *** （−0.0083）	−0.0173 *** （−0.0076）	−0.0461 *** （−0.0135）	−0.0333 *** （−0.0121）	R&D 经费支出（R&D）	−0.025 *** （−12.743）	−0.021 *** （−8.197）
	β_1'	0.0127 （−0.0134）	0.0044 （−0.0058）	0.1238 *** （−0.038）	0.0685 *** （−0.0255）			
	（高体制：$> c$）	−0.0099	−0.0129	0.0777	0.0352			

续表

解释变量	参数	门槛变量：金融创新规模指标（Innov1）		门槛变量：金融创新效率指标（Innov2）		解释变量	动态面板模型	
		模型 1	模型 2	模型 3	模型 4		模型 5	模型 6
社会固定资产投资（Invest）	β_0'（低体制：$\leqslant c$）	0.0272 *** （−0.0096）	0.0293 *** （−0.0074）	0.1038 *** （−0.0226）	0.0899 *** （−0.0205）	社会固定资产投资（Invest）	−0.009 *** （−3.974）	−0.010 *** （−5.155）
	β_1'	−0.0189 （−0.0185）	−0.0301 *** （−0.0095）	−0.1542 *** （−0.0518）	−0.1154 *** （−0.0401）			
	（高体制：$>c$）	0.0083	−0.0008	−0.0504	−0.0255			
进出口总额占比（EX&IM）	β_0'（低体制：$\leqslant c$）	−0.3740 *** （−0.142）	−0.4148 *** （−0.1263）	−0.7534 ** （−0.3054）	−0.6502 ** （−0.3032）	进出口总额占比（EX&IM）	0.090 *** （−4.026）	−0.019 （−0.597）
	β_1'	0.4034 ** （−0.1669）	0.2553 *** （−0.113）	1.0784 ** （−0.5495）	0.7111 * （−0.4599）			
	（高体制：$>c$）	0.0294	−0.1595	0.325	0.0609			
外商直接投资（FDI）	β_0'（低体制：$\leqslant c$）	0.0135 *** （−0.0023）	0.0114 *** （−0.0022）	0.0192 *** （−0.0045）	0.0188 *** （−0.0043）	外商直接投资（FDI）	0.007 *** （−3.364）	0.009 *** （−4.948）
	β_1'	0.0014 （−0.0039）	0.0041 * （−0.0022）	−0.0176 * （−0.0103）	−0.0137 * （−0.008）			
	（高体制：$>c$）	0.0149	0.0155	0.0016	0.0051			

续表

解释变量	参数	门槛变量：金融创新规模指标（Innov1）		门槛变量：金融创新效率指标（Innov2）		解释变量	动态面板模型	
		模型 1	模型 2	模型 3	模型 4		模型 5	模型 6
政府消费支出（Gov）	β_0'（低体制：$\leqslant c$）	0. 0036 （−0. 0166）	−0. 0004 （−0. 0037）	−0. 0886 （−0. 0889）	−0. 1570 * （−0. 087）	政府消费支出（Gov）	0. 0112 ** （−2. 005）	0. 0106 ** （−2. 394）
	β_1'	−0. 0328 （−0. 1187）	0. 1137 ** （−0. 0576）	0. 2331 （−0. 2534）	0. 3686 * （−0. 2117）			
	（高体制：$>c$）	−0. 0292	0. 1133	0. 1445	0. 2116			
人力资源发展水平（Labor）	β_0'（低体制：$\leqslant c$）	−0. 0734 ** （−0. 0346）	−0. 1071 *** （−0. 0301）	−0. 1223 * （−0. 076）	−0. 1340 * （−0. 0764）	人力资源发展水平（Labor）	−0. 011 ** （−2. 526）	−0. 008 ** （−2. 045）
	β_1'	0. 1138 ** （−0. 0534）	0. 0976 *** （−0. 0306）	0. 2263 * （−0. 1498）	0. 2095 * （−0. 1277）			
	（高体制：$>c$）	0. 0404	−0. 0095	0. 104	0. 0755			
产业高级指数（IS）	β_0'（低体制：$\leqslant c$）	−0. 0119 （−0. 0387）	−0. 004 （−0. 028）	0. 1209 （−0. 0959）	0. 1486 （−0. 0936）	产业高级指数（IS）	0. 019 （−1. 599）	0. 024 *** （−2. 751）
	β_1'	−0. 0825 （−0. 088）	−0. 1100 *** （−0. 0366）	−0. 3631 * （−0. 2281）	−0. 3464 * （−0. 1891）			
	（高体制：$>c$）	−0. 0944	−0. 114	−0. 2422	−0. 1978			

续表

解释变量	参数	门槛变量：金融创新规模指标（Innov1）		门槛变量：金融创新效率指标（Innov2）		解释变量	动态面板模型	
		模型 1	模型 2	模型 3	模型 4		模型 5	模型 6
狭义货币发行量（lnM1）	β_0'（低体制：$\leq c$）	-0.0138 (-0.0139)	-0.0470*** (-0.0119)	0.0268 (-0.0288)	0.0075 (-0.0291)	狭义货币发行量（lnM1）	0.017*** (-5.035)	0.013*** (-3.295)
	β_1'	0.0046 (-0.0227)	0.0303*** (-0.0107)	0.0119 (-0.0624)	0.035 (-0.0517)			
	（高体制：$>c$）	-0.0092	-0.0167	0.0387	0.0425	常数（Cons）	-0.048 (-1.412)	-0.027 (-0.657)
其他变量	位置参数 c	9.706	8.9178	11.0512	10.1984	AR（2）检验	-1.9497	-1.954
	平滑参数 γ	1.2965	32.3964	0.9	0.4414		(-0.0512)	(-0.0507)
	RSS	0.116	0.107	0.099	0.097	Sargan	29.60614 (1.000)	30.02954 (1.000)
	AIC	-8	-8.081	-8.162	-8.181			
	BIC	-7.802	-7.883	-7.964	-7.982			
	N	403	403	403	403	N	372	372

①非线性模型括号内为标准误，线性模型括号内为T统计量。*** 为1%的显著性水平，** 为5%的显著性水平，* 为10%的显著性水平。

②解释变量在低体制下回归系数取值 β_0'；当门限变量大于 c（即跨过阀值发生体制转换时），解释变量在高体制下的回归系数取值 $\beta_0'+\beta_1'g(q_{it};\gamma,c)$，且 $g\in(0,1)$，显著性与 β_1' 相同。

③本章其他实证结果表格与此相同。

5.4.1　线性模型的结果分析

从表 5－5 可知，无论是模型 5、还是模型 6，滞后一阶的实体经济增长率作为解释变量对于被解释变量的影响效应显著为正，反映出中国实体经济增长持续性和惯性。以银行基准深度比（BR）为核心解释变量时，系数为负数（－0.010），且有 5% 水平下显著性，在不考虑金融创新影响的前提下，核心解释变量对经济增长的影响是负向的。而替代指标贷款同比增长率（*gLoan*）对经济增长系数显著为正（0.054），且具有 1% 以上统计显著性，信贷增速高意味着商业银行资金投放能力强，可以更好地满足实体经济金融需求并对实体经济增长发挥的正向效应。

上述主要解释变量系数存在方向性差异原因可能有如下两点。第一，银行体系在信贷资金配置过程存“逆向选择”和“客户歧视”现象，业务结构不均衡导致金融资源错配、信贷资源投放在偏差；银行视角下的金融发展超出实体经济水平和合理需求时，此种偏差行为更严重并制约融资渠道合理化，挤占实体资源进而抑制经济增长。第二，受指标测算方法影响，线性效应下剔除经济发展水平影响后的银行发展指标与实体经济增长关系为负向且非显著，说明金融发展与实体经济之间的复杂关系。综上所述，不考虑金融创新影响的线性模型框架下，银行视角下的金融发展与实体经济增长的关系存在不确定性，从侧面说明了商业银行需要通过金融创新推动银行高质量发展进而对实体经济增长发挥稳定的正向效应。

5.4.2　非线性模型的结果分析

5.4.2.1　金融创新规模（Innov1）指标作为门槛变量

（1）根据模型 1 结果，当处于低体制时，核心解释变量回归系数为－0.0269，即商业银行金融创新规模处于低水平时对实体经济增长的影响是负向的，说明了商业银行保持适当创新规模的重要性。当商业银行金融创新规模指标（Innov1）高于 9.706 时进入高体制区间，此时回归系数转为正（0.0088）且在 5%的显著性水平下显著，随着商业银行金融创新规模指标增长对于经济增长呈现单门限平滑过程。上述结果说明，随着商业银行金融创新规模指标增长，通过创新规模效应，商业银行增加有效金融供给、优化业务结构，丰富产品等方式满足客户多元化金融需求进而促进实体经济增长。考虑到商业银行金融规模指标均值为 9.077，这说明商业银行金融创新规模水平仍处于体制转换阶段，所以应保持适度金融创新规模以对实体经济增长发挥正向影响。

（2）根据模型 2 结果，当门槛变量不变，金融发展指标 2（gLoan）作为替代解释变量时，平滑参数 γ 估计值相对较大（32.3964）相应的转换函数 g 值较大，表明模型 2 较模型 1 非线性转换机制较为显著且平滑转换速度较快。模型 2 对实体经济增长同样呈现单门限渐近过程，当未达到阀值时（8.9178）即处于低体制下核心解释变量系数为 0.0446，在 1% 水平上显著；当金融创新规模指标越过阀值时，高体制下核心解释变量系数为 0.1001 且在 1% 水平上显著，转换趋势与模型 1 相似。当替换解释变量后，商业银行金融创新规模指标均值跨过阀值，说明已处于高体制状态下发挥效应，商业银行金融创新对实体经济增长发挥效用是适度的。

（3）从控制变量的模型估计结果来看，当门槛变量跨过阀值从低体制转换到高体制时转变时，控制变量估计结果相应发生变化并存在差异性。大多数的控制变量（如 R&D 经费支出、进出口以及人力资源指标）经历从由负转正或负向减轻的演变，也有部分由正向转为负向（如社会固定投资、外商直接投资），说明商业银行金融创新规模指标对实体经济要素与结构的联动作用存在差异；但总体来看随着商业银行金融创新水平提升对实体经济增长的作用是积极的。

具体包括如下内容。

①技术进步指标（R&D）的回归结果。技术进步的回归系数无论高低

体制下其系数均为负但负向效应减轻。上述结果说明：一方面，当前商业银行金融创新规模通过支持科技进步推动实体经济增长效应有限，现有金融产品无法有效支持科研活动，因此提高金融支持科研活动的匹配度十分关键；另一方面，技术转化过程中需要不断资金投入，对生产部门的资金可能具有挤占作用，因此对经济增长产生消极影响。而随着金融规模指标增加体制发生转换负向效应减轻，尽管不具有统计意义、但仍具有参考价值。

②对外贸易指标（EX&IM）的回归结果。金融创新规模指标提升进出口变量由负转为正且具有 5% 以上统计显著性。上述结果说明，贸易融资是商业银行金融创新重要内容，通过供应链金融、票据金融以及交易银行业务领域的创新，商业银行服务对象从核心企业扩展到了整个产业链、协助企业加强外贸过程中风险管控、克服信息不对称带来的风险等方式更好地为国际贸易活动提供高效服务，进而促进实体经济增长。

③人力资源指标（Labor）的回归结果。随着商业银行金融创新规模指标增长，人力资本投入对经济增长产生效应由负转为正且具有 5% 以上统计显著性，上述结果说明：商业银行通过创新在帮助企业吸收技术、提高劳动者生产力技能方面具有显著作用。

④产业升级指标（IS）的回归结果。随着商业银行金融创新规模增长，产业升级指标在模型 1、模型 2 中系数均为负且随着体制转换呈现负向扩大趋势（在模型 3、模型 4 中得到类似结果）。这说明商业银行金融创新业务对产业升级的金融支持针对性不够强，导致产业升级无法发挥应有作用，无法支持实体经济增长。

⑤货币政策指标（lnM1）的回归结果。系数由负数转为正且模型 2 结果具有 1% 以上的统计性显著性，说明商业银行金融创新规模指标在低体制时对于货币政策具有削弱效应但当金融创新规模效应达到一定水平时，商业银行作为货币政策重要承接与效应传导者，确保货币政策调控效应，通过信贷信用及利率渠道对经济增长可传导正向积极的作用。

5.4.2.2 金融创新效率指标（Innov2）作为门槛变量

（1）根据模型3结果，当处于在低体制区间时，核心解释变量（BR）的回归系数为负数（-0.0350）且在1%水平下高度显著。当商业银行金融创新效率指标跨过阈值进入高体制后，此时系数则由负转正变为正数（0.0549）且在1%水平下高度显著。商业银行金融创新效率均值（10.247）未跨过阈值（11.051），仍处于低体制向高体制转换阶段，但总体趋势朝正向转换。

（2）根据模型4结果，当处于低体制区间时，核心解释变量的回归系数为负数（-0.0867）且在10%水平下显著。当商业银行金融创新效率指标跨过阀值进入高体制后，系数发生变化由负转正（0.1785）且在1%水平下高度显著。上述结果说明，当商业银行金融创新效率较低时与实体经济增长关系为负向，随着商业银行金融创新效率指标增长，对经济增长的正向效应才逐渐显现出来。根据模型4实证结果，商业银行金融创新效率均值（10.247）已跨过阈值（10.1984），处于高体制区间内，此时商业银行金融创新效率对实体经济增长发挥正向效应。

（3）结合模型3、模型4回归结果，当商业银行金融创新效率指标作为门槛变量时，核心解释变量均呈现出由负向到正向的转变过程。上述趋势说明了商业银行金融创新效率较低时易导致银行业务偏离实体经济需求产生消极影响。而随着商业银行金融创新效率提升，在储蓄投资转换和金融资源供给与配置职能增强、对推动实体经济增长有积极意义。

（4）对比模型1、模型2与模型3、模型4的实证结果，可得到如下差异。

①根据模型3、模型4结果，其核心解释变量的回归系数（-0.0350，-0.0867）在低体制下较模型1、模型2要小（-0.0269，0.0446），但是高体制下模型3、模型4核心解释变量的回归系数（0.0549，0.1785）要比模型1、模型2对应系数更大（0.0088，0.1001）。这说明在机制转换过程中提高商业金融创新效率（Innov2）对实体经济增长的积极作用更为明

显。因此在保持适当创新规模同时，商业银行应着眼于提高创新效率以提高金融资源配置水平与投放效能。

②模型 3、模型 4 门槛值 c 为（11.0512、10.1984）较模型 1、模型 2（9.706、8.9178）更大，说明金融创新效率指标对门槛值要求比金融创新规模指标要求更高，意味着当前经济转型复杂形势对银行提高服务实体经济效能提出更高要求。

③模型 1、模型 2 非线性转换机制较为显著且平滑转换速度较快，转换速度（γ 值）陡峭程度强于模型 3、模型 4。这说明我国商业银行金融创新依然以“规模拉动”为主。

④模型 3、模型 4 控制变量回归结果与模型 1、模型 2 相比存在比较明显的差异主要体现在技术进步指标（R&D）上。即与模型 1、模型 2 改变量回归系数为负数不同，模型 3、模型 4 在高体制下系数呈现出由负转正的趋势同时在 1% 水平下显著。这说明商业银行金融创新效率的提高，有助于商业银行提高项目筛选和业务风控水平，提高支持技术创新的针对性。因此，商业银行支持技术进步光有产品还不够，还需加强新产品的把控力、提高精准服务水平。

5.4.2.3　基准模型结论

（1）较于线性模型，非线性模型的回归结果更好解释了金融创新与实体经济增长复杂的渐变关系，结果更稳定和可靠、更接近实际经济运行情况。

（2）通过平滑面板转换模型，可以观察随着金融创新规模和效率变化对经济增长作用逐渐转换过程和相应转变的速度，非线性机制的回归更加符合金融体系运行实际并具有很好的指导借鉴意义。

（3）从整体来看，随着商业银行金融创新规模和效率提升与实体经济增长呈现逐渐正向关系。随着商业银行金融创新指标跨过阀值模型发生体制转换，这种对实体经济增长的拉动作用是不断增强的。

（4）从控制变量结果来看，商业银行金融创新对实体经济增长发挥的联动作用是积极。在非线性框架下，随着商业银行金融创新水平的提升，大多数要素禀赋代理变量（如R&D经费支出、进出口）呈现从负向到正向的趋势，也有少部分由正向转为负向（如社会固定投资、外商直接投资）。

总之，无论是商业银行金融创新规模指标（Innov1）、还是商业银行金融创新效率指标（Innov2）作为门槛变量，低体制下商业银行金融创新对实体经济增长效应较弱甚至是负向的，随着商业银行金融创新水平的提升当跨过阀值后对实体经济增长的效应是增强且显著的。本章提出的H1a、H2a假设得到验证。

因此，供给侧结构性改革背景下商业银行金融创新是适度的，局部领域（如支持产业升级）需要加强，从整体来看是有利于实体经济增长。

5.4.3 非线性转换体制的分析

为了更直观地观察和深入分析模型1、模型2、模型3、模型4非线性模型的转换函数表现形式及所呈现的特征，可有：首先，将实证分析模型1、模型2、模型3、模型4所得的参数组合（γ，c）代入式（5.3）得到转换函数表达式；其次，在得到转换关系函数后，将门槛变量（即商业银行金融创新规模指标、效率指标）逐一代入转换函数式，得到相应的转换函数值$g(q_{it};\gamma,c)$；最后，在此基础上得到门槛变量与转换函数值之间的非线性散点关系图，用来观察门槛值变化所带来的模型平滑转移过程。

5.4.3.1 模型1（核心解释变量BR，门槛变量Innov1）非线性特征的分析

根据模型1的参数组合（γ，c）代入式（5.3），模型1转换函数表达式可得：

$$g(q_{it};\gamma,c)=\frac{1}{1+\exp[-1.2965\cdot(q_{it}-9.7060)]} \quad (5.16)$$

在得到转换关系函数后，为了更加直观地表现转换函数的特征，将商

业银行金融创新规模指标（Innov1）逐一代入转换函数式（5.16），从转换函数计算可得关系参数值，并得到相应非线性散点关系图，如图 5 - 1 所示。

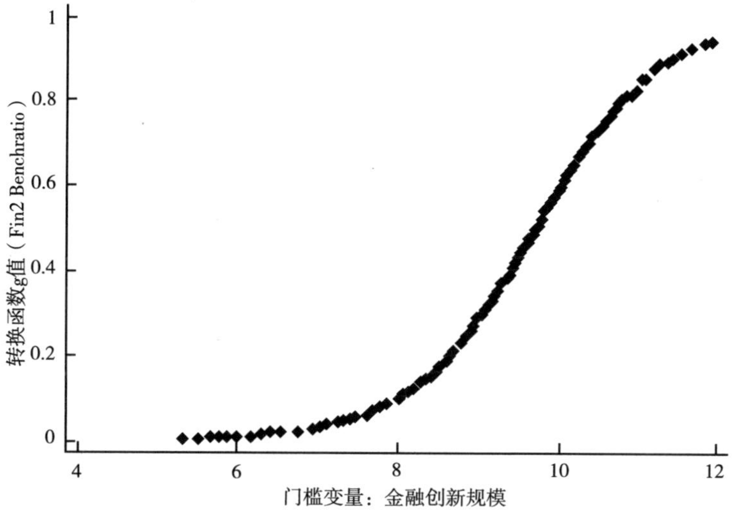

图 5 - 1　模型 1 的非线性关系图 1

从图 5 - 1 可知并结合模型 1 回归结果，随着机制迁移，转换系数 g 最终回归结果在（0，0.94）之间。模型 1 相应 γ 值为 1.2965，呈现出比较平缓的渐变特征，其体制转换速度较于模型 2 要慢。

5.4.3.2　模型 2（核心解释变量 gLoan，门槛变量 Innov2）非线性特征的分析

根据模型 2 的参数组合（γ，c）代入式（5.3），模型 2 转换函数表达式可得：

$$g(q_{it};\gamma,c)=\frac{1}{1+\exp[-32.3964\cdot(q_{it}-8.9178)]} \tag{5.17}$$

在得到转换关系函数后，为了更加直观表现转换函数的特征，将商业银行金融创新规模指标（Innov2）逐一代入转换函数式（5.17），从转换函数计算可得关系参数值，并得到相应非线性关系图（见图 5 - 2）。

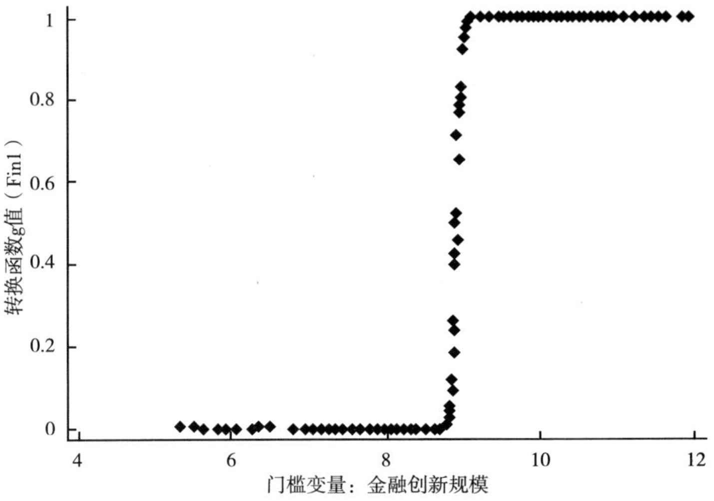

图 5－2　模型 2 的非线性关系图 2

从图 5－2 可知并结合模型 2 回归结果，观察样本区间，其转换系数 g 最终回归结果在（0，1）之间分布。模型 2 所得的 γ 值最大（8.9178）表明整个体制迁移较快，几乎是瞬间完成的。随着商业银行金融创新规模指标上升，各省市对应指标超越阀值时，商业银行金融创新对于实体经济增长的正向效应快速显现，在高体制区间内发挥跨越式的非线性效应，但这反映出区域间分布不均衡即各省市之间商业银行金融创新规模巨大差异，导致取值范围跨度较大。

5.4.3.3　模型 3（核心解释变量 BR，门槛变量 Innov2）非线性特征的分析

根据模型 3 的参数组合（γ，c）代入式（5.3），模型 3 转换函数表达式可得：

$$g(q_{it};\gamma,c)=\frac{1}{1+\exp[-0.9\cdot(q_{it}-11.0512)]} \tag{5.18}$$

在得到转换关系函数后，为了更加直观表现转换函数的特征，将商业银行金融创新规模指标（Innov1）逐一代入转换函数式（5.18），从转换函数计算可得关系参数值，并得到相应非线性关系图（见图 5－3）。

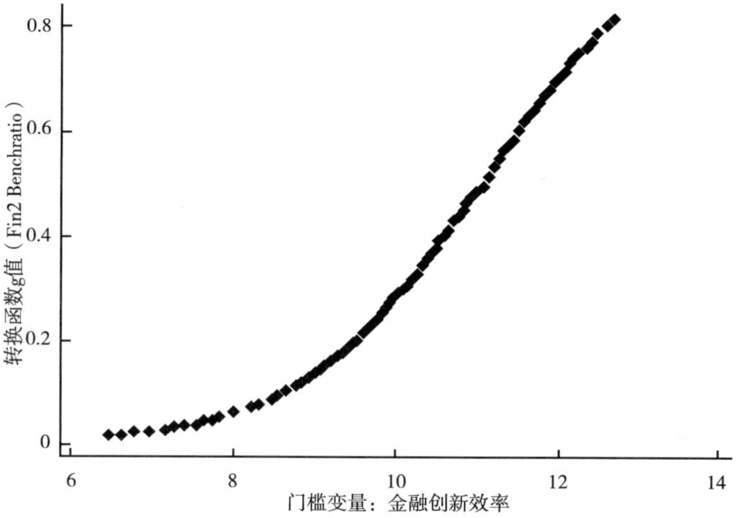

图 5－3　模型 3 的非线性关系图 3

从图 5－3 可知，转换函数 g 最终回归结果在（0.01，0.8）之间分布，可以尽管模型 3（门槛变量金融创新效率指标）核心解释变量的回归系数绝对值大于金融创新规模（Innov1），但机制转换速度较慢总体较平滑，γ 为 0.9。这说明银行金融创新效率与经济增长整体作用机制是缓慢渐进的非线性关系。这背后的机理为：由于商业银行金融创新实质传播扩散过程，创新效率提升有利于创新运行机制完善，但由于商业银行创新效率是一项系统性工程（与提升金融创新规模相比）耗时长且传导效具有滞后性，因此转换速度较低。

5.4.3.4　模型 4（核心解释变量 gLoan，门槛变量 Innov2）非线性特征的分析

根据模型 4 的参数组合（γ，c）代入式（5.3），模型 3 转换函数表达式可得：

$$g(q_{it};\gamma,c)=\frac{1}{1+\exp[-0.4414\cdot(q_{it}-10.1984)]} \qquad (5.19)$$

在得到转换关系函数后，为了更加直观表现转换函数的特征，将商业

银行金融创新规模指标（Innov2）逐一代入转换函数式（5.17），从转换函数计算可得关系参数值，并得到相应非线性关系图（见图5－4）。

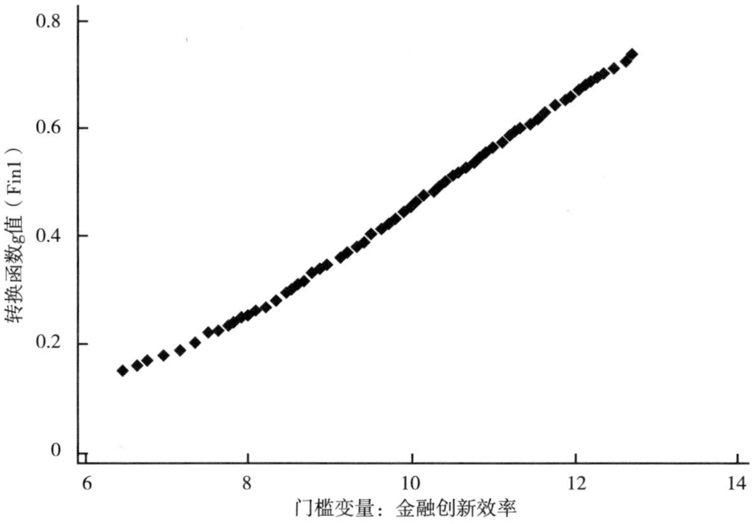

图5－4　门槛变量金融创新效率（Innov2）非线性关系图4

从图5－4可知变换了主要解释变量后，模型4的转换机制速度要小于模型3相应的回归结果，转换函数g最终回归结果在（0.1，0.8），整体影响逐渐增强并呈现正效应，由于模型4在基准模型回归结果中γ最小，已基本接近线性函数。综合模型4的金融创新效率指标平均值小于阀值的结果，说明模型4在体制转换过程中展现较复杂的动态非线性特征，这反映出当前中国商业银行金融创新效率水平不高，距离形成稳定的体制状态差距较大。

通过非线性转换函数特征分析可知：商业银行金融创新规模指标的非线性转换特征要强于商业银行金融创新效率指标。模型1、模型2的平滑参数γ（1.2965，32.39）要高于模型3、模型4的平滑参数γ（0.9，0.4414）。这说明目前中国商业银行金融创新规模作为门槛变量时模型体制转换更快，非线性转换体制状态更稳定。因此，中国商业银行目前依然主要依靠“金融创新规模效应”拉动经济增长，但有鉴于商业银行金融创新效率对实体经济增长的促进作用要优于金融创新规模的作用，中国商业银行应改变过去专注于外延式扩张的行为，需要“注重供给结构优化、效率的提升和质量的改善”（梁涛，2019）[229]，为经济高质量发展提供重要保障。

5.5　商业银行金融创新对实体经济增长影响的差异分析

5.5.1　商业银行金融创新对实体经济增长影响的阶段差异分析

为验证供给侧结构性改革背景下商业银行金融创新的阶段差异，本书采取两种方式验证：①观察供给侧结构性改革前后商业银行金融创新指标的体制转换情况；②比较供给侧结构性改革前后商业银行金融创新指标的影响效应差异。

5.5.1.1　供给侧结构性改革前后各省市金融创新所处体制的差异

通过观察金融创新规模指标、效率指标所处的体制区间，更好地比较各省市金融创新水平的动态变化。这里对各省市金融创新指标根据所处机制区间进行了归纳与整理，并按照供给侧结构性改革前、供给侧结构性改革后以及整体分为三组别进行列示。

第一，以习近平总书记 2015 年提出供给侧结构性改革战略为时间点，供给侧结构性改革前组别选取各省市 2006—2015 年的金融创新规模指标与金融创新效率指标数据取均值、供给侧结构性改革后组别选取各省市 2016—2018 年的金融创新规模指标与金融创新效率指标数据取均值、整体则选取整个时间样本区间各省市金融创新规模指标和金融创新效率指标的均值。第二，按照“孰高”原则，选取模型 1、模型 3 所得位置参数作为各省市商业银行金融创新指标所处区间机制的衡量标准（9.706，11.0512）。具体情况可见表 5－6。

表 5－6　各省市商业银行金融创新转换区间分析

编号	省市	供给侧改革前金融创新规模指标	体制	供给侧改革前金融创新效率指标	体制	供给侧改革后金融创新规模指标	体制	供给侧改革后金融创新效率指标	体制	整体金融创新规模指标	体制	整体金融创新效率指标	体制	所处区域①
1	北京	11.13	高	11.63	高	11.90	高	12.23	高	11.09	高	11.59	高	东部
2	天津	8.84	低	10.12	低	9.79	高	11.01	低	9.06	低	10.32	低	东部
3	河北	9.46	低	10.52	低	10.28	高	11.45	高	9.65	低	10.73	低	东部
4	山西	9.19	低	10.10	低	9.84	高	10.85	低	9.34	低	10.28	低	中部
5	内蒙古	8.32	低	9.63	低	9.35	低	10.62	低	8.57	低	9.87	低	中部
6	辽宁	9.51	低	10.63	低	10.46	高	11.42	高	9.73	高	10.85	低	东部
7	吉林	8.52	低	9.63	低	9.50	低	10.54	低	8.74	低	9.84	低	中部
8	黑龙江	8.97	低	9.82	低	9.78	高	10.63	低	9.16	低	10.01	低	中部
9	上海	10.49	高	11.19	高	11.30	高	12.06	高	10.68	高	11.39	高	东部
10	江苏	10.03	高	11.38	高	11.02	高	12.29	高	10.26	高	11.59	高	东部
11	浙江	9.66	低	11.35	高	10.78	高	12.13	高	9.91	高	11.53	高	东部
12	安徽	8.90	低	10.11	低	10.02	高	11.19	高	9.16	低	10.36	低	中部
13	福建	9.35	低	10.31	低	10.85	高	11.29	高	9.69	低	10.59	低	东部
14	江西	8.60	低	9.75	低	9.63	低	10.85	低	8.84	低	10.01	低	中部
15	山东	9.66	低	11.08	高	10.65	高	11.93	高	9.89	高	11.28	高	东部

① 注：具体根据国家统计局所作东、中、西部划分：东部地区包括北京、天津、河北、辽宁、上海、江苏、浙江、福建、山东、广东、海南11个省（市）；中部地区包括山西、吉林、黑龙江、安徽、江西、河南、湖北、湖南8个省；西部地区包括内蒙古、广西、重庆、四川、贵州、云南、西藏、陕西、甘肃、青海、宁夏、新疆12个省（市、自治区）。

续表

编号	省市	供给侧改革前金融创新规模指标	体制	供给侧改革前金融创新效率指标	体制	供给侧改革后金融创新规模指标	体制	供给侧改革后金融创新效率指标	体制	整体金融创新规模指标	体制	整体金融创新效率指标	体制	所处区域①
16	河南	9.32	低	10.47	低	10.17	高	11.44	高	9.51	低	10.69	低	中部
17	湖北	9.18	低	10.34	低	10.11	高	11.33	高	9.39	低	10.57	低	中部
18	湖南	8.60	低	10.12	低	9.72	高	11.16	高	8.86	低	10.36	低	中部
19	广东	10.75	高	11.68	高	11.55	高	12.59	高	10.93	高	11.99	高	东部
20	广西	7.94	低	9.77	低	9.17	低	10.76	低	8.22	低	10.00	低	西部
21	海南	7.45	低	8.61	低	8.69	低	9.73	低	7.74	低	8.86	低	东部
22	重庆	8.60	低	9.95	低	9.77	高	10.99	低	8.87	低	10.19	低	西部
23	四川	9.53	低	10.64	低	10.62	高	11.62	高	9.78	高	10.86	低	西部
24	贵州	7.90	低	9.38	低	9.40	低	10.65	低	8.24	低	9.67	低	西部
25	云南	8.57	低	9.94	低	9.48	低	10.86	低	8.78	低	10.15	低	西部
26	西藏	6.63	低	7.36	低	7.70	低	8.91	低	6.88	低	7.72	低	西部
27	陕西	9.05	低	10.05	低	9.91	高	11.02	低	9.25	低	10.28	低	西部
28	甘肃	8.22	低	9.28	低	9.03	低	10.42	低	8.40	低	9.54	低	西部
29	青海	6.85	低	8.19	低	7.91	低	9.34	低	7.10	低	8.45	低	西部
30	宁夏	6.69	低	8.36	低	7.86	低	9.34	低	6.96	低	8.59	低	西部
31	新疆	8.48	低	9.44	低	9.36	低	10.48	低	8.69	低	9.68	低	西部

① 注：具体根据国家统计局所作东、中、西部划分：东部地区包括北京、天津、河北、辽宁、上海、江苏、浙江、福建、山东、广东、海南 11 个省（市）；中部地区包括山西、吉林、黑龙江、安徽、江西、河南、湖北、湖南 8 个省；西部地区包括内蒙古、广西、重庆、四川、贵州、云南、西藏、陕西、甘肃、青海、宁夏、新疆 12 个省（市、自治区）。

通过表5-6并结合本书5.4.3的转换函数分析情况，可得到如下结论。

（1）按商业银行金融创新规模指标衡量，在供给侧结构性改革前共有27个省市处于低体制区间，处于高体制区间均为东部经济高度发达省市（北京、上海、广东以及江苏等）；在供给侧结构性改革后，处于低体制区间下省市降为12个且大多分布于西部地区。

（2）按商业银行金融创新效率指标衡量，在供给侧结构性改革之前共有25个省市处于低体制区间下；在供给侧结构性改革后，处于低体制区间下的省市降为17个既包括大部分西部省市、也包括部分中部省市甚至位于东部区域的天津市。

（3）而在整体样本区间方面，按商业银行金融创新规模指标衡量，处于低体制区间省市有23个，根据图5-1大多数省市的转换函数值分布在（0.2~0.8）之间，还处于体制转换过程中；按商业银行金融创新效率指标衡量，处于低体制区间省市则有25个，根据图5-3大多数省市的转换函数值大都分布在（0.02~0.8）之间，还处于体制转换过程中，上述差异反应商业银行金融创新在区域之间非常不均衡。

5.5.1.2 供给侧结构性改革前后商业银行金融创新对实体经济增长影响效应的差异

为验证供给侧结构性改革背景下各省市商业银行金融创新规模和效率指标变动前提下，通过核心解释变量对实体经济增长影响效用的是否存在阶段差异。依据模型1、模型3的回归结果，按照式（5.3）侧算出供给侧结构性改革前后各省市金融发展指标1（BR）的回归系数，根据测算结果画出商业银行金融创新指标（Innov1，Innov2）的非线性关系散点图。

如图5-5所示，如相应系数为正，则说明商业银行金融创新对实体经济发挥积极效用；如系数为负，则说明商业银行金融创新对实体经济发挥消极作用。

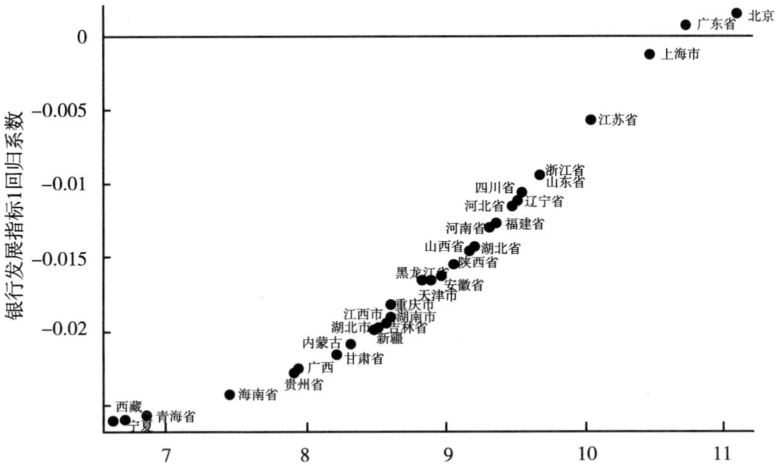

（a）供给侧改革前各省市金融创新规模指标与银行发展指标1（BR）回归系数散点图

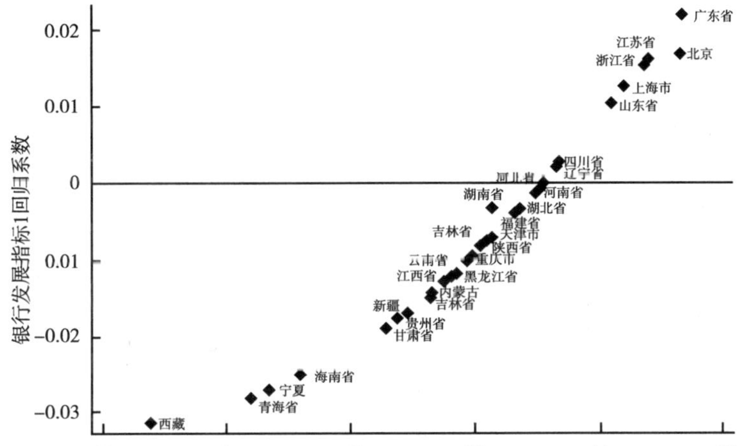

（b）供给侧改革前各省市金融创新效率指标与银行发展指标1（BR）回归系数散点图

从图 5 - 5 可知，供给侧结构性改革以前（见图 5 - 5a），由于各省市商业银行金融创新规模指标普遍较低，此时商业银行金融创新要么新产品少适用性不强、要么金融资源配置存在冗余或者无效情况，导致各省市对应的核心解释变量回归系数绝大部分是负数。这说明在供给侧结构性改革

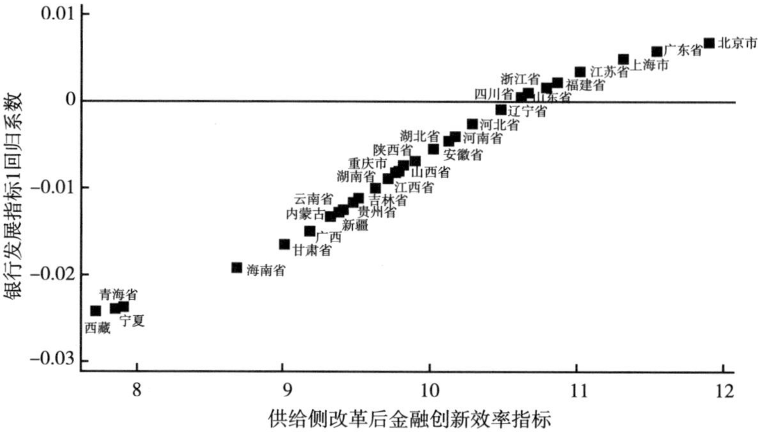

（c）供给侧改革后各省市金融创新规模指标与银行发展指标1（BR）回归系数散点图

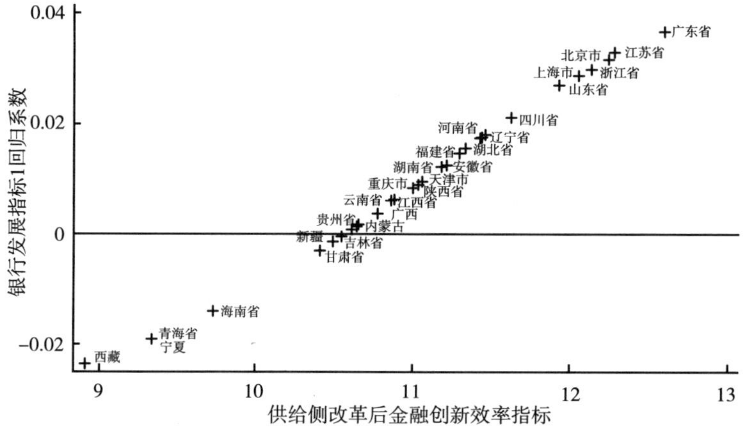

（d）供给侧改革后各省市金融创新效率指标与银行发展指标1（BR）回归系数散点图

图5-5　供给侧结构性改革前后商业银行金融创新对实体经济增长非线性效用差异

前很大部分省市金融创新规模指标在低体制区间下发挥对实体经济增长发挥负向效应。供给侧结构性改革以后（见图5-5c），商业银行创新规模指标提高，商业银行开展新业务能力增强、新业务规模增长、投放精准度增加并根据外部环境变化结合地域经济发展特征推出有针对性的创新产品和业务模式。金融创新规模指标得到提高的同时，对实体经济增长的效用要么由负转正（如江苏、浙江等）、要么负向影响显著减弱（如广西、湖南等）。

以商业银行金融创新效率指标作为门槛变量时得到结果类似（见图 5－5b、图 5－5d），但与金融创新规模不同的是，无论是供给侧结构性改革前还是供给侧结构性改革后，以金融创新效率指标作为门槛变量核心解释变量回归系数为正的省市个数要明显多于金融创新规模指标作为门槛变量时的省市个数，说明商业银行通过提高创新效率，提高业务效能与投放精准度对实体经济产生的积极效用要比单纯扩大新业务规模对实体经济增长产生的效用要强。

基于阶段性差异分析结果，本书得出以下几个结论。

①商业银行金融创新存在阶段性差异，本章 H3 假设得到验证。供给侧结构性改革后商业银行的金融创新措施针对性更强，对实体经济发挥的影响效应更有效。这主要是因为供给侧结构性改革推动下商业银行调整经营理念、创新方向以及具体创新工具内容，加大资源配置的针对性、精准度提升了服务实体经济的效能。

②供给侧结构性改革背景下商业银行应着眼于提高商业银行金融创新效率。商业银行金融创新规模机制转换情况较金融创新效率要显著，这得益于由于金融创新规模对实体经济非线性效应（拉动作用）更显著，因此商业银行更倾向于通过业务创新规模推动实体经济增长。但考虑到商业银行金融创新效率指标对实体经济增长的促进效应在供给侧结构性改革后更为显著。因此，商业银行提高金融创新效率是下一步重点关注方向。

③商业银行金融创新在不同省市之间非常不均衡。根据表 5－6，在整体时间样本区间内，有超过七成省市商业银行金融创新规模指标依然处于低体制区间，有超过六成省市的商业银行金融创新效率指标依然处于低体制区间。考虑到模型 2、模型 4 金融创新规模和效率指标均值已经跨过阈值，这说明中国商业银行金融创新在各省市之间发展很不均衡。由于金融发展具有区域性聚集效应，银行更倾向于经济发达区域试行推广新业务与新产品。因此，尽管中国商业银行金融创新整体进入高体制处于合适区间，但落后省份的商业银行金融创新水平都有待加强，商业银行金融创新应加强协同发展改变此种不均衡现象。

5.5.2 商业银行金融创新对实体经济增长影响的区域差异分析

不同区域的省市之间的资源禀赋、产业结构以及金融发展水平存在较大差异，可能导致商业银行金融创新的非线性影响效应存在区域异质性。鉴于中国商业银行各省市之间金融创新不均衡的局面，为验证商业银行金融创新非线性效应的区域异质性，将其划分为东中西部三个区域进行实证分析。根据模型1设定分成三个区域进行回归分析。当按照区域进行回归时，三个区域均通过了非线性检验，即均拒绝原假设 $r=0$，LM、LMF、LRT三个统计量在5%以上水平显著，说明了当数据分为三个区域进行面板平滑转换回归分析（PSTR）的正确性，实证分析结果见表5-7。

表5-7　分区域非线性回归结果

解释变量	参数	门槛变量：金融创新规模指标（Innov1）		
		东部地区（1）	中部地区（2）	西部地区（3）
金融发展指标1（BR）	β'_0（低体制：$\leq c$）	0.0509* （-0.0265）	0.0919 （-0.04）	-0.0367*** （-0.0105）
	β'_1	-0.0631** （-0.0277）	-0.2033*** （-0.0775）	0.1246*** （-0.0337）
	（高体制：$>c$）	-0.0122	-0.1114	0.0879
R&D经费支出（R&D）	β'_0（低体制：$\leq c$）	-0.0076 （-0.0167）	0.0189 （-0.026）	-0.0329*** （-0.01）
	β'_1	-0.0134 （-0.0146）	-0.0481 （-0.0324）	0.0397*** （-0.0149）
	（高体制：$>c$）	-0.021	-0.0292	0.0068
社会固定资产投资（Invest）	β'_0（低体制：$\leq c$）	-0.0113 （-0.0175）	0.1549*** （-0.0378）	0.0084 （-0.0107）
	β'_1	0.0263 -0.0198	-0.1676*** -0.0435	-0.0679** -0.0327
	（高体制：$>c$）	0.015	-0.0127	-0.0595

续表

解释变量	参数	门槛变量：金融创新规模指标（Innov1）		
		东部地区（1）	中部地区（2）	西部地区（3）
进出口总额占比 （EX&IM）	β_0' （低体制：$\leqslant c$）	−0.5880*** （−0.1627）	0.3613 （−0.3188）	−0.5906** （−0.2607）
	β_1'	0.5702*** （−0.146）	−1.3900* （−0.7528）	3.3537*** （−0.6343）
	（高体制：$>c$）	−0.0178	−1.0287	2.7631
外商直接投资 （FDI）	β_0' （低体制：$\leqslant c$）	0.0327*** −0.0069	0.017 −0.013	0.0111*** −0.0023
	β_1'	−0.0179*** （−0.0063）	−0.0164 （−0.0171）	−0.0099 （−0.008）
	（高体制：$>c$）	0.0148	0.0006	0.0012
政府消费支出 （Gov）	β_0' （低体制：$\leqslant c$）	−0.5105*** （−0.1786）	1.2056*** （−0.3727）	0.006 （−0.0054）
	β_1'	0.4526*** （−0.1682）	−1.0857*** （−0.4753）	−0.1327 （−0.1394）
	（高体制：$>c$）	−0.0579	0.1199	−0.1267
人力资源发展水平 （Labor）	β_0' （低体制：$\leqslant c$）	−0.0381* （−0.0208）	−0.9742*** （−0.2011）	−0.0273 （−0.04）
	β_1'	0.0422* （−0.025）	0.9810*** （0.2072）	0.1409 （−0.1397）
	（高体制：$>c$）	0.0041	0.0068	0.1136
产业升级指标 （IS）	β_0' （低体制：$\leqslant c$）	0.016 （−0.0216）	0.1543 （−0.1696）	−0.1111** （−0.0537）
	β_1'	0.1187*** （−0.0447）	−0.4209** （−0.2035）	−0.075 （−0.1225）
	（高体制：$>c$）	0.1347	−0.2666	−0.1861
狭义货币发行量 （lnM1）	β_0' （低体制：$\leqslant c$）	−0.0173 （−0.0192）	−0.1095*** （−0.0417）	0.0221 （−0.0195）
	β_1'	−0.0334** （−0.0137）	0.1897*** （−0.0504）	0.0295 （−0.0369）
	（高体制：$>c$）	−0.0507	0.0802	0.0516

续表

解释变量	参数	门槛变量：金融创新规模指标（Innov1）		
		东部地区（1）	中部地区（2）	西部地区（3）
其他变量	结论（γ，c）	（1，1）	（1，1）	（1，1）
	位置参数 c	9.9359	8.239	9.2129
	平滑参数 γ	15.4135	1.8363	3.9694
	RSS	0.027	0.013	0.034
	AIC	-8.144	-8.383	-8.042
	BIC	-7.729	-7.875	-7.651
	N	143	104	156

分区域实证分析下三组别的最优转换函数最优个数为1，最优位置参数同样为1。根据表5-7，可有如下实证结果。

（1）从核心解释变量（BR）回归结果来看，东部、中部区域实证分析与基准模型存在差异，随着门槛变量跨过阀值，呈现由正转负的趋势且均具有5%以上的统计显著性，西部核心解释变量（BR）系数回归结果与基准模型类似，随着体制转换呈现由负向变为正向的趋势，且高体制下回归系数更大（0.08），上述结果具有1%的统计显著性。通过上述结果可得如下结论。

①商业银行金融创新对不同区域的影响效应存在差异，东部和中部金融创新规模已达到拐点，边际递减效应逐渐明显，当跨过门限值，继续扩大创新业务规模时对经济增长负向效应显现。

②中部区域高体制下负向效应要比东部区域高体制下负向效应要高。结合现实环境这可能因为，中部区域的一些资源型依赖型省份（如山西）部分行业（如矿产发掘、冶炼等产业）过热现象，加之中部区域银行风控与业务水平较东部弱，创新业务易成为推高客户和地方政府高杠杆工具（从控制变量政府消费支出系数结果可看出），金融脆弱更明显。因此，商业银行金融过度创新程度超越经济发展水平的程度越高所造成的负面效应更显著，区域金融过度创新造成经济递减效应更显著。

③西部由于金融和经济发展水平较低，金融体制不完善和金融资源较欠缺，回归结果与东部呈现相反变化趋势。

④实体经济发展水平与商业银行金融创新水平呈现倒U型结构，金融

创新扩散达到一定程度后影响效应会衰退即规模经济边际递减现象出现，当东部和中部区域创新规模指标对经济增长的作用效应呈递减趋势时，西部区域仍然处于边际递增阶段。

（2）从控制变量回归结果来看，东部和中部区域回归结果基本与基准模型一致，但是中部区域政府消费支出（Gov）系数在体制转换过程由正转负且具有统计显著性，说明中部区域金融创新规模推高政府过度支出，造成无序举债对实体经济具有损害。而西部区域与基准模型最大差异体现在技术进步指标，呈现由负向转为正向趋势且具有 1% 以上的统计显著性，说明西部区域商业银行金融创新有利于支持科技研发活动并达到促进实体经济增长的目的，这可能是因为西部区域研发水平与产业科技含量不高金融服务需求低，因此金融创新容易匹配相关需求。

（3）从门槛值来看，中部区域的金融创新规模门槛值最低（8.2390），西部区域次之（9.2129）而东部区域最高（9.9359），中部区域一些省份由于经济与金融结构不合理，导致商业银行金融创新的正向效应无法发挥，有关金融体制亟待完善。

本章提出的 H4 假设得到证实，中国商业银行金融创新对实体经济的影响存在区域差异，商业银行金融创新出现局部过度创新（东部区域与中部区域）和创新不足（西部区域）并存的现象。当商业银行金融创新规模达到一定程度如继续盲目扩大规模，将对实体经济增长造成损害。鉴于中国商业银行金融创新局部出现金融创新规模过度的情况，商业银行金融创新需要根据区域经济发展水平与需求展开，要有匹配当地产业特征的金融创新产品与业务模式，因地制宜地施行精准创新。

5.6　稳健性检验

有鉴于基准模型与分区域模型实证结果存在差异，本书将进行两种稳健性检验做进一步分析，包括如下两方面。一是通过替换自变量（制造业增长与升级指标），实证分析商业银行金融创新与实体核心（制造业）发展的非线性关系。二是通过增加控制变量（交互项与时间虚拟变量），实证分析供给侧结构性改革背景下商业银行金融创新对实体经济增长的协同效应。具体包括如下内容。

5.6.1 替换自变量——商业银行金融创新与核心实体产业（制造业）发展的非线性关系

5.6.1.1 稳健性检验设计

制造业既是实体经济的核心（详见本书图2-2，制造业属于实体经济R0即最核心的层级），又是工业部门的主导。供给侧结构性改革背景下实体经济的持续发展离不开制造业提升技术水平与产品质量，优化实体经济供给端的重要内容就是制造业的稳健发展与结构升级。实证分析商业银行金融创新与制造业发展的关系为进一步深入观察商业银行金融对实体经济重点核心领域影响效应，并根据实证结果（具体效应）提出更具针对性的金融创新行动路径建议，具有重要的借鉴与启示意义。

本书基于模型1和模型3，通过替换自变量的方式来实证分析商业银行金融创新与制造业发展之间关系。制造业高质量发展包括两个方面内容：①制造业生产的有序增长，为科技驱动和要素积累提供坚实的物质基础；②制造业产业结构的升级与优化，有效解决制造业“大而不强”和“供需不匹配”等问题推动实体经济内涵式转型。

基于以上考量，本书设置两个被解释变量进行稳健性检验。

①制造业增长指标，参考尹亚红和刘佳舟（2020）[230]、姜松和孙玉鑫（2020）[231]此处取各省市样本期间内规模制造业企业的工业增值增长率（gIAV）作为制造业的增长指标。

②制造业结构优化指标，制造业高质量发展很重要内容就是高附加值

的制造业发展并在工业部门占比越来越高，这也是当前宏观经济供给侧结构性改革的核心内容。基于数据可得性和连续性并参考王志华和董存田（2012）[232]、傅元海等（2014）[233]、潘红玉和刘亚茹（2019）[234]此处取各省市技术密集型（根据要素密程度对制造业分为技术密集型、资金密集型和劳动密集型三大类，其中技术密集型制造业包括医药、专用设备、交通运输设备、电气机械和器材、通信设备计算机和其他电子设备以及仪器仪表等六类）样本期间内产业销售收入占当年该省市制造业销售收入比重作为制造业结构优化指标（*MUI*）。

根据以上设置可有：

$$gIAV_{it} = \mu_{it} + \beta_0' x_{it} + \beta_1' x_{it} g(q_{it};\gamma,c) + \beta_i' \sum_{i=1}^{8} Control_{it} + \varepsilon_{it} \quad (5.20)$$

$$MUI_{it} = \mu_{it} + \beta_0' x_{it} + \beta_1' x_{it} g(q_{it};\gamma,c) + \beta_i' \sum_{i=1}^{8} Control_{it} + \varepsilon_{it} \quad (5.21)$$

5.6.1.2　实证结果

经实证分析，上述稳健性检验回归均通过了非线性检验，即均拒绝原假设 $r=0$，LM、LMF、LRT 三个统计量在 5% 以上水平显著，说明了替换自变量后使用 PSTR 模型的正确性，实证结果可见表 5－8。

表 5－8　替换自变量（制造业增长和结构优化指标）的稳健性检验

		自变量：规模工业增加值增长率（gIAV）		自变量：制造业结构优化指标（MUI）	
解释变量	参数	门槛变量：金融创新规模指标（Innov1）	门槛变量：金融创新效率指标（Innov2）	门槛变量：金融创新规模指标（Innov1）	门槛变量：金融创新效率指标（Innov2）
		(1)	(2)	(3)	(4)
金融发展指标 1（BR）	β_0'（低体制：$\leqslant c$）	0.0098 ** (0.0047)	−0.02575 *** (0.00912)	−0.0112 * (0.0058)	−0.0339 * (0.0189)
	β_1'	0.0226 *** (0.011)	0.1055 *** (0.0268)	0.0363 ** (0.0175)	0.0106 * (0.0059)
	（高体制：$> c$）	0.0324	0.0798	0.0251	−0.0233

续表

		自变量：规模工业增加值增长率（gIAV）		自变量：制造业结构优化指标（MUI）	
解释变量	参数	门槛变量：金融创新规模指标（Innov1）	门槛变量：金融创新效率指标（Innov2）	门槛变量：金融创新规模指标（Innov1）	门槛变量：金融创新效率指标（Innov2）
		(1)	(2)	(3)	(4)
R&D 经费支出（R&D）	β'_0（低体制：$\leqslant c$）	-0.0619*** (0.0133)	-0.0968*** (0.0230)	-0.0384* (0.0234)	-0.3580*** (0.0649)
	β'_1	0.0153*** (0.0047)	0.2554*** (0.1107)	0.0839*** (0.0241)	0.0095 (0.0078)
	（高体制：$>c$）	-0.0466	0.1586	0.0455	-0.3485
社会固定资产投资（Invest）	β'_0（低体制：$\leqslant c$）	0.0224 (0.0196)	0.1007** (0.0409)	0.0623** (0.0310)	-0.0303*** (0.0074)
	β'_1	0.0092 (0.0462)	-0.1560 (0.1623)	-0.0879*** (0.0326)	0.1721*** (0.0436)
	（高体制：$>c$）	0.0316	-0.0553	-0.0256	0.1418
进出口总额占比（EX&IM）	β'_0（低体制：$\leqslant c$）	-1.2587 (0.2936)	-2.3283*** (0.5534)	2.0970** (0.8365)	-0.6126*** (0.1471)
	β'_1	1.8427 (0.4392)	6.0474*** (1.5833)	-2.7983*** (0.8823)	0.1647 (0.5396)
	（高体制：$>c$）	0.584	3.7181	-0.7013	-0.4479
外商直接投资（FDI）	β'_0（低体制：$\leqslant c$）	0.0216*** (0.0056)	0.0396*** (0.0088)	0.0025 (0.0075)	-0.0049* (0.0031)
	β'_1	-0.0318*** (0.0128)	-0.0787*** (0.0294)	-0.0044 (0.0094)	0.0089 (0.0149)
	（高体制：$>c$）	-0.0102	-0.0391	-0.0019	0.004
政府消费支出（Gov）	β'_0（低体制：$\leqslant c$）	0.1229 (0.1014)	-0.1182 (0.2013)	-0.2071** (0.0823)	-0.8470*** (0.2299)
	β'_1	0.4670 (0.3874)	0.4917* (0.2775)	0.3684*** (0.1298)	1.3026*** (0.0431)
	（高体制：$>c$）	0.5899	0.3735	0.1613	0.4556

续表

		自变量：规模工业增加值增长率（gIAV）		自变量：制造业结构优化指标（MUI）	
解释变量	参数	门槛变量：金融创新规模指标（Innov1）	门槛变量：金融创新效率指标（Innov2）	门槛变量：金融创新规模指标（Innov1）	门槛变量：金融创新效率指标（Innov2）
		(1)	(2)	(3)	(4)
人力资源发展水平（Labor）	β_0'（低体制：$\leqslant c$）	-0.1385*** (0.0677)	-0.1401* (0.0751)	-0.6342 (0.2743)	-0.0189 (-0.0189)
	β_1'	0.2009** (0.1190)	0.3214** (0.1345)	0.6282 (0.2814)	0.0047 (0.0047)
	（高体制：$>c$）	0.0624	0.1813	-0.006	-0.0142
产业升级指标（IS）	β_0'（低体制：$\leqslant c$）	-0.1154* (0.00623)	0.0025 (0.1924)	0.0309** (0.1226)	-0.0600*** (-0.0600)
	β_1'	0.1303*** (0.047)	0.3492* (0.2015)	0.0110** (0.1223)	0.4946*** (0.4946)
	（高体制：$>c$）	0.0149	0.3517	0.0419	0.4346
狭义货币发行量（lnM1）	β_0'（低体制：$\leqslant c$）	0.0454 (0.0338)	0.1219* (0.0624)	-0.0565*** (0.0121)	-0.2318*** (0.0431)
	β_1'	-0.0620 (0.0658)	-0.1560 (0.2084)	0.1276*** (0.0451)	0.2705*** (0.0634)
	（高体制：$>c$）	-0.0166	-0.0341	0.0711	0.0387
其他变量	结论（γ，c）	(1，1)	(1，1)	(1，1)	(1，1)
	位置参数 c	9.7724	11.1178	9.1164	12.6343
	平滑参数 γ	1.3686	0.4825	1.3477	1.2098
	RSS	0.398	0.416	0.205	0.185
	AIC	-6.767	-6.722	-7.460	-7.561
	BIC	-6.569	-6.524	-7.301	-7.403
	N	403	403	403	403

根据表5-8，列（1）、列（2）为式（5.20）的实证结果，列（3）、列（4）为式（5.21）的实证结果。

（1）规模工业增加值增长率（gIAV）作为自变量。

①商业银行金融创新对制造业增长的非线性影响呈现渐进正向的趋势，与基准模型结果相似。列（1）、列（2）实证结果与模型1、模型3类似，低体制下核心解释变量系数较小甚至为负，随着商业银行金融创新规模和效率指标增加，回归系数逐渐呈现正向扩大趋势当跨过阀值正向效应更加显著。值得注意的是，列（1）和列（2）位置参数值（c）较模型1、模型3略高，这与制造业资金需求密集的特征相关商业银行需要通过创新加强资金形成机制更好支持制造业发展。上述结果说明，商业银行金融创新对制造业增长具有非线性影响，并呈现与基准模型类似的正向逐渐扩大趋势。商业银行金融创新通过扩大信用供给、加强资金引导等方式，满足制造企业金融需求，支持制造业企业的产能扩大与持续生产。

②商业银行金融创新通过要素变量对制造业增长发挥的联动效应更显著。除个别变量，控制变量的估计结果与基准模型基本一致，值得注意如下几点。第一，R&D 经费支出变量的系数随着体制转换呈现由负转正的趋势且具有更好的统计显著性（1%以上）。上述结果说明，技术创新的驱动是制造业升级转型的核心关键，商业银行通过创新比如发展科技金融业务可更好支持制造业持续发展。第二，外商投资指标（FDI）指标系数随着体制转换系数呈现由正转负趋势且具有更好的显著统计性（1%以上）。上述结果说明，国外资本流入并不利于核心实体产业发展，国外资金进入并不必然带来先进技术溢出。外资往往倾向于投资产业链低端项目（与本国核心产业形成互补）甚至虚拟产业（房地产、金融债券）。第三，与基准模型不同，产业升级指标（IS）的系数随着体制转换呈现由正向转变明显趋势。上述结果说明，随着商业银行金融创新水平提升，通过支持产业模式升级加强资金与技术要素的聚集可更好地支持制造生产可持续发展。

（2）制造业结构优化指标（MUI）作为自变量。

①商业银行金融创新对制造业结构优化的非线性影响呈现渐进正向的趋势，但是影响效应较弱。根据列（3）、列（4）商业银行金融创新规模、

效率指标跨过阈值发生体制变化时，核心解释变量回归系数呈现由负转正或负向减弱的趋势并具统计显著性，但高体制系数远较基准模型要低。且当商业银行金融创新效率指标作为门槛值时，核心解释变量高体制下系数仍为负只是负向有所减轻，详见列（4）。此外，列（3）、列（4）的门槛值（9.1164，12.6343）远较基准模型高，从表5－6可知，在整体样本区间内，除北京、上海、江苏等东部省市，其余大多数省市金融创新规模和效率指标都处于低体制区间内。上述结果说明，当前商业银行无论是创新规模还是创新效率支持制造业结构升级的力度不够且针对性不强。这主要有如下原因。一是商业银行尽管业务创新规模总体可观，但由于存在“脱实向虚”情况，商业银行金融创新创造的信用并不能足额、高效地支持制造业结构优化。二是制造业结构优化是一项长期与复杂过程，以信息技术、新材料制造为代表的技术密集型制造业具有高附加值、资金与技术密集等特征，对金融服务专业性要求高，商业银行现有以间接融资为主的产品体系与业务模式无法适应高新制造业的金融需求（风险分担机制、增信方式、融资期限和融资规模以及财务顾问等附加服务）。因此，商业银行应加强创新的针对性与匹配度，遵循中国当前产业升级路径更好地支持技术密集型制造业等“新动能”发展，更有效地支持制造业结构的优化与升级。

②商业银行金融创新通过要素变量对制造业结构优化的影响效应整体是积极的。除了个别变量，列（3）、列（4）控制变量估计结果与基准模型基本一致，值得注意是：政府消费支出变量（GOV）随着体制转换呈现由负转正趋势且具1%以上的统计显著性，回归结果较基准模型更显著。上述结果说明，商业银行金融创新可以加强资金引导机制更好地支持制造业升级，商业银行通过加强与地方政府合作形成多方合作机制，以产业引导基金等方式充分发挥引投示范效应，更好地引导政府投资支持技术密集型制造业发展。

总之，通过替换自变量方式解释变量回归结果基本与基准模型一致，说明基准模型实证结果是稳健、可信的。商业银行金融创新对核心实体产业（制造业）的增长和结构优化指标同样呈现渐进正向的非线性关系，其中对制造业增长指标影响效应较强而对结构优化指标的影响效应较弱。商业银行应保持创新规模适度，同时提高创新效率切实支持制造业的转型与升级。

5.6.2 加入交互项—商业银行金融创新的协同效应

5.6.2.1 稳健性检验设计

这里以模型 1 与模型 3 为基础，通过增加控制变量实证分析，以验证基准模型结果的稳健性。具体设计思路包括如下内容。

①加入时间虚拟变量。为考察政策变化对实体经济增长影响，同本书 5.5 关于供给侧结构性改革时间点选取标准，加入时间虚拟变量 YD 其中 2006—2015 年取值为 0，2016—2018 年取值为 1，以此考察商业银行金融创新影响下供给侧结构性改革对实体经济增长的影响。

②加入交互项。技术创新和资源供给要素优化是供给侧结构性改革的核心要素，因此通过依次加入两个交互项即加入商业银行金融创新指标与社会固定资产投资交互项 Innov2 × Invest 以及商业银行金融创新效率指标与 R&D 经费支出交互项 Innov2 × lnR&D，验证模型稳健性。并借此观察在商业银行金融创新推动下，金融创新效率与资本供给要素（固定资产投资指标，lninvest）以及金融创新效率与技术创新要素（研发支出指标，R&D）协同作用对实体经济增长所呈现关系，如果交互项系数为正，则说明商业银行金融创新与资本积累、技术进步的协同效应对实体经济增长具有积极作用；如果交互项系数为负，则说明商业银行金融创新通过资本积累、技术进步的协同效应对实体经济增长具有消极作用。综上，可得式（5.22）和式（5.23）：

$$y_{it} = \mu_{it} + \beta_0' x_{it} + \beta_1' x_{it} g(q_{it};\gamma,c) + \beta_2' YD + \beta_3' q_{it} \cdot \ln invest + \beta_i' \sum_{i=1}^{8} Control_{it} + \varepsilon_{it} \tag{5.22}$$

$$y_{it} = \mu_{it} + \beta_0' x_{it} + \beta_1' x_{it} g(q_{it};\gamma,c) + \beta_2' YD + \beta_3' q_{it} \cdot R\&D + \beta_i' \sum_{i=1}^{8} Control_{it} + \varepsilon_{it} \tag{5.23}$$

5.6.2.2 实证结果

经实证分析，上述稳健性检验回归均通过了非线性检验，即均拒绝原假设 $r=0$，LM、LMF、LRT 三个统计量在 5% 以上水平显著，说明了分别加入上述交互项后模型进行平滑面板转换回归分析（PSTR）的正确性，稳健性检验实证结果如表 5-9 所示。

表 5-9 中列（1）、列（3）为式（5.22）实证回归结果，列（2）、列（4）为式（5.23）实证回归结果。此处只列示核心解释变量、虚拟变量以及交互项的回归结果。根据表 5-8，可得如下结论。

①加入交互项后核心解释变量商业银行发展指标 1（BR）依然呈现出与基准模型相似结果，且同样具有 5% 以上的统计显著性。即商业银行金融创新效率提升对于实体经济增长的同样具有渐进正向趋势且回归系数略大于基准模型回归结果，基准模型实证结果是稳健可信的。

②时间虚拟变量回归系数呈现低体制下时间虚拟变量为负，随着商业银行金融创新效率提升高体制下由负转正的趋势，与核心解释变量的变化趋势相似并具有 1% 以上的显著性。上述结果说明，供给侧结构性改革系列组合政策作用下，商业银行通过提高金融创新效率，增强业务针对性与匹配程度发挥正向作用，推动实体经济增长。

③中国商业银行与社会固定资产投资的协同效应由负转为正向，呈现积极演变态势。商业银行金融创新与固定资产投资指标交互项系数呈现出低体制下为负向，随着金融创新效率提升并发生体制转换时，回归系数正向效应逐渐显现，商业银行金融创新效率指标通过固定资产投资指标对实体经济发挥的协同效应逐步显现并具有 5% 统计显著性。尽管高体制下回归系数依然为负（-0.0259），但上述趋势也可说明当前商业银行金融创新促进资本积累对实体经济发挥协同效应是积极显著的，对比基准模型下资本积累变量由正向转为负向趋势。这充分说明了供给侧结构性改革背景下只有通过创新提高银行效率才能提高实体资本积累的效能，减少无效资本供给，对实体经济发挥积极作用。

④商业银行金融创新与 R&D 支出的协同效应则负向扩大，呈现消极态势。商业银行金融创新与 R&D 支出交互项在低体制下为负，随着商业银行金融创新效率提升负向影响持续扩大，上述结果具有 5% 以上的统计显著性。上述结果说明，当前商业银行金融创新对科技研发支持度及匹配度有待增强，商业银行现有产品体系无法很好地满足科研活动融资等服务需求。比如，产品期限不匹配技术研发周期或者轻资产高技术企业不能及时从银行获取融资资金等，进而导致商业银行金融创新与科技研发的产融结合程度低。由于得不到有效的金融服务、技术进步成果迟迟无法应用到实体经济领域导致研发周期过长甚至科研活动失败，因而使技术进步本应对实体经济发挥的正向效应受到严重削弱。当前，商业银行金融创新通过支持科研活动推动经济转型的水平有待提高。

表 5-9　　加入交互项的稳健性检验

解释变量	参数	门槛变量：金融创新规模指标（Innov1）		门槛变量：金融创新效率指标（Innov2）	
		(1)	(2)	(3)	(4)
金融发展指标 1（BR）	β'_0（低体制：$\leq c$）	-0.046*** (0.0146)	-0.1341* (0.076)	-0.132** (0.0667)	-0.1654** (0.082)
	β'_1	0.3834*** (0.1104)	0.3699*** (0.1194)	0.5375*** (0.1928)	0.2235*** (0.042)
	（高体制：$>c$）	0.3374	0.2358	0.4055	0.0581
金融创新效率与社会固定资产投资交互项（Innov2 * lnInvest）	β'_0（低体制：$\leq c$）		-0.0386*** (0.0135)		-0.0291** (0.014)
	β'_1		0.0127** (0.0635)		0.0279** (0.013)
	（高体制：$>c$）		-0.0259		-0.0012
金融创新效率与 R&D 经费支出交互项（Innov2 * lnR&D）	β'_0（低体制：$\leq c$）	-0.0059** (-0.0028)		-0.0007* (0.00042)	
	β'_1	-0.0456*** (-3.3074)		-0.0378** (0.018)	
	（高体制：$>c$）	-0.0515		-0.0385	

续表

解释变量	参数	门槛变量：金融创新规模指标（Innov1）		门槛变量：金融创新效率指标（Innov2）	
		(1)	(2)	(3)	(4)
时间虚拟变量（YD）	β_0'（低体制：$\leq c$）	−0.0415*** (0.0072)	−0.0386*** (0.006)	−0.0799*** (0.0178)	−0.0550*** (0.0117)
	β_1'	0.0545*** (0.0128)	0.0486*** (0.0102)	0.1914*** (0.0441)	0.2306*** (0.0529)
	（高体制：$>c$）	0.013	0.01	0.1115	0.1756
其他变量	结论（γ，c）	(1，1)	(1，1)	(1，1)	(1，1)
	位置参数 c	9.5998	9.5081	11.0538	11.761
	RSS	0.112	0.113	0.097	0.098
	AIC	−8.018	−8.009	−8.162	−8.154
	BIC	−7.8	−7.791	−7.943	−7.936
	N	403	403	403	403

5.7　本章小结

本章实证分析了中国商业银行金融创新规模和金融创新效率作为门槛变量发生变化的前提下，所选取的解释变量对被解释变量（即实体经济增长呈现出的非线性效应及变化规律）。通过模型回归发现如下结论。

（1）对比线性与非线性实证结果可得非线性平滑面板转换模型（PSTR）比线性模型（SysGMM）更贴近实际经济运行情况，系数变化趋势相似且结果更稳定，商业银行金融创新与实体经济增长的关系呈现非线性的特征。

（2）本章所提出四个假设得到验证。

①H1a 得到验证，商业银行金融创新所形成的规模，效率效应处于初

级阶段时对实体经济增长的作用效应相对较弱甚至负面效应。

②H2a 得到验证，当商业银行金融创新所形成的规模，效率效应处于高体制时，对实体经济增长呈现出积极影响增强态势，由于模型 1、模型 2、模型 4 的金融创新指标均跨国阀值，因而当前中国商业银行金融创新整体是适度。因此，只有提高商业银行金融创新水平才能更好对实体经济发挥正向效应。

③H3 得到验证，商业银行金融创新对实体经济增长存在阶段性差异即供给侧结构性改革时间点后商业银行采取创新对实体经济发挥的正向效应更加显著。

④H4 得到验证，商业银行金融创新的影响存在区域异质性，即局部创新过度和创新不足并存的现象。

（3）从基准模型控制变量的参数估计结果来看，随着金融创新指标增长，大多数控制变量（如 R&D 经费支出、进出口）呈现从负向到正向的趋势，也有少部分由正向转为负向（如社会固定投资、外商直接投资）。模型 3、模型 4 控制变量回归结果与模型 1、模型 2 相比，存在比较明显的差异主要体现在 R&D 经费支出指标上。

（4）商业银行金融创新规模指标的非线性效应要强于金融创新效率指标，说明当前中国商业银行金融创新仍以“规模拉动”为主。由于商业银行金融创新效率指标对实体经济增长发挥的正向效用较商业银行金融创新规模指标的效用更显著，因此需要提高商业银行金融创新效率。

（5）商业银行金融创新对实体经济增长的影响存在阶段差异性，包括如下三个方面。

①通过对比供给侧结构性改革前后商业银行金融创新体制转换情况，供给侧结构性改革后金融创新规模和效率指标越过阀值到达高体制的省市显著增加。

②由于部分省市金融创新水平依然比较低，商业银行金融创新在区域之间非常不均衡。

③通过比较商业银行金融创新的影响效应差异，供给侧结构性改革后核心解释变量与实体经济增长关系系数为正的省市明显增加。供给侧结构性改革后商业银行金融创新支持实体经济增长的作用是增强的。

（6）商业银行金融创新对实体经济增长的影响效应存在区域差异性（异质性）。商业银行金融创新规模在东部区域、中部区域出现过度创新导致不利于实体经济增长，与此同时西部区域依然处于适度区间并对实体经济增长呈现积极效应。经济与金融发展水平不同，导致商业银行金融创新对不同区域实体经济增长影响存在差异。

（7）通过替换自变量和解释变量两种方式进行稳健性分析，并验证基准模型结果的可靠性。具体包括如下内容。

①通过替换自变量可得，中国商业银行金融创新对核心实体产业（制造业）发展同样具有渐进正向的非线性影响；中国商业银行金融创新对制造业增长的非线性促进效应较明显；中国商业银行金融创新对制造业结构优化的非线性效应较弱，具体表现为，核心解释变量回归系数较小且金融创新规模和效率指标均值远低于门槛值仍处于低体制运行区间。

②通过加入交互性和时间虚拟变量可得，时间虚拟变量显著为正。这说明供给侧结构性改革政策作用下商业银行金融创新对实体经济的影响是积极的；商业银行金融创新效率与固定资产投资指标的交互项呈现正向转换趋势，说明商业银行金融创新协同资本要素，优化供给侧层面资本积累与配置进而有效推动经济增长；商业银行金融创新效率与研发支出指标交互项则呈现负向转换趋势，说明当前商业银行支持科技研发活动，与技术创新协同推动实体经济增长的作用有待加强。

第6章

供给侧结构性改革背景下商业银行金融创新与实体经济增长作用机制的实证分析

——基于结构向量自回归（SVAR）模型

第5章基于省域视角验证了商业银行金融创新对实体经济增长的“总体影响效应”，但具体商业银行微观主体的创新状况和作用机制还需进一步验证。本章主要讨论两个方面内容：一是量化商业银行主体的金融创新指数，观察主要商业银行金融创新表现；二是验证商业银行金融创新作用机制的有效性。根据第4章归纳的商业银行金融创新对实体经济增长的间接作用机制（要素与结构路径）与直接作用机制（金融发展路径），基于全国纵向时间序列的视角，从商业银行金融创新“微观—宏观”影响路径出发，通过SVAR模型实证分析相关内生变量之间的关系以此验证商业银行创新指标对实体经济增长作用机制的有效性，并基于此框架下验证商业银行金融创新指标作为内生变量对资本积累、技术创新以及产业升级等间接作用机制下相关变量以及实体经济融资规模、融资成本以及储蓄投资转换指标等直接作用机制下相关变量的传导过程和效用。

6.1 商业银行金融创新指数的创建与衡量

6.1.1 金融创新指数构建思路

商业银行金融创新大多由银行市场主体在中观层面、微观层面进行，无论是何种方式、何种模式的金融创新，都需要银行市场主体的操作实施。量化商业银行主体的金融创新指标，为后续研究金融创新对实体经济增长传导机制必不可少。

为求更加全面、客观以及系统地体现与衡量商业银行主体金融创新情况，本书拟采用主成分分析法（PCA），通过对指标降维将多项指标转为较少指标并进行综合重组，使商业银行创新指数更具系统性、科学性和概括性。

6.1.2 金融创新指数维度与指标选取的说明

基于商业银行微观主体视角的金融创新应着眼于借鉴适度扩大金融供给、有序畅通融资渠道、结合需求优化金融结构、提高配置效率、强化金融功能以及平稳合规经营等几个方面内容（邹新月和涂仕达，2020[235]），涉及金融创新视角下商业银行在的经营、风控、投入以及新产品规模情况等。因此，本书将商业银行金融创新情况细化为以下五个维度，包括如下内容。

6.1.2.1 金融业务创新发展（规模）维度

从前文可知（详见本书 4.1.1）商业银行金融创新对业务水平、规模以及盈利能力等微观特征指标具有影响。基于以上分析，本书选取包括创新资产规模以及同业业务指标两个发展规模指标和净息差与净利润比两个反映盈利能力指标。具体包括如下内容。

（1）商业银行的创新业务规模体现在是否能够满足市场需求，有效拓展新产品和服务。商业银行投行类融资工具（债券融资、股权融资以及资产证券化业务）属于较典型的金融业务创新，反映其金融供给和配置是否能够满足客户差异化需求的能力和水平。参考郭红玉（2018）、李佳（2019）[236]等选取投资性金融资产涉及的相关科目，包括交易性金融资产、债权投资、其他权益工具投资、可供出售金融资产、持有至到期投资、应收款项类投资之和取对数化作为业务创新规模指标，上述指标基本对应商业银行持有的标准化直接融资产品（包括认购在银行间和交易所发行企业债、公司债、短融、中票等债券），非标准化直接融资产品（信托投资与资产管理计划等）、股权权益类产品（基金认购份额等）以及资产证券化产品等比较典型的金融创新产品与业务模式，可较为全面地反映商业银行业务创新规模。

（2）同业业务属于典型商业银行金融创新业务，可体现银行主动负债、流动性管理能力，可提高资金使用效率，使银行获得较好收益；考虑到商业银行同业资本和负债创新对商业银行杠杆率、收益率、风险承担以及绩效水平都有显著影响（高蓓，2019）。因此，参考肖崎和阮健浓（2014）[237]、辛兵海等（2020）[238]将同业资产与同业负债赋予相等权重取对数化合成银行同业业务发展指标。

（3）商业银行盈利水平与金融创新发展水平紧密影响。一方面，商业银行创新业务较好开展，能够提高其市场竞争力与经营能力，进而有效提高盈利能力和收益水平；另一方面，盈利能力较好的商业银行能够为商业银行金融创新提供良好的资金保障和治理保障，确保金融创新顺利开展。

基于以上分析，选取业务创新资产规模指标和同业发展指标反映商业银行创新规模水平，选取净息差与净利润两个指标反映商业银行创新发展情况。

6.1.2.2　金融业务创新效能维度

所谓金融效能是银行创新在特定投入产出比前提下所发挥的功效，商业银行业务创新效能涉及指标选取标准如下。

①商业银行创新水平。非息收入（中间业务收入）包括手续费、佣金收入、公允价值变动的净收益、汇兑收益、其他各收入等项目，反应商业银行在投行、托管、支付结算、资金管理等方面业务水平。吴成颂等（2016）认为非息收入占比越高创新能力越强反应商业银行收入多元化，创新收入占比高。

②商业银行创新效率。存贷比反映银行储蓄投资转换水平与银行经营效率（倪明明，2015），商业银行金融创新最关键体现在于包括储蓄投资转换水平在内职能的优化。

③成本管控水平。商业银行创新水平与成本管控能力紧密相关，商业银行金融创新通过科技赋能（如网点智能化降低经营成本）、精细管理（加强成本支出管控）等措施助力银行加强成本管控，更高效开展业务。

④投资收益能力。商业银行投资收益属于其他非利息净收入重要组成部分，反映银行金融资产投资的业务收益水平，商业银行金融创新效能好的银行具体可体现为金融资产配比合理、投资效率高。因此，商业银行运

用相应金融资产在资本市场、同业市场等新领域获取收益水平相应高，投资回报水平高。

基于以上分析，本书选取非息收入占比、存贷比、收入成本比以及投资收益水平四项指标反映商业银行金融创新效能。

6.1.2.3 金融创新风控维度

关于金融创新风控维度有关说明如下。

（1）商业银行创新的适度性离不开风控水平的匹配与保障。随着商业银行产品体系不断丰富、业务范围不断扩张，对银行风险管理、内控能力无疑提出更高要求。当风控水平无法跟上业务创新步伐，造成无法有效识别新业务风险对银行自身和外部经济造成的损毁效果是十分严重。包商银行、恒丰银行以及锦州银行事件正是商业银行风控水平滞后、风控制度流于形式以及经营失控前提下通过资金业务过度创新达到违规关联交易、资金腾挪目的。上述事件在对商业银行自身稳健经营造成极大损害的同时，对当地金融生态、企业乃至地方经济都造成负面影响，信用风险事件发生后国家花费上千亿元填补窟窿并为上述银行“补血”。

（2）商业银行风控水平与商业银行组织与制度创新紧密相关。商业银行组织与制度创新最重要的影响就是商业银行充分发挥组织架构和制度保障职能，有效适应金融产品和服务创新情况并有效识别业务风险点，避免风险发生。

（3）商业银行风控水平与实体经济的发展息息相关。商业银行如果因流动性、交易风险聚集造成跨期风险，势必影响对企业的信贷供给与配置，进而影响金融资源配置。

（4）商业银行金融创新实现多渠道补充资本、利用科技手段对信贷业务进行审核监控达到对流动性、信用风险实施高效管控。进而助力商业银行可更好地将长期高效资本投放至实体经济，并发挥风险管理和信息揭示职能为实体经济提供良好的金融保障。

综上所述，本书认为金融创新风控维度是体现商业银行创新水平的重要内容。本书选取资本充足率、不良贷款率以及权益资产比等指标反映金融创新视角下商业银行风控能力和经营稳健水平的指标。

6.1.2.4 金融科技创新维度

金融科技是商业银行创新重要内容，金融科技本质是由新技术驱动的金融创新。它对银行系统平台基础建设以及业务、渠道、服务能力增强具有推动作用。

参考李张珍（2016）[239]、凌冰（2018）[240]，本书取科技研发支出作为金融科技的指标体现商业银行在金融科技创新研发与投入情况。此外，考虑到金融科技对银行渠道获客具有颠覆性影响。取商业银行手机与网络银行客户数取对数化，以此反映商业银行通过支付结算、线上投资理财、信息查询等金融科技创新职能的获客情况。

基于以上分析，本书选取科技研发支出、科技创新渠道获客指标反映商业银行金融科技创新的发展情况。

6.1.2.5 金融创新支持实体经济维度

金融创新支持实体经济最主要目的满足实体企业和居民的投资与消费需求。本书设置两个具体指标，即：①金融创新支持实体经济指标1即该商业银行信贷规模占社会总融资需求比。该指标设置的机理为社会融资规模很大程度地反映实体经济的资金需求，样本银行的信贷规模占社会融资需求比反映样本银行支持实体经济融资需求的情况。②金融创新支持实体经济指标2即生息资产增长率。银行生息资产包括贷款、可供出售金融资产、交易性金融资产、同业往来资产、持有至到期投资还有长期股权投资等一系列银行持有的可产生利息资产反映银行可配置资产情况。当前，实体经济金融需求是不断更新的，选取生息资产增长率可反映商业银行通过金融创新动态满足实体经济金融需求情况。

基于以上分析，本书选取创新支持实体经济指标1即信贷占社会融资需求比、创新支持实体经济指标2即生息资产增长率，作为反映金融创新支持实体经济需求维度。

6.1.2.6 金融业务创新发展维度、业务创新效能维度

在指标分配方面，对于金融业务创新发展维度、业务创新效能维度需要给予一定侧重。其主要基于如下考虑。第一，商业银行的创新活动主要集中在产品、业务模式以及服务等业务创新领域，金融业务创新占据银行70%～80%以上的资源（吴晓云和孙轻宇，2012）。因此，商业银行金融创新对实体经济影响效用最大也是最明显体现在业务创新上，因为它对融资规模、成本以及资金配置效率等具有显著影响。第二，已有文献认为商业银行的创新效能主要是体现在业务结构、新金融产品掌控水平以及资产收益水平等方面（邱洪华，2012；Frame and white，2014；González，Rodríguez，Martorel，2016[241]）。

综上所述，金融业务创新发展维度与金融业务创新效能维度分别设置4个二级指标，同时金融风控体现银行在创新视角下业务把控能力与经营稳健性重要体现设置3个二级指标，金融科技创新和金融创新满足实体经济需求维度各设置2个二级指标。由于组织和制度创新更多地体现在管理制度、组织结构等方面的变革属于隐性创新并不直接产生经济效益与影响（樊志刚和李卢霞，2011），因而此处不单独设置。此外，一般认为，组织架构和制度变革方面做得较好的商业银行在顺畅金融供给、满足实体融资需求和风险把控方面往往表现较好（蒋海和吴文洋，2020）。

结合数据可获得性，选取16家上市商业银行①，2009年三季度至2019年二季度共40期相关的数据。上述商业银行属于2006—2010年第一轮上市的商业银行样本具有典型性且可获取数据样本时间跨度较大。有关数据主要来源于样本商业银行的季报与年报、外部评级报告、发债募集说明书以及Wind数据库等。

相关维度与二级指标的选取标准详见表6-1。

① 16家上市商业银行具体包括工商银行、建设银行、农业银行、中国银行、交通银行、招商银行、兴业银行、浦发银行、中信银行、民生银行、光大银行、华夏银行、平安银行、北京银行、南京银行、宁波银行。

表 6 - 1　　16 家上市商业银行金融创新指标选取标准

维度序号	维度	描述	指标序号	指标名称	指标提取标准
A1	金融业务创新发展（规模）维度	商业银行业务创新规模和发展情况	x1	业务创新规模指标（LnIA）	反映商业银行业务创新规模（投资性金融资产），包括：交易性金融资产 + 债权投资 + 其他权益工具投资 + 可供出售金融资产 + 持有至到期投资 + 应收款项类投资，取对数化
			x2	同业业务发展指标（Interbank）	反映商业银行同业业务发展情况；主要同业资产业务包括：存放同业、拆出资金和买入返售等；同业负债业务包括：同业存放、拆入资金和卖出回购等；取主要同业资产对数化 × 0.5 + 主要同业负债对数化 ×0.5 来衡量同业业务发展指标
			x3	净息差（NIM）	反映商业银行金融创新盈利水平；取净利息收入 ÷ 平均生息资产规模，可直接选取
			x4	净利润率（Net Profit Margin）	反映商业银行金融创新盈利水平；取季度累计净利润 ÷ 季度累计营业收入，可直接选取
A2	金融业务创新效能维度	商业银行金融创新水平、效率、成本管控以及收益能力	x5	非利息收入占比（NFC）	反映商业银行金融创新水平；取非息收入（中间业务收入）÷ 营业收入,%
			x6	存贷比（LoanTo Deposits）	反映商业银行金融创新效率 ÷ 取季度累计贷款 ÷ 季度累计存款
			x7	成本收入比（CIR）	反映金融创新视角下商业银行成本管控能力，取季度累计业务及管理费用 ÷ 季度累计营业收入
			x8	投资收益水平（Invest）	反映商业银行投资收益。取季度累计投资收益与总资产比值,%

续表

维度序号	维度	描述	指标序号	指标名称	指标提取标准
A3	金融创新风控维度	金融创新视角下商业银行风险把控和稳健经营情况；风控水平是否匹配金融创新发展情况	x9	权益资产比（EA）	反映金融创新视角下商业银行风控能力与资本实力；所有者权益（净资产）占总资产比重；可直接提取
			x10	资本充足率（CAR）	反映金融创新视角下商业银行风控能力和经营稳健性；资本净额÷各项风险加权资产，%，可直接提取
			x11	不良贷款率（NPL）	反映金融创新视角下商业银行风控能力；不良贷款余额÷贷款余额，%，可直接提取
A4	金融科技创新维度	商业银行科技创新投入与发展情况	x12	科技研发支出（Tech）	反映商业银行金融科技创新投入水平；此处取商业银行科研支出，取对数化
			x13	科技创新渠道获客指标（Fintech customer）	反映商业银行金融科技创新的获客能力；此处取手机、网络银行客户数量，取对数化
A5	金融创新支持实体经济需求维度	商业银行金融创新满足实体经济融资需求情况	x14	金融创新支持实体经济指标1，信贷占社会融资需求比（LTSF）	反映银行金融创新满足实体经济融资需求情况；此处取单季信贷余额与同期社会融资额度比值，%
			x15	金融创新支持实体经济指标2，生息资产增长率（IBAS）	反映银行金融创新满足实体经济融资需求情况；取生息资产同比增长率，%

6.1.3　金融创新指数测度过程

6.1.3.1　主成分分析方法介绍

考虑到上述选取五大维度下的 15 项商业银行金融创新指标之间存在较强相关性，可能导致信息重复、增加模型复杂性甚至导致误差，此处采用主成分分析法对相关指标进行处理。

主成分分析（Principal Component Analysis，PCA）通过低维表征的向量和特征向量矩阵可以基本重构出所对应的原始高维向量，表现特征为一个低维向量并且仅仅损失了一些次要信息将多个指标转换为较少的综合指标，转化生成的综合指标即称为“主成分”，其中每个主成分都是原始变量的线性组合，且各个主成分互不相关。主成分分析主要的分析方法是对相关系数矩阵（或协方差矩阵）进行特征值分析。

根据主成分分析方法，16 家上市银行 15 项指标，此处有样本数 $N=16$，指标数 $K=15$，用矩阵表示所有 N × K 维度观察指标，具体表示如下：

$$A=\begin{pmatrix} A_{11} & A_{12} & \cdots & A_{1k} \\ A_{21} & A_{22} & \cdots & A_{2k} \\ \cdots & \cdots & \cdots & \cdots \\ A_{n1} & A_{n2} & \cdots & A_{nk} \end{pmatrix} \tag{6.1}$$

A_{ij}表示样本第 i 个银行的第 j 项指标，其中 $i=1, 2, n$；$j=1, 2, k$；

若各个原始指标的量纲不同，则需要对原始指标做如下标准化处理：

$$X_{ij}=\frac{A_{ij}-\overline{A}_j}{s_j} \tag{6.2}$$

式（6.2）中，$\overline{A}_j$ 为第 J 项指标均值，s_j 为标准差，X 为数据处理后的矩阵。数据进行相应标准化后，得到协方差矩阵 S 和关系矩阵 R。

16 家样本银行选取 15 个指标，其中第 i 家银行第 j 项指标的相关系数表示为 r_{ij}。

可有：

$$r_{ij}=\dot{E}A_i \cdot \dot{E}A_j \tag{6.3}$$

利用相关系数矩阵 R 计算特征值和特征向量，得到包含 15 个特征根向量 λ_k，按照从大到小顺序排列为：$\lambda_1 > \lambda_2 > \cdots \lambda_{15} \geq 0$。

对应特征向量 u，且 u 是正交矩阵，有：

$$uu^T = u^Tu = I \tag{6.4}$$

则有：

$$R = u \cdot \lambda_k \cdot u^T \tag{6.5}$$

$$u^TXX^Tu = (n-1)\lambda \tag{6.6}$$

通过上式所求特征向量 u，由此可得主成分：

$$z_i = u_i^T \cdot X \tag{6.7}$$

得到主成分后，选择解释能力较强（一般特征根大于 1）的主成分构金融创新指数。计算主成分 z_i 的权重 ω 即特征根贡献率，求出各家银行的金融创新指数。

具体计算公式如下：

$$BII_{it} = \sum_{i=1}^{n} (\omega_j z_i) j = 1,2,3 \tag{6.8}$$

其中，

$$\omega_j = \lambda_k / \sum_{i=1}^{15} \lambda_i \tag{6.9}$$

BII_{it}为 i 银行 t 时间的商业银行金融创新指数。

6.1.3.2 主成分回归结果

利用 STATA13.0 软件对相关数据进行实证回归可得，此处只列示特征值大于 1 主成分。

表 6-2 主成分特征值与贡献率

主成分	特征值	离差率	贡献率	累计贡献率
f1	4.48941	2.20812	0.2993	0.2993
f2	2.28129	0.097033	0.1521	0.4514
f3	2.18426	1.13397	0.1456	0.597
f4	1.05029	0.045434	0.07	0.667
f5	1.00486	0.13205	0.067	0.734

从表 6 - 2 可知，前五个特征值大于 1 的主成分累计贡献率为 73.4%，其中第一个主成分贡献率为 29.93%，第二个主成分贡献率为 15.21%，第三个主成分贡献率为 14.56%，第四个、第五个主成分贡献率分别为 7%、6.7%，较好地涵盖了指标数据所包含的信息。为了检验特征根选取数量合适性，碎石图是判断保留多少个主成分的重要方法，得出碎石图（见图 6 - 1）。

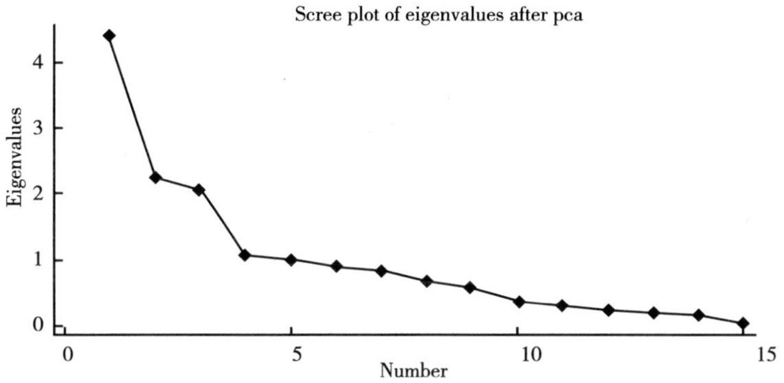

图 6 - 1　主成分分析碎石图

结合碎石图与特征值结果，保留 5 个主成分比较合理。因此，取前 5 个特征值，通过对载荷矩阵旋转可得到相应的特征值向量，具体可见表 6 - 3。

表 6 - 3　特征值向量

指标名称	指标序号	第一特征值	第二特征值	第三特征值	第四特征值	第五特征值
业务创新规模（LnIA）	x1	***0.4249***	-0.2102	-0.0101	-0.1225	0.0693
同业业务指标（Interbank）	x2	***0.3757***	-0.2439	-0.0113	-0.2861	0.0052
净息差（NIM）	x3	-0.1825	***-0.3184***	0.0949	-0.0989	-0.1673
净利润率（Net Profit Margin）	x4	-0.0387	-0.1494	***0.5434***	-0.0623	0.107
非利息收入占比（NFC）	x5	***0.3055***	0.262	-0.1412	-0.2969	0.0106
存贷比（LoanToDeposits）	x6	0.1806	***0.3382***	-0.2422	-0.1669	-0.1041
收入成本比（CIR）	x7	-0.2428	-0.1743	***-0.4264***	0.2973	-0.0379
投资收益水平（Invest）	x8	0.0605	***0.4186***	-0.0252	0.2061	0.3357
权益资产比（EA）	x9	0.3051	0.2215	0.2517	***0.3525***	-0.122
资本充足率（CAR）	x10	0.2361	0.0191	0.366	***0.5462***	-0.1087

续表

指标名称	指标序号	第一特征值	第二特征值	第三特征值	第四特征值	第五特征值
不良贷款率（NPL）	x11	0.0904	0.1208	-0.2732	***-0.331***	0.0672
科技研发支出（Tech）	x12	***0.3323***	-0.2363	-0.0785	0.1908	-0.0746
科技创新渠道获客情况（Fintech customer）	x13	0.331	0.1208	***0.4732***	0.0904	0.0672
业务创新支持实体经济指标1，信贷占社会融资需求比（Loan to Social financing，LTSF）	x14	0.2354	-0.3135	0.1248	-0.1799	***0.4688***
业务创新支持实体经济指标2，生息资产增长率（Interest - Bearing Assets Growth Standrize，IBAS）	x15	-0.1286	0.0232	-0.0035	0.0898	***0.8062***

从表6-3可知，相应特征向量值基本符合有关理论分析和现实预期。再根据主成分与各指标的相关性可得五个主成分的线性表达式，具体包括如下内容。

第一主成分中的业务创新规模（x1）、同业业务发展指标（x2）以及科技研发支出（x12）系数较大，说明这四项指标起主要作用对创新指标有显著正向影响，第一主成分看成是反映金融创新业务规模（发展）维度以及金融科技投入的综合指标。

第二主成分中净息差（x3）、存贷比（x6）以及投资收益水平（x8）系数较大，这三项指标起主要作用，第二主成分可视为主要反映金融业务创新效能的综合指标。

值得注意的是，第二主成分中净息差（x3）特征值向量值相关系数为负，高净息差对商业银行金融创新指数有抑制效应。上述结果反映出：一方面商业银行需通过适度创新克服逐利性避免过度抽取实体利润，另一方面商业银行需通过适度创新面对净息差收窄的挑战。

第三主成分中净利润率（x4）、收入成本比（x7）、科技创新渠道获客情况（x13）系数较大，这三项指标起主要作用，第三主成分看成主要反映创新视角下银行利用科技获客水平以及成本管理综合指标。

第四主成分中权益资产比（x9）、资本充足率（x10）以及不良贷款率（x11）相关系数较大，第四主成分看成反映金融创新视角下商业银行风控能力的综合指标。

第五主成分中业务创新支持实体经济指标1即信贷占社会融资需求比（x14）以及业务创新支持实体经济指标2即生息资产增长率（x15）相关系数较大，且系数为正，第五主成分看成反映创新满足实体经济需求维度的综合指标。

6.1.3.3　相关检验

根据惯例，进行相应抽样充分性测度（Kaiser - Meyer - Olkin，KMO），SMC以及巴雷特检验，验证相关数据进行主成分分析的可行性。

（1）KMO用于测量变量之间相关关系的强弱的重要指标，KMO越高，表明变量的共性越强，通过检验KMO值为0.7206，KMO值在0.6以上区间内表明数据可进行主成分分析，因此符合适合进行主成分分析的范畴为“可以接受水平”（middling）。

（2）SMC用于表示复回归方程的可决系数，该值越高表明变量的线性关系越强，共性越强。通过检验SMC值均在0.4以上，平均为0.57。

（3）巴雷特（Bartlett）检验用于测试各个变量是否各自独立值，如果拒绝零假设认为相关系数不可能是单位阵（即原始变量之间存在相关性），则适合于进行主成分分析。经检验巴雷特值为5639.410，显著性为0.000，小于0.05的临界水平，表明主成分分析的结果数据约化效果可接受，相关性较强。

6.1.4　商业银行金融创新指数测度结果

6.1.4.1　16家上市商业银行金融创新指数的表现

根据所求特征向量u通过线性表达值可合成主成分z，代入式（6.8）得到样本期间内商业银行金融创新指数并对最终结果进行极差标准化处理，16家上市商业银行金融创新指数的具体情况如表6-4所示。

表 6－4　　16 家上市银行主成分与金融创新指数情况表

序号	银行	第一主成分	第一主成分排名	第二主成分	第一主成分排名	第三主成分	第三主成分排名	第四主成分	第四主成分排名	第五主成分	第五主成分排名	原始指数	标准化指数	指数排名
1	工商银行	2. 300	2	－1. 590	15	1. 170	4	－0. 036	8	0. 300	2	0. 637	0. 731	3
2	建设银行	2. 260	3	－1. 360	14	1. 330	3	0. 350	6	0. 120	6	0. 699	0. 748	2
3	农业银行	1. 490	4	－2. 670	16	－1. 190	14	0. 456	4	0. 416	1	－0. 073	0. 526	11
4	中国银行	2. 440	1	－0. 710	13	0. 192	7	0. 626	3	0. 210	5	0. 710	0. 752	1
5	交通银行	1. 273	5	－0. 132	12	0. 042	8	0. 298	7	－0. 330	14	0. 366	0. 652	4
6	招商银行	0. 210	7	0. 379	9	－0. 230	10	－0. 296	12	－0. 289	15	0. 046	0. 560	5
7	兴业银行	－0. 270	10	0. 235	10	0. 554	6	－1. 060	16	0. 255	4	－0. 021	0. 541	9
8	浦发银行	－0. 254	9	0. 552	8	－0. 004	9	－0. 900	15	－0. 090	11	－0. 063	0. 529	10
9	中信银行	0. 010	8	0. 709	4	－0. 399	11	－0. 180	9	－0. 101	12	0. 035	0. 557	7
10	民生银行	0. 340	6	0. 698	5	－0. 848	13	－0. 662	13	－0. 066	10	0. 034	0. 557	8
11	光大银行	－0. 350	11	0. 646	6	－0. 646	12	－0. 766	14	－0. 064	9	－0. 159	0. 501	12
12	华夏银行	－1. 399	13	－0. 009	11	－2. 274	16	0. 366	5	－0. 488	16	－0. 770	0. 325	16
13	平安银行	－1. 460	14	0. 560	7	－1. 763	15	－0. 183	10	－0. 009	8	－0. 621	0. 368	15
14	北京银行	－1. 160	12	1. 040	1	1. 895	1	－0. 190	11	－0. 168	13	0. 040	0. 558	6
15	南京银行	－2. 680	15	1. 008	2	1. 592	2	1. 080	2	0. 276	3	－0. 324	0. 454	13
16	宁波银行	－2. 766	16	0. 719	3	0. 578	5	1. 395	1	0. 000	7	－0. 537	0. 392	14

通过表6-4可知：在第一主成分即金融业务创新发展（规模）维度指标方面，前五名均是工、农、中、建、交等国有商业银行，国有商业银行具有资金、网络布局以及客户群体等方面的传统优势，往往开展创新业务投入规模较大、创新业务扩散面广、客户群体众多。因此，金融创新发展（规模）排名较高。

第二主成分即金融业务创新效能方面，排名结果与第一主成分排名相比具有较大差异。排名靠前是三家城商行（即北京银行、南京银行以及宁波银行），其后是中信银行、民生银行等股份制银行，国有银行则排在最后几位。这说明了在创新效能等方面中小银行具有相对优势且开展情况较好。许多具有代表性的创新业务往往由中小银行最先开始，比如银行理财业务、金融市场业务以及债券承销、认购以及成立支持重点领域的私募股权基金等。中小银行由于规模相对较小组织链条短，创新采纳与扩散的效率往往比国有大型银行要高。

第三主成分即科技创新、成本管控方面，则呈现差异化结果，北京银行、南京银行以及中国建设银行排前三名，上述三家银行在成本管理方面一直具有相对优势，其中北京银行、南京银行作为上市较早且领先城市商业银行通过创新优化经营模式具有较好表现。中国建设银行作为最早进行股份制改造并在资本市场上市的国有商业银行产品与制度创新力度较大，相应科技投入、成本管控较好。

第四主成分（即金融创新风控方面）仍然是两家城市商业银行宁波银行和南京银行占据前两位，第三名则是中国银行，说明金融创新视角上述商业银行风控能力较好，内部制度与组织架构较完善、金融科技有效赋能业务审查，可以有效识别新业务风险。

第五主成分即创新满足实体经济需求方面，中国银行、建设银行以及工商银行居前三位，交通银行、招商银行以及北京银行居第四至第六位处于第二梯队。这说明在创新满足实体经济需求方面，国有银行通过规模、资金等方面投入形成的优势是无可替代。值得注意的是，招商银行、北京银行等中型商业银行支持实体经济排名也好于规模相对大的农业银行。这说明中型银行在创新差异化方面做得较好。比如，招商银行在消费金融特色创新和北京银行在文化产业金融特色创新取得较好效果并获得了稳定客群。

在16家上市商业银行金融创新指数排名方面，具体表现如下。

第一，居前三位依然是中国银行、中国建设银行以及工商银行。主要因为：根据主成分分析结果来看，第一主成分占比贡献率最高（29.93%）包含原始数据信息最大，而前述排名前三国有银行第一主成分排名均是最高（只是第一主成分的排名顺序稍有不同，如中国工商银行第一主成分排名第二总体排名第三，中国建设银行第一主成分排名第三总体排名第二，这主要得益于中国建设银行在第四主成分即金融创新风控维度，第五主成分即创新满足实体经济需求维度排名要好于工行）。上述结果说明，国有商业银行在业务创新规模以及创新满足实体经济需求方面占据优势，从银行微观视角侧面佐证了第5章关于"创新业务规模拉动"效应在商业银行金融创新指数体系中占据重要位置。

第二，交通银行、招商银行以及北京银行居第四至第六位处于第二梯队，在整体创新能力方面国有银行的处于绝对优势，但是新业务开展效能较高，金融科技创新好的中型银行优势开始凸显，一般认为中小银行由于组织层级少，在搜集与处理企业软信息、进而调整经营策略具有比较优势（Berger and Gleisner，2009[242]），以招商银行和北京银行为代表的中型银行在开展新产品和服务模式具优势。因此，商业银行金融创新需根据实体需求通过针对性强的金融创新切实提升服务实体经济，服务供给侧结构性改革的适配性。

6.1.4.2 商业银行金融创新指数的趋势

参考秦建文和王涛（2017）[243]、乔海曙和黄荐轩（2019）[244]以及蒋海和吴文洋（2020）[245]关于金融指数的处理方法，将经标准化处理的16家上市商业银行金融创新指数按等值权重法进行加总。经过上述处理可得商业银行金融创新指数（Bank Innovation Index，BII），商业银行金融创新指数在时间样本区间内（2009Q3—2019Q2）的走势如图 6－2 所示。

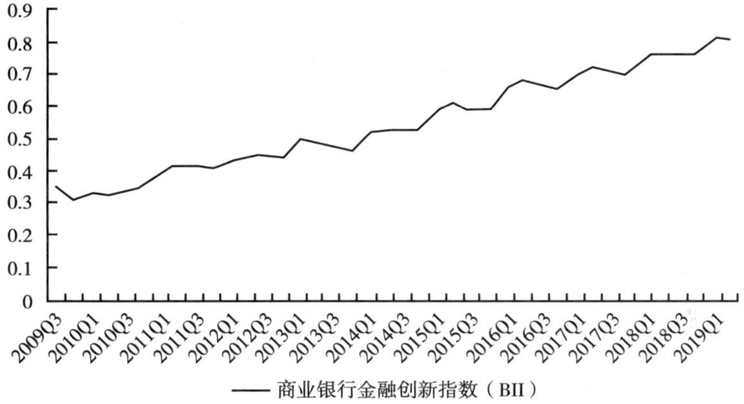

图 6－2　商业银行金融创新指数趋势

从图 6－2 可知，①在指数的代表性方面，2019 年 Q2 样本商业银行总资产达 154.58 万亿元，占同期银行业金融机构总资产 232 万亿元的 67%，因此所整合的商业银行金融创新指数（BII）具有较强的代表性和较好的借鉴意义。②从总体趋势来看，商业银行金融创新水平呈现总体上升，小幅度波动的趋势；从 2009 年 Q3 的 0.34 增长到 2019 年 Q2 的 0.8065，季度平均环比增长率约为 2%。③根据商业银行金融创新指数（BII）变化趋势阶段进行分析，可以划分为如下三个比较明显的阶段。

第一阶段是持续增长期（2009Q3—2012Q4）。商业银行金融创新指数在 2009Q3—2012Q4 呈现快速持续上升趋势，平均季度环比增长率超过 3% 且连续 14 期持续增长。这一阶段为中国商业银行金融创新高速发展期，金融市场业务、资管业务以及理财业务等典型创新业务迅猛增长，商业银行通过非标产品集中投资政府平台、房地产以及传统制造业等项目，资产规模和信用快速扩张，商业银行通过金融创新支持了实体经济的高速增长，但由于重规模轻效率、业务同质化以及信用敞口过度集中也埋下了不少隐患。

第二阶段是波动调整期（2013Q1—2017Q4）。从 2013 Q1 开始，商业银行金融创新指数出现波动，在 2013Q1—2013Q4、2015Q2—2015Q4、2017Q2—2017Q4 等区间出现下滑。这一时期外部金融和经济环境发生重大变化。第一，宏观经济增速放缓，产业结构调整，包括基建、房地产等旧动能减弱，供给侧结构性改革拉开序幕（供给侧结构性改革时间点如红色虚线纵轴所示）。第二，监管部门从 2013 年开始（如 2013 年的“8 号文”整治理财业务、2014 年 3 月的“127 号文”整治同业合作）加大包括理财、同业、债券投资及信托计划等影子银行业务严监管措施，2017 年更是推出一系列监管组合政策①基本实现对商业银行同业、资管等新业务领域全面监管。受上述监管政策影响，商业银行开始压降高杠杆、多嵌套且底层资产风险敞口较大的“通道类高风险资产”（根据原银监会数据统计，商业银行同业负债占总资产比重在 2017 年 6 月底达到峰值 25%，此后一路下降至 2019 年 6 月的 18%）。第三，部分创新（金融市场、同业业务等）过于激进银行出现信用风险。

第三阶段是转型回升期（2018Q1—2019Q2）。2018Q1 开始，商业银行金融创新指数持续回升至 2019Q2 的 0.8065，2018Q1—2019Q2 季度环比增长率为 1.6%，但增速较第一阶段缓和。上述结果说明：商业银行经过业务转型与调整，挤掉“不健康”资产水分，去掉冗余无效的供给。特别是在 2019 年金融供给改革开启后，商业银行围绕服务实体、改善金融供给与优化业务结构等内容展开根据外部形势开展更具针对性的金融创新。比如，在公司银行业务方面通过投顾结合、产业基金等方式创新加大对新兴领域支持。总之，商业银行通过创新调整在吸收资金、优化金融供给、改善业务结构以及提升金融资源配置方面取得阶段性进展。

---

① 2017 年，原银监会接连颁布 6 号文、46 号文、53 号文等一系列文件加强对交叉性金融产、各种非市场套利行为监管。并对银行内部激励和考评机制进行更细致规定。

6.2 商业银行金融创新与实体经济增长作用机制的实证分析

6.2.1 商业银行金融创新的作用机制分析和实证模型构建

6.2.1.1 作用机制分析

根据本书4.2、4.3系统归纳与分析，商业银行金融创新对实体经济增长效应传导路径有两种主要作用机制。①间接作用机制（要素和结构路径）。商业银行金融创新通过传导路径影响资本积累、技术进步以及产业结构升级等，改变要素禀赋与产业结构，推动经济增长。②直接作用机制（金融发展路径）。金融发展是商业银行金融创新的直接结果，金融发展对实体经济增长发挥金融"总量效用"，商业银行金融创新通过拓宽信用（融资规模）满足实体经济融资需求，通过提高储蓄投资转换效能增强资金分配效率，通过丰富产品和多元化资金来源降低企业融资成本（财务负担）等。

本章将通过间接作用机制和直接作用机制两部分实证分析商业银行金融创新对实体经济增长作用机制，同时研究对间接作用与直接作用机制下的宏观经济与金融要素影响效应。商业银行金融创新与实体经济增长具有紧密而复杂关系，拟通过复合传导机制的SVAR模型论证金融创新，对资本积累、技术进步、产业升级等间接作用机制下要素与结构指标对实体经济增长传导的影响，以及对实体融资规模、融资成本、储蓄投资转换率等直接作用机制下金融相关指标对实体经济增长传导的影响。通过联动实证分析供给侧结构性改革背景下商业银行金融创新，对宏观经济指标与金融相关指标传导的作用及对最终作用于实体经济增长机制，以期验证有关传导机制有效性和作用。

上述作用机制深刻反映供给侧结构性改革科学内涵，包括两个方面。一方面，在间接作用机制视角下，经济高质量发展离不开商业银行支持资本有效积累和高效配置，也离不开技术创新与进步对经济动能转换的驱动，更离不开产业升级对经济结构的调整，总之要素和结构优化路径是供给侧结构性改革背景下实体经济持续转型的关键点。另一方面，在直接作用机制视角下，经济高质量发展离不开商业银行增加有效金融供给减少冗余配置、离不开增强基础职能更好配置金融资源、更离不开切实降低融资成本支持实体企业更好进行生产和研发活动。总之，商业银行通过创新优化功能是供给侧结构性改革背景下商业银行更好服务实体经济的切入点。

图6-3为商业银行金融创新对实体经济增长的作用机制的示意图，也是本章实证分析逻辑脉络。

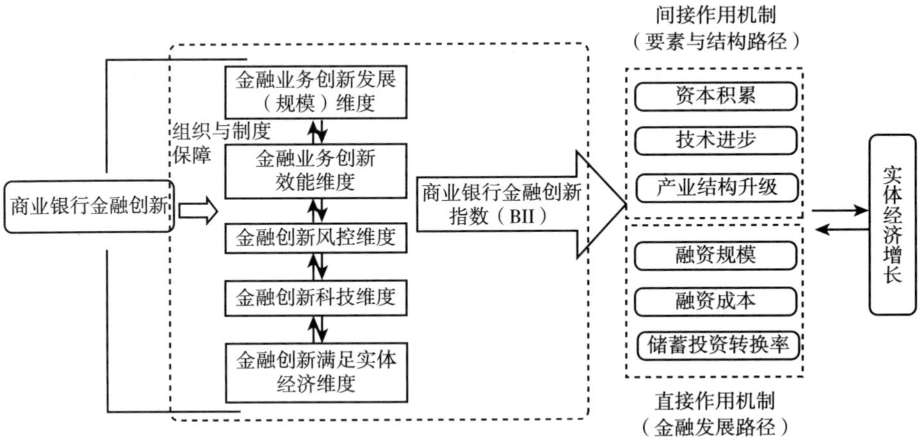

图6-3 商业银行金融创新对实体经济增长的作用机制

6.2.1.2 模型说明

向量自回归模型（VAR）作为一个重要工具，在时间序列分析中得到了非常广泛的应用，VAR方法通过把系统中每一个内生变量作为系统中所有内生变量的滞后值的函数来构造模型，从而回避了结构化模型的要求。VAR 模型对相互联系的时间序列变量系统是有效的预测模型。

结构向量自回归模型（SVAR）在宏观经济结构建模领域得到很大的应用。它实质是以 VAR 模型为基础采用多方程联立的形式，估计全部内生变量的动态关系。它允许变量之间存在当期影响（Sims，1980[246]；Bernanke，1988[247]），克服 VAR 模型不包含当期变量，无法观察变量之间影响的缺陷。SVAR 模型通过加入结构性约束，既包括变量之间当期关系、又附加额外条件以此解决内生性问题。SVAR 建模过程步骤一般包括平稳性检验、外生变量确定、滞后阶确定、约束条件设定等。

根据 Sims（1980），典型 SVAR 其基本形式为：

$$Y_t = \Gamma_{t-1} Y_{t-1} + \cdots + \Gamma_{t-m} Y_{t-m} + X_t + \mu_t \tag{6.10}$$

式（6.10）中，Y_t 为当期内生变量向量包括 K 个内生变量，而 $Y_{t-1} \cdots Y_{t-m}$ 为滞后 1 期，m 期的内生向量，μ_t 为扰动项，X_t 为当期外生变量包括 L 个外生向量。

矩阵 A 表示内生变量之间同期影响的系数矩阵，在式（6.10）左右两边乘以 A 可得：

$$AY_t = A\Gamma_{t-1} Y_{t-1} + \cdots + A\Gamma_{t-m} Y_{t-m} + AX_t + A\mu_t \tag{6.11}$$

一般，假设 $A\mu_t = B\varepsilon$，其中，B 为 $K \times K$ 的系数矩阵，则式（6.11）可变为：

$$A(I - A\Gamma_{t-1} Y_{t-1} - \cdots - A\Gamma_{t-m} Y_{t-m}) = A\mu_t = B\varepsilon_t \tag{6.12}$$

式（6.12）中，结构扰动项 μ_t 是标准正交的，而这种 SVAR 模型对随机扰动和被解释变量同时添加限制的形式，称为"AB 类型模型"。由于结构向量自回归模型（SVAR）具有很好研究各个变量之间关系的功能，符合本章研究目的。因此，本书构建结构向量自回归模型（SVAR），探讨商业银行金融创新指数通过直接作用机制与间接作用机制相关要素对实体经济增长的结构冲击并对有关指标相互间的贡献进行定量判断，以此验证相关作用机制的有效性。

6.2.2 变量选取和数据说明

第一，商业银行金融创新变量选取，即前文（详见本书6.1）利用主成分分析法测算得到的商业银行金融创新指数（BII），选取2009Q3—2019Q2之间共40期。

第二，是实体经济增长变量选取，根据本书定义①并参考汪发元和郑军（2019）[248]做法，选取扣除房地产业值和金融业增加值的当季国内生产总值数据（即实体经济规模）取对数化，作为实体经济增长代理变量（LnRGDP），选取时间区间与商业银行金融创新指数（BII）一致。

为便于统一观察与比较分析，后续无论是间接作用机制、还是直接作用机制的实证分析，商业银行金融创新指标和实体经济增长指标均按照以上标准选取。

6.2.2.1 间接作用机制变量选取

（1）如前文提及资本积累与技术进步既是影响经济增长的关键禀赋，这些要素投入情况直接影响交易费用和投资边际回报等，要素结构也深刻影响宏观经济整体结构，也是商业银行间接作用机制下对实体经济增长传导效应的重要变量。

（2）需求端与供给端的优化最重要体现莫过于产业结构优化，因为只有产业向上迁移与不断优化才能更好地匹配与满足消费、投资及生产领域的需求升级，使新经济部门更趋于活跃，新旧动能转换进程加快。基于上述考量，间接作用机制中选取资本积累指标、技术进步指标和产业升级指标与商业银行金融创新变量联动分析有关作用机制。

综上所述，在宏观变量的选取上，宏观经济变量将选取资本配置变量，产业升级变量和技术创新变量与金融创新指标构成结构向量自回归模

---

① 详见本书2.1.2。

型（SVAR）①，联动考察金融创新对宏观经济产出以及其重要因素影响的路径。

①资本积累指标（LnCap1_sa_reg）。资本积累变量（LnCap1_sa_reg），用固定资产当季完成额表示，由于固定资产投资数据具有较强季节性，利用回归法进行季度调整后，取对数化。

②技术进步指标（LnPatent_sa_reg）。技术进步变量（LnPatent_sa_reg）选取当季国内外专利授权数量作为代表科技水平的变量，由于该数据具有较强的季节性，利用回归法进行季度调整后，取对数化。

③产业升级指标（IS）。供给侧结构性改革背景下新经济产业经济活动日趋活跃，以“新产业、新业态、新商业模式”为代表的三新经济占国民经济的比重必将逐步升高，三新产业以高新技术产业、战略性新兴产业及知识产权密集型产业为典型且上述产业大多属于第二产业、第三产业范畴。基于季度数据可得性以第 5 章中式（5.11）所提及的产业高级化指数作为衡量全国产业升级的指标。

6.2.2.2　直接作用机制变量选取

如前文所述，商业金融创新直接作用机制通过增强金融功能、推动金融发展、优化金融结构以及影响货币深化推动实体经济增长。其中，金融发展最直接的体现是商业银行增加有效金融供给增加融资规模，优化金融结构可体现为企业融资成本下降，金融功能增强莫过于商业银行储蓄投资转换指标的有效提升以及资本形成机制的增强。基于以上考虑，直接作用机制的金融指标选取标准如下。

（1）实体经济融资规模指标（Social financingbank）。社会融资规模指标。商业银行金融创新将促进业务边界拓展与金融工具的丰富推动社会融资规模增长。考虑到商业银行金融创新打破了不同金融业态、不同市场的藩篱，单纯信贷规模已不能充分衡量其银行满足实体经济融资需求情况。

① 内生经济增长理论（韩延春，2002）认为，在人力资源不变情况下，技术进步和资本积累也可推动经济增长。

因此，参考中国人民银行惠州市中心支行课题组（2016）[249]做法，选取新增人民币贷款、信托贷款以及委托贷款之和反映银行业通过融资渠道满足实体经济融资需求规模，此处取环比增长率，得实体经济融资规模指标。

（2）实体经济融资成本指标（COST）。融资成本指标。商业银行贷款利率既是反映实体经济融资成本的重要指标、也是反映信贷资产收益率的重要衡量标准。一般认为金融机构人民币贷款加权平均利率较为全面地反映了实体经济部门从银行获得贷款融资的成本。这里采用实际金融机构人民币贷款加权平均利率减去通货膨胀（CPI）衡量利率渠道指标，得出融资成本指标（COST）。

（3）储蓄投资转换指标（SRI）。储蓄投资转换是指（包括个体生产者在内居民可支配收入扣除消费）储蓄转化为资本水平。储蓄投资转换值既是衡量银行发挥基础职能重要指标，又是反映银行形成有效实体资本的水平。现有文献主要基于年度数据进行测算，既有比值法（王祎琛，2013）[250]、也有 VAR 协整模型法（沈军和白钦先，2013）测算。

考虑到季度数据可获得性以及季度数据（如累计值）季节性波动较大因素这里将采取比值法。综合考量后，使用资本形成总额增量与储蓄存款增量比值作为储蓄投资转换率指标。其中，分母用资本形成总额增量值反映资本有效形成变化水平，由于只有总资本形成总额的季度数据而无固定资本形成总额的季度数据。根据国家统计局数据，2008—2018 年固定资产形成额度占资本形成额度为 96%，占据绝大部分份额，基本可以等同于固定资本形成额度；分子用城乡居民储蓄存款余额增量值，可以反映居民储蓄同期实际变化情况。

综上，储蓄转换成为资本指标的变量储蓄投资转换指标（SRI）：

$$\text{储蓄投资转换指标}(SRI)=\frac{\text{固定资本形成额增量}}{\text{城乡居民储蓄存款余额增量}} \tag{6.13}$$

上述所提及选取变量，样本时间区间为 2009Q3—2019Q2，总计 40 期。

6.2.2.3　直接作用机制和间接作用选取变量与供给结构性改革内涵的有机联系

黄奇帆（2020）[251]认为，供给侧结构性改革的科学内涵包括激活市场主体（企业供给）、优化要素配置（要素供给）、降低营商成本（成本供给）、提高市场效率（制度供给）、增强创新动能（创新供给）进而达到克服结构性失衡与体制及制度障碍，供给结构更好适应需求变化的灵活性实现经济高质量转型与持续增长。因此，在间接作用机制下，资本积累无疑反映了要素供给层面的内容，技术进步反映了创新供给层面的内容。在直接作用机制下，融资规模指标反映银行视角下的银行（企业）供给，融资成本反映企业融资成本供给，储蓄投资转换指标反映银行效能（制度供给）。因此，相关指标深刻反映了供给侧结构性改革的重要内容，验证商业银行金融创新对实体经济增长的直接作用和间接作用路径的有效性与供给侧结构性改革的科学内涵紧密联系。

6.2.2.4　变量的描述性统计

间接作用机制下和直接作用机制下的相关指标均选取至国家统计局网站、国家统计年鉴，中国人民银行与银保监会统计数据以及 Wind 数据库，如果仅有月度数据（如专利授权数量），那么将由其当季月度数据算术平均值进行处理。

综上所述，相关变量描述性统计见表 6－5。

表 6－5　　变量描述性统计

类别	变量	符号	样本数量	均值	标准差	最小值	最大值
金融创新变量	商业银行金融创新指数	BII	40	0.5469	0.151	0.309	0.8066
间接作用机制变量	资本积累变量	LnCap1_sa_reg	40	11.5702	0.3808	12.0179	10.784
	技术进步变量	LnPatent_sa_reg	40	11.8527	0.4787	10.8447	12.4766
	产业高级指数	IS	40	2.1487	0.181	1.7011	2.5104

续表

类别	变量	符号	样本数量	均值	标准差	最小值	最大值
直接作用机制变量	融资规模	Social financingbank	40	3.9922	1.2298	1.7679	6.975
	融资成本	COST	40	3.8166	1.0712	1.49	6.3167
	储蓄投资转换指标	SRI_sa_reg	40	28.193	8.0855	16.3612	53.9712
实体经济增长变量	减去房地产业和金融业的国内生产总值当季值	LnRGDP	40	11.808	0.2718	11.238	12.295

6.2.3 模型稳定性与格兰杰检验

这里用 Stata 13.0 软件进行实证分析，在建立 SVAR 模型之前，需要进行一系列检验，包括变量的单位根检验、格兰杰因果关系检验和最优滞后阶数的确定等。

6.2.3.1 平稳性检验

对检验各时间序列变量的平稳性进行检验，单位根检验是对时间序列平稳性的检验，只有平稳的时间序列才能进行计量分析，容易出现伪回归现象；若非平稳，进行差分，直至平稳服从单整为止。这里采用的是常用的 ADF 检验。相关变量的 ADF 检验见表 6－6。通过检验可得，BII、间接作用机制下的选取变量 IS，以及直接作用机制下选取变量 Socialfinancing-bank、COST 与 SRI_sa_reg LnRGDP 本身为平稳序列。但是间接作用机制下的 LnCAP、LnPatent 为非平稳序列通过对上述两个变量进行差分得出，其中 dLnCAP1_sa_reg 为 LnCAP 一阶差分表示物资资本存量、dLnPatent_sa_reg 为 LnPatent 表现为科技水平，差分后均通过了单位根检验。因此，全部变量序列均为平稳序列，可以忽略变量间的协整检验。具体结果见表 6－6。

表 6 - 6　　ADF 检验结果

变量名称	检验类型（C，T，K）	ADF 检验	P 值	结论
BII	C，T，0	-4.946	0.0003	平稳
LnCap	C，T，1	-1.044	0.9379	不平稳
dLnCap1_sa_reg（一阶差分对数化固定资产投资完成额当季值）	C，0，0	-9.217	0	平稳
LnPatent	C，T，0	-2.194	0.493	不平稳
dLnPatent_sa_reg（一阶差分对数化国内外专利授权数量当季值）	C，0，0	-7.034	0	平稳
IS	C，0，0	-2.896	0.0458	平稳
Socialfinancingbank	C，0，0	-3.463	0.009	平稳
COST	C，0，3	-4.261	0.0005	平稳
SRI_sa_reg	C，0，1	-3.731	0.0037	平稳
LnRGDP	C，T，0	-6.783	0	平稳

注：在检验类型（C，T，K）中，C 为存在常数项（截距项），T 表示存在时间趋势项，K 表示滞后阶数（数字代表具体滞后阶数），所有变量检验的显著性水平都取 1%。

6.2.3.2　格兰杰因果检验

由于选取变量均为平稳序列，因此可进一步通过格兰杰因果检验来明确所选取变量之间关系。具体采用每个变量与其他变量组合，进行双变量自回归检验，具体结果见表 6 - 7。

表 6 - 7　　格兰杰检验结果

原假设	χ - sq 统计量	P 值	结论
BII 不是 LnRGDP 的格兰杰原因	22.62	0.000	拒绝
LnRGDP 不是 BII 的格兰杰原因	24.63	0.000	拒绝
BII 不是 LnCap1_sa_reg 的格兰杰原因	0.63593	0.728	不能拒绝
LnCap1_sa_reg 不是 BII 的格兰杰原因	10.967	0.004	拒绝
BII 不是 dLnCAP1_sa_reg 的格兰杰原因	22.649	0.000	拒绝
dLnCAP1_sa_reg 不是 BII 的格兰杰原因	24.264	0.000	拒绝

续表

原假设	χ - sq 统计量	P 值	结论
BII 不是 LnPatent 的格兰杰原因	3. 9106	0. 142	不能拒绝
LnPatent 不是 BII 的格兰杰原因	3. 7677	0. 152	不能拒绝
BII 不是 dLnPatent_sa_reg 的格兰杰原因	3. 7515	0. 153	不能拒绝
dLnPatent_sa_reg 不是 BII 的格兰杰原因	5. 7715	0. 042	拒绝
BII 不是 IS 的格兰杰原因	6. 489	0. 039	拒绝
IS 不是 BII 的格兰杰原因	9. 3043	0. 010	拒绝
BII 不是 Socialfinancingbank 的格兰杰原因	28. 872	0. 000	拒绝
Socialfinancingbank 不是 BII 的格兰杰原因	10. 641	0. 005	拒绝
BII 不是 COST 的格兰杰原因	2. 8	0. 0177	拒绝
COST 不是 BII 的格兰杰原因	0. 00366	0. 998	不能拒绝
BII 不是 SRI_sa_reg 的格兰杰原因	4. 8485	0. 089	拒绝
SRI_sa_reg 不是 BII 的格兰杰原因	0. 18433	0. 912	不能拒绝
LnCap1_sa_reg 不是 LnRGDP 的格兰杰原因	10. 7	0. 005	拒绝
LnRGDP 不是 LnCap1_sa_reg 的格兰杰原因	7. 7091	0. 021	拒绝
dLnCAP1_sa_reg 不是 LnRGDP 的格兰杰原因	44. 404	0. 000	拒绝
LnRGDP 不是 dLnCAP1_sa_reg 的格兰杰原因	53. 314	0. 000	拒绝
LnPatent 不是 LnRGDP 的格兰杰原因	6. 494	0. 039	拒绝
LnRGDP 不是 LnPatent 的格兰杰原因	3. 4715	0. 176	不能拒绝
dLnPatent_sa_reg 不是 LnRGDP 的格兰杰原因	13. 93	0. 001	拒绝
LnRGDP 不是 dLnPatent_sa_reg 的格兰杰原因	14. 392	0. 001	拒绝
IS 不是 LnRGDP 的格兰杰原因	12. 529	0. 002	拒绝
LnRGDP 不是 IS 的格兰杰原因	18. 247	0. 000	拒绝
Socialfinancingbank 不是 LnRGDP 的格兰杰原因	11. 244	0. 004	拒绝
LnRGDP 不是 Socialfinancingbank 的格兰杰原因	4. 1755	0. 124	不能拒绝
COST 不是 LnRGDP 的格兰杰原因	11. 6	0. 0015	拒绝
LnRGDP 不是 COST 的格兰杰原因	1. 1471	0. 564	不能拒绝
SRI_sa_reg 不是 LnRGDP 的格兰杰原因	3. 517	0. 013	拒绝
LnRGDP 不是 SRI_sa_reg 的格兰杰原因	2. 681	0. 262	不能拒绝

从表6－7可知，BII是LnRGDP的格兰杰原因，商业银行金融创新可以影响实体经济增长水平，同时“LnRGDP不是BII的格兰杰原因”的原假设同样被拒绝，即实体经济增长水平对商业银行金融创新水平同样具有重要影响。间接作用机制和直接作用机制下格兰杰结果如下。

（1）间接作用机制下各指标格兰杰检验结果，在5%显著性水平下，BII是dLnCAP1_sa_reg、IS的格兰杰原因，即商业银行金融创新指数可以影响资本积累、产业升级水平。但“BII不是dLnPatent_sa_reg的格兰杰原因”的原假设无法被拒绝，说明目前商业银行金融创新对技术进步作用不明显。与此同时，宏观变量如固定资产投资、产业升级、技术进步对商业银行金融创新具有重要影响。因此，上述变量之间具有紧密联系，且存在内生性。除了BII，其余选取的宏观指标是dLnCAP1_sa_reg、dLnPatent_sa_re，IS不是LnRGDP的格兰杰原因原假设均被拒绝，说明上述宏观指标对实体经济增长具有促进作用，符合现实预期。

此外，根据联合格兰杰因果检验的结果，BII、CapMonthlyGrowth、dLnPatent_sa_reg、IS共同构成LnRGDP的格兰杰原因，CapMonthlyGrowth，dLnPatent_sa_reg，IS以及LnRGDP共同构成BII的格兰杰原因。上述结果说明，在间接作用机制下，商业银行金融创新与实体经济增长互为因果紧密相关关系，所以效用传导路径是双向的。

（2）直接作用机制下各指标格兰杰检验结果，在5%显著性水平下，金融创新指数BII是Socialfinancingbank、COST、SRI_sa_reg的格兰杰原因，即商业银行金融创新可以实体经济融资规模、融资成本以及储蓄投资转换水平。与此同时，“Socialfinancingbank不是BII的格兰杰原因”的原假设同样被决绝。这说明社会融资规模可以影响商业银行金融创新水平，两者互相影响联系紧密。此外，COST、SRI_sa_reg不是金融创新指数BII的格兰杰原因，即融资成本和储蓄投资转换指标无法引致商业银行金融创新水平变化。至于与LnRGDP关系方面，除了BII，其余金融指标（如Socialfinancingbank、COST、SRI_sa_reg）均拒绝原假设。直接作用机制下的金融指标变化也可以引起实体经济增长水平变化，初步说明“金融—经济”联动机制有效性。但是，LnRGDP 却不是 Socialfinancingbank、COST、SRI_sa_reg 格兰杰原因，相关原假设不能被拒绝，说明实体经济增长对金融指标影响不足，虚拟经济与实体经济融合依然不够紧密，虚拟经济可以脱离实体经济发展水平运行。

此外，根据联合格兰杰因果检验的结果，BII、Socialfinancingbank、COST、SRI_sa_reg 共同构成 LnRGDP 的格兰杰原因，Socialfinancingbank、COST、SRI_sa_reg 以及 LnRGDP 共同构成 BII 的格兰杰原因，在直接作用机制下，商业银行金融创新指数与实体经济增长指标同样呈现互为因果关系，效用传导是双向的。上述格兰杰检验结果将以下面实证分析中用到。

6.2.4 商业银行金融创新与实体经济增长的间接作用机制实证研究结果

6.2.4.1 滞后阶数的确定

滞后阶数的确定一般是在最优滞后阶综合使用 LogL、LR、FPE、AIC、SC 以及 HQ 准则检验结果，以确定模型的最优阶数。基于 BII、CapMonthlyGrowth、dLnPatent_sa_reg、IS 以及 LnRGDP 五个变量 SVAR 模型滞后阶数选择情况见表 6-8。

表 6-8 SVAR 模型滞后阶数的选择标准——间接作用机制

lag	LogL	LR	FPE	AIC	SC	HQ
0	165.779	N. A	7.00E-11	-9.18738	-8.96518	-9.11068
1	293.89	256.22	2.0e-13	-15.0794	-13.7463	-14.6192
2	334.823	81.867	8.7e-14	-15.9899	-13.5458	-15.1462
3	394.683	119.72	1.5e-14	-17.9819	-14.4268	-16.7547
4	477.871	166.37*	9.7e-16*	-21.3069*	-16.6409*	-19.6962*

注：*表示按照相应方法选取最优滞后阶数，N. A. 表示无此项数据。

如表 6－8 所示，在模型滞后阶数选择上，根据 LR 需要四阶；根据 FPE 需要滞后四阶，AIC、HQIC 和 SBIC 结果均类似，综合各方法结果本模型最优滞后阶数选择为四阶。在此基础上，对模型相关间接作用机制下相关变量即 BII、CapMonthlyGrowth、dLnPatent_sa_reg、IS 以及 LnRGDP 进行检验，检验 SVAR 系统是否稳定，可有如下结论（见图 6－4）。

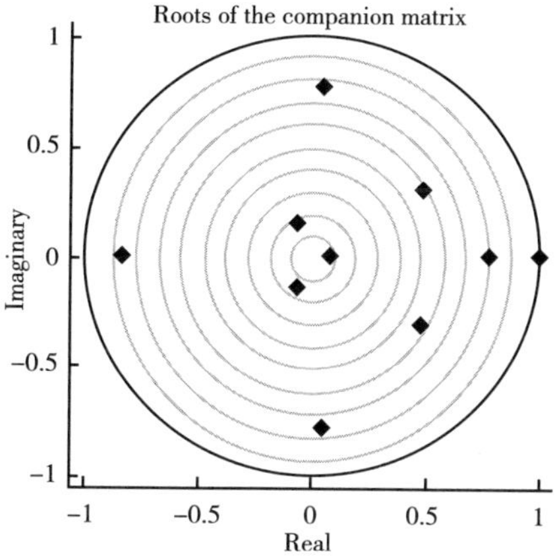

图 6－4　SVAR 模型系统稳定性的判断图——间接作用机制

根据图 6－4，所有模型的特征根均在单位圆内，SVAR（5）模型的结果是稳定的，但是有一个变量接近单位圆。这意味着有些冲击具有较强的持续性。

6.2.4.2　变量顺序的确定

根据矩阵的约束特征，排名第一的变量与其余变量相关性强弱进行排序，即排名第一变量受到其他变量的影响较少。参考格兰杰因果检验的结果并结合相关理论分析，内生变量顺序为：BII、CapMonthlyGrowth、dLnPatent_sa_reg、IS 以及 LnRGDP。

6.2.4.3　模型估计（识别）结果

一般，将 A 设定为下三角矩阵对角元素为 1，B 设为对角矩阵。参考 SIMS（1980），将 SVAR 模型设定为 AB 性，建立一个包括金融创新指数

(BII)，相关宏观经济变量，具体包括：物资资本（dLnCap1_sa_reg）、科技水平（dLnPatent_sa_reg）、产业高级指标（IS）以及宏观经济产出（LnRGDP）变量的结构向量自回归模型（SVAR）。

根据 Bernanke and Mikov（1998），至少需要对矩阵 A 施加 $(n^2-n)/2=10$ 个约束。本书提出如下约束条件。①假设 BII 在当期不受到 CapMonthlyGrowth、dLnPatent_sa_reg、IS 以 LnRGDP 的影响，即金融创新具有滞后性（a_{12}、a_{13}、a_{14}、a_{15} 均为 0）。②假设 CapMonthlyGrowth 当期不受到 dLnPatent_sa_reg、IS、LnRGDP 的影响（a_{23}，a_{24}，a_{25} 均为 0）。③假设 dLnPatent_sa_reg 不受到 IS、LnRGDP 的影响（a_{34}，a_{35} 均为 0）。④IS 当期不受到 LnRGDP 的影响（a_{45} 为 0）。此外，由于变量之间具有较强且相互影响关系，因此选择短期约束。

综上，SVAR（5）模型变量按照 BII、CapMonthlyGrowth、dLnPatent_sa_reg、IS、LnRGDP 顺序排列进行冲击分析，通过乔利斯基（Cholcsky）分解，对 A、B 参数矩阵施加约束，将 A 设定为构建上三角为 0 的矩阵，将 B 设定为对角矩阵可得（约束条件）。综上，构建模型扰动项与结构冲击项的关系式如下：

$$\begin{pmatrix} 1 & 0 & 0 & 0 & 0 \\ a_{21} & 1 & 0 & 0 & 0 \\ a_{31} & a_{32} & 1 & 0 & 0 \\ a_{41} & a_{42} & a_{43} & 1 & 0 \\ a_{51} & a_{52} & a_{53} & a_{54} & 1 \end{pmatrix} \begin{pmatrix} \varepsilon_t^{BII} \\ \varepsilon_t^{dLnCap1\_sa\_reg} \\ \varepsilon_t^{dLnPatent\_sa\_reg} \\ \varepsilon_t^{IS} \\ \varepsilon_t^{LnRGDP} \end{pmatrix} = \begin{pmatrix} b_{11} & 0 & 0 & 0 & 0 \\ 0 & b_{22} & 0 & 0 & 0 \\ 0 & 0 & b_{33} & 0 & 0 \\ 0 & 0 & 0 & b_{44} & 0 \\ 0 & 0 & 0 & 0 & b_{55} \end{pmatrix} \begin{pmatrix} \mu_t^{BII} \\ \mu_t^{dLnCap1\_sa\_reg} \\ \mu_t^{dLnPatent\_sa\_reg} \\ \mu_t^{IS} \\ \mu_t^{LnRGDP} \end{pmatrix} \tag{6.14}$$

在满足可识别条件的情况下，采用极大似然估计法（Full information maximum like hood estimation，FIML）对矩阵 A、矩阵 B 进行估计，间接作用机制下估计系数见表 6-9。

表 6－9　　间接作用机制下 SVAR（5）模型估计系数

参数	系数	标准差	Z 统计量	P 值
a_{21}	0.481	0.523	0.920	0.357
a_{31}	-0.978	0.710	-1.380	0.168
a_{41}	-2.664	0.956	-2.790	0.005
a_{51}	2.369	0.332	7.130	0.000
a_{32}	0.013	0.221	0.060	0.955
a_{42}	0.393	0.290	1.360	0.175
a_{52}	0.003	0.094	0.030	0.976
a_{43}	-0.071	0.216	-0.330	0.741
a_{53}	-0.156	0.068	-2.280	0.022
a_{54}	0.161	0.052	3.110	0.002
b_{11}	0.014	0.002	8.600	0.000
b_{22}	0.044	0.005	8.600	0.000
b_{33}	0.060	0.007	8.600	0.000
b_{44}	0.078	0.009	8.600	0.000
b_{55}	0.025	0.003	8.600	0.000

因此，SVAR（5）模型的估计结果如下：

$$\begin{pmatrix} 1 & 0 & 0 & 0 & 0 \\ 0.4813 & 1 & 0 & 0 & 0 \\ -0.9781 & 0.0125 & 1 & 0 & 0 \\ -2.6637 & 0.3933 & -0.0713 & 1 & 0 \\ 2.3689 & 0.0028 & -0.1559 & 0.1613 & 1 \end{pmatrix} \begin{pmatrix} \varepsilon_t^{BII} \\ \varepsilon_t^{dLnCap1\_sa\_reg} \\ \varepsilon_t^{dLnPatent\_sa\_reg} \\ \varepsilon_t^{IS} \\ \varepsilon_t^{LnRGDP} \end{pmatrix} =$$

$$\begin{pmatrix} 0.0140 & 0 & 0 & 0 & 0 \\ 0 & 1.7944 & 0 & 0 & 0 \\ 0 & 0 & 0.0646 & 0 & 0 \\ 0 & 0 & 0 & 0.0749 & 0 \\ 0 & 0 & 0 & 0 & 0.0257 \end{pmatrix} \begin{pmatrix} \mu_t^{BII} \\ \mu_t^{dLnCap1\_sa\_reg} \\ \mu_t^{dLnPatent\_sa\_reg} \\ \mu_t^{IS} \\ \mu_t^{LnRGDP} \end{pmatrix} \quad (6.15)$$

6.2.4.4 脉冲响应分析和方差分解分析

为更好地根据 SVAR (5) 模型估计结果的经济意义进行解释，将系统地观察脉冲响应函数和方差分解。

(1) 来自商业银行金融创新指数 (BII) 冲击下各变量的脉冲冲击函数分析。

得出矩阵 A、矩阵 B 滞后阶数，便可计算各个变量结构冲击相应函数并得出相应脉冲响应图。脉冲响应函数是用来衡量随机扰动项的一个标准差的冲击对其他变量当前和未来取值的影响轨迹，能比较直观地刻画出变量之间动态交互作用和影响效应，并从动态响应中判断变量间的时滞关系。当某个变量出现一个标准差的冲击时，就可得到模型内各变量的脉冲响应函数。陈强 (2010)[252] 认为，AB 类型的 SVAR 模型分析重点是正交化冲击的效应为探究商业银行金融创新对间接作用机制下实体经济增长、其他宏观变量的冲击—响应机制情况，因此选取 BII 一个标准差冲击对间接作用机制下宏观变量及自身 (LnRGDP、CapMonthlyGrowth、dLnPatent_sa_reg、IS、BII) 影响，为考察较长持续时间内的冲击作用效果，响应时间设为 15 期，灰色区域为 95% 水平下的置信区间。综上，各个宏观变量脉冲响应情况见图 6-5。

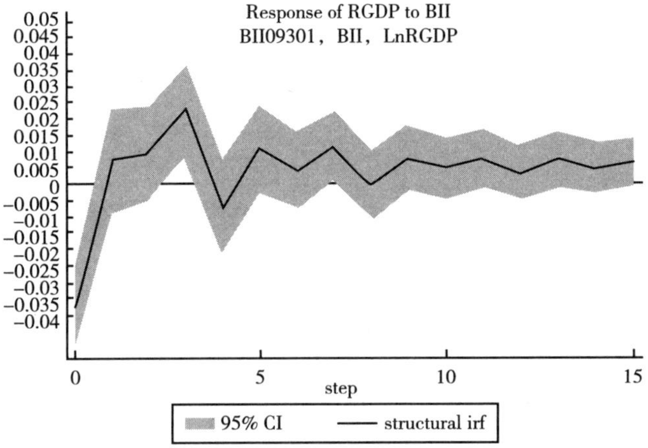

(a) 对LnRGDP（实体经济增长）脉冲响应图

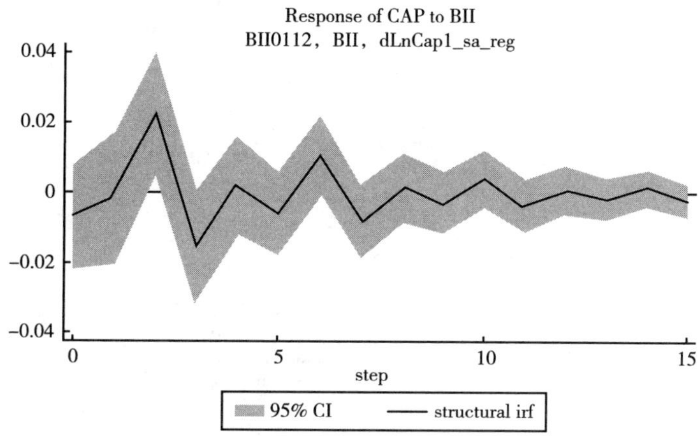

（b）对dLnCap1_sa_reg（资本积累）脉冲响应图

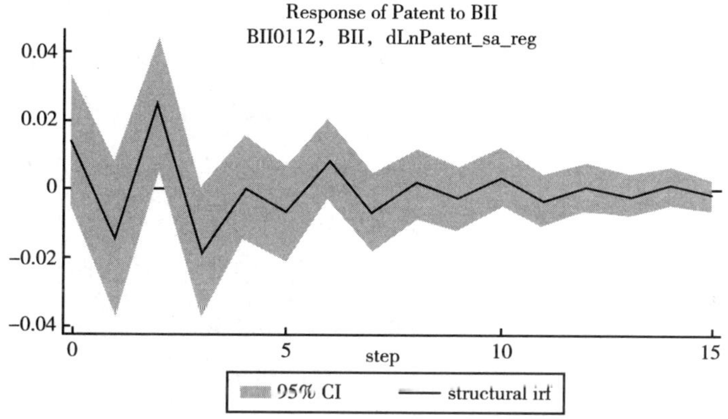

（c）对dLnPatent_sa_reg（专利授权数量）脉冲响应图

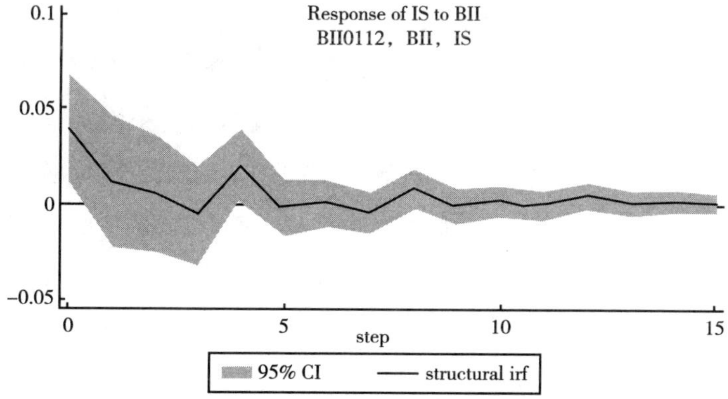

（d）对IS（产业升级指标）脉冲响应图

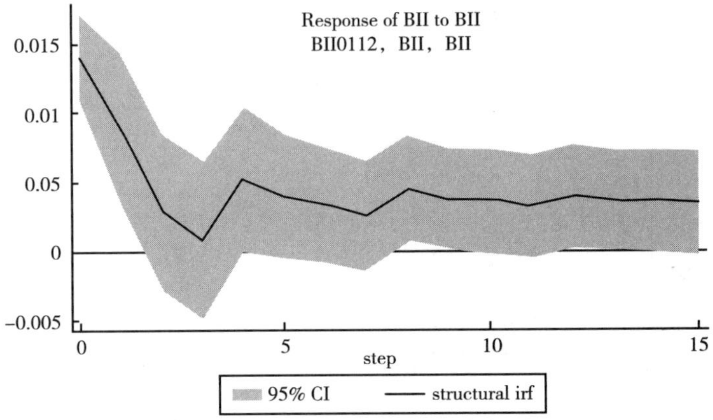

（e）对BII（金融创新指数）脉冲响应图

图6－5 间接作用机制下各变量对来自BII一个标准差冲击的脉冲响应图

根据图6－5，当间接作用机制下商业银行金融创新指数（BII）一个标准差冲击时，可有如下结论。

①对于实体经济增长（LnRGDP）整体呈现正向影响，第1期时为正向且效应不断扩大，到了第3期时扩大到相关指标的峰值，即0.022，第4期时转为负，第8期时也为负，剩余期观察期限内对经济增长恢复正向但影响逐步减弱，到第15期时相关指标仅为0.006。上述结果说明如下结论。一是随着商业银行金融创新水平提高可以有效拉动经济增长。商业银行金融创新指数增长意味着金融供给增加，金融产品更丰富，创新风控能力更强最终达到支持实体经济要素投入，服务实体经济水平得到提升目的。二是商业银行金融创新对实体经济增长的正向影响中期出现波动。也就是随着商业银行金融创新持续可能会出现偏离不利于实体经济增长，比如资金体内空转不当套利或者偏离政策投向房地产领域等金融过度创新的出现，消极作用显现。三是商业银行金融创新对实体经济增长长期恢复积极影响并趋于稳定，但效应逐渐衰减。在政府干预、外部监管等因素影响下，中国商业银行在创新过程中具有调节机制纠正过度创新行为，对实体经济增长影响恢复正向响应。

②对于资本积累变量（dLnCap1_sa_reg），当金融创新指数（BII）一

个标准差正向冲击发生后，dLnCap1_sa_reg 在第 1 期系数为 -0.00176、在第 2 期系数为 0.0228，之后呈现正负交替反复的趋势，但波动幅度不断减小。上述结果说明，商业银行金融创新在短期内能促进物质资本积累但影响时效较短，商业银行金融创新支持实体经济的资本供给与配置的针对程度有待提升，比如商业银行现有金融产品无法有效满足中小微企业生产需求结构性矛盾比较突出。

③对于技术进步变量（dLnPatent_sa_reg），当金融创新指数（BII）一个标准差正向冲击发生后，dLnPatent_sa_reg 在第 1 期为 -0.014919、在第 2 期转为 0.024732，之后呈现反复趋势，但是波动变化逐步不明显。上述结果说明，商业银行金融创新短期内有助于科技研发活动，但长期影响不显著，商业银行金融创新对于科技研发活动的支持作用有限，商业银行支持科技研发活动、服务高新技术企业的匹配度有待提升。特别在供给侧改结构性革背景下，技术进步对于经济高质量发展必不可少，企业技术研发活动在初始期具有资金投入高、孵化时间长以及研究成果不确定等特征，需要商业银行加强创新的针对性比如通过金融科技升级风控手段并能够提供满足研发项目需求的金融产品。

④对于产业升级指数（IS），当金融创新指数（BII）一个标准差正向冲击发生后，在第 1 期影响系数值为 0.012392，在第 3 期下降为 -0.005901，在第 4 期再次转为正并达到峰值 0.021385，第 5 期开始指标再次转为负数，且后续观察期内依然小幅度反复在第 7 期，在第 11 期指标均为负数，其余时间指标为正值，但影响逐步减弱。上述结果说明，中短期来看商业银行金融创新对促进产业结构升级影响存在反复。这是因为商业银行金融创新过程需要时间适应金融创新产业升级需求，开发出有效的金融产品，因此传导效应具有滞后性。长期来看，商业银行金融创新对于推动产业结构升级整体是积极的，但作用逐渐衰退，商业银行需要有效识别供给侧结构性改革下产业转型升级路径、方向与金融服务节点，提供更符合实体经济需求的金融产品和服务。

⑤对于金融创新（BII）自身，当金融创新指数（BII）一个标准差正向冲击发生后，对于自身作用效应强，在第1期金融创新指数上升约0.0089并达到峰值，但影响时间不长，随后下降到第3期仅为0.0007，此时影响效应较微弱，在第4期后出现反弹上升为0.0052。之后影响逐步衰退但冲击以正向为主，在第5期后基本维持在0.003左右的水平。上述结果说明，商业银行金融创新具有持续性（4期，即一年），由于构成BII的上市银行创新能力金融创新行为对自身影响具有持续性和连贯性。

（2）方差分解分析。方差分解分析通过每一个结构冲击对内生变量变化的贡献度，进而评价不同结构冲击程度重要性。这里包括两个部分方差分析：一是以LnRGDP为反应变量；二是以宏观变量作为反应变量，包括如下内容。

①以LnRGDP为反应变量，对间接作用体制下各要素对实体经济增长的方差进行分解，观察商业银行金融创新及其他宏观变量多大程度解释实体经济增长，如表6-10所示。

表6-10　间接作用机制下SVAR（5）模型对经济增长（LnRGDP）的方差分解结果

冲击时期	标准差	LnRGDP	BII	dLnCap1_sa_reg	dLnPatent_sa_reg,	IS
1	0.0760	27.0781	62.2737	0.3022	3.2790	7.0669
2	0.0687	24.2673	57.9242	5.2363	6.0959	6.4764
3	0.0628	22.3331	49.6267	17.7838	4.9433	5.3131
4	0.0529	18.4385	54.8017	16.0622	4.3896	6.3079
5	0.0641	22.4280	49.8504	15.7177	4.0044	7.9995
6	0.0589	20.9668	49.1563	14.7458	5.8408	9.2902
7	0.0625	21.2517	47.5697	15.3046	5.6256	10.2485
8	0.0602	20.4674	48.7316	14.9447	5.5249	10.3315
9	0.0639	21.2679	46.8539	14.5269	5.3328	12.0186
10	0.0625	20.7049	46.6534	14.0702	5.5990	12.9725
11	0.0653	20.9130	45.9802	13.8454	5.4756	13.7858

续表

冲击时期	标准差	LnRGDP	BII	dLnCap1_sa_reg	dLnPatent_sa_reg,	IS
12	0.0648	20.6085	46.1507	13.5812	5.4576	14.2019
13	0.0673	20.9110	45.2399	13.2918	5.3820	15.1753
14	0.0675	20.6721	45.0560	12.9900	5.4442	15.8377
15	0.0696	20.7725	44.6133	12.7370	5.3737	16.5034

通过对实体经济增长变量进行方程分解，可得如下结论。一是商业银行金融创新指数（BII）第 1 期对实体经济增长的贡献高达 62.27%，随后逐步下降，到第 15 期时已经降至 44.61%，在间接作用机制下商业银行金融创新对实体经济增长的贡献率最大但影响是逐步下降的，商业银行金融创新是促进实体经济增长的重要原因。二是实体经济增长变量（LnRGDP）对自身解释水平从第 1 期的 27.07% 缓慢下降至第 15 期的 20.7725%。这说明长期来看实体经济对自身影响力是长期的且波动小，前期实体经济增长的影响具有连贯性和持续性。三是产业升级指数的贡献度在第 1 期较弱仅为 7%，随后逐步增长至第 15 期的 16.5%，增幅超过 200%。上述结果充分说明，产业升级短期内对实体经济增长影响有限，但长期来看贡献度逐步上升，说明了产业升级对实体经济增长的效果需要时间，商业银行对产业升级特别是新经济产业发展要通过给予“耐心资本”支持其发展。四是资本积累要素（dLnCap1_sa_reg）对实体经济增长的解释能力从第 1 期仅仅 0.3% 快速增至第 3 期的 17.78%，之后开始递减至第 15 期的 12.73%。资本的有效积累对实体经济增长的贡献度变化最显著，但是到一定程度时影响力开始衰弱。五是技术进步指标（dLnPatent_sa_reg）第 1 期影响贡献度为 3.279%，第 2 期上升至 6.0959%，第 5 期下降至 4.0%，剩余期限内维持 5% 左右水平。上述结果说明，技术长效对实体经济增长的贡献是比较稳定。与其他宏观指标相比，技术进步指标贡献率最低。这说明中国技术要素对实体经济增长的贡献还有待提升，如何更好地实现创新驱动是商业银行金融创新的重要方向。

②为观察间接作用机制下商业银行金融创新传导的效应过程，分析各宏观要素对 BII 冲击的响应情况，此处对商业银行金融创新对宏观变量以及自身（CapMonthlyGrowth、dLnPatent_sa_reg、IS 以及 BII）进行方差分解。

根据表 6-11，当商业银行金融创新指数对自身和其他变量发生冲击时，都会产生重要的影响，包括如下几点。BII 对自身影响第 1 期贡献率是 100% 的，但是第 2 期开始贡献率发生递减，特别是第 4 期时贡献度锐减至 57%，长期来看对商业银行金融创新指数对自身影响递减，商业银行需确保金融创新得根据外部需求动态更新。BII 对 CapMonthlyGrowth 贡献度从第 1 期的 2.2407% 上升至第 15 期的 19.774%，且在第 3 期发生陡增变化。BII 对 dLnPatent_sa_reg 的贡献度从第 1 期的 5.0495% 上升至第 15 期的 21.996%，同样在第 3 期发生陡增变化，上述结果说明了商业银行金融创新传导效应到实体经济要素需要大半年（3 期）时间，商业银行金融创新产品期限应匹配企业资本积累和技术进步需求，确保创新效应有效溢出到实体经济；商业银行金融创新指数对 IS 的影响呈现递减的趋势，从第 1 期的 20% 递减至第 4 期的 14.06%，之后逐步回升到第 13 期的 16.91%。上述变化说明，商业银行金融创新对产业升级影响中长期来看是递减的。

表 6-11 BII 对 dLnCap1_sa_reg、dLnPatent_sa_reg、IS 方差贡献表

冲击时期	BII	dLnCap1_sa_reg	dLnPatent_sa_reg,	IS
1	100.0000	2.2407	5.0495	20.5149
2	88.9628	1.4904	8.5630	16.3519
3	72.0968	13.4921	17.4961	14.2987
4	57.7045	17.4928	20.9506	14.0680
5	55.6909	16.9210	20.3556	16.6661
6	54.1379	17.0400	20.5973	16.5853
7	51.5446	18.4704	21.3559	16.4125
8	48.5098	19.3508	21.7708	16.3779
9	47.9936	19.2953	21.7362	16.8348

续表

冲击时期	BII	dLnCap1_sa_reg	dLnPatent_sa_reg,	IS
10	47. 0624	19. 3575	21. 7627	16. 8031
11	45. 9181	19. 5382	21. 8832	16. 7984
12	44. 5846	19. 7440	21. 9763	16. 7641
13	44. 0348	19. 7338	21. 9716	16. 9100
14	43. 3155	19. 7628	21. 9845	16. 8950
15	42. 6115	19. 7740	21. 9963	16. 9118

注：表 6 - 11 中 2 ~ 3 列为 BII1 个单位冲击对相应变量的贡献率，其单位均为百分比。

6. 2. 5　商业银行金融创新与实体经济增长的直接作用机制实证研究结果

6. 2. 5. 1　滞后阶数的确定

基于 BII Socialfinancingbank、COST、SRI_sa_reg 及 LnRGDP 五个变量 SVAR 模型滞后阶数选择情况如表 6 - 12 所示。

表 6 - 12　　SVAR 模型滞后阶数的选择标准 - 直接作用机制

lag	LogL	LR	FPE	AIC	SC	HQ
0	- 141. 306	N. A.	2. 33E - 03	8. 12811	8. 34804	8. 20487
1	- 0. 374421	281. 86	3. 80E - 06	1. 68747	3. 00707	2. 14804
2	35. 3706	71. 49	2. 30E - 06	1. 09052	3. 50979	1. 93491
3	58. 441	46. 141	3. 20E - 06	1. 19772	4. 71665	2. 42593
4	136. 59	156. 3 *	2. 8e - 07 *	- 1. 75503 *	2. 86357 *	- . 143013 *

如表 6 - 12 所示，在模型滞后阶数选择上，根据 LR，需要四阶；根据 FPE，需要滞后四阶，AIC、HQIC 和 SBIC 结果均类似，综合各方法直接作用机制下回归模型的最优滞后阶数选择为四阶。

在此基础上，对模型相关间接效应机制下相关变量，即 BII Socialfinancingbank、COST、SRI_sa_reg、LnRGDP 进行特征根检验，检验 SVAR 系统是否稳定，可得到图 6-6。

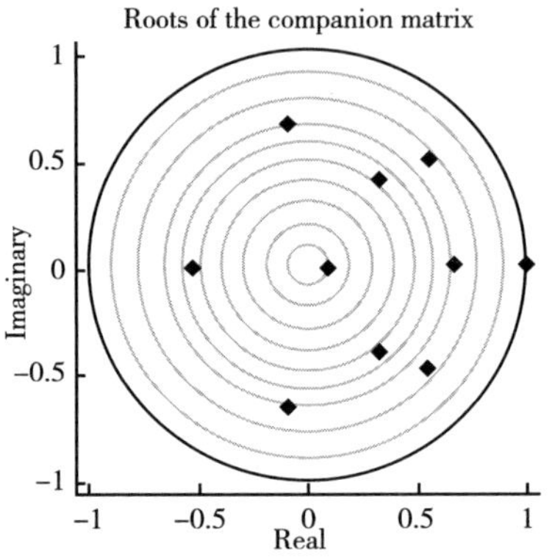

图 6-6　SVAR（5）模型系统稳定性的判断图-直接作用机制

如图 6-6 所示，所有模型的特征根均在单位圆内，此 SVAR（5）模型的结果是稳定的。

6.2.5.2　变量顺序的确定

结合格兰杰检验结果和相关经济原理，直接效应下 SVAR 模型的内生变量排序为 BII、Socialfinancingbank、COST、SRI_sa_reg、LnRGDP。

6.2.5.3　模型估计（识别）结果

直接作用机制下，SVAR（5）模型，模型扰动项与结构冲击项的关系式如下：

$$\begin{pmatrix} 1 & 0 & 0 & 0 & 0 \\ a_{21} & 1 & 0 & 0 & 0 \\ a_{31} & a_{32} & 1 & 0 & 0 \\ a_{41} & a_{42} & a_{43} & 1 & 0 \\ a_{51} & a_{52} & a_{53} & a_{54} & 1 \end{pmatrix} \begin{pmatrix} \varepsilon_t^{BII} \\ \varepsilon_t^{Socialfinancingbank} \\ \varepsilon_t^{COST} \\ \varepsilon_t^{SRI\_sa\_reg} \\ \varepsilon_t^{LnRGDP} \end{pmatrix} = \begin{pmatrix} b_{11} & 0 & 0 & 0 & 0 \\ 0 & b_{22} & 0 & 0 & 0 \\ 0 & 0 & b_{33} & 0 & 0 \\ 0 & 0 & 0 & b_{44} & 0 \\ 0 & 0 & 0 & 0 & b_{55} \end{pmatrix} \begin{pmatrix} \mu_t^{BII} \\ \mu_t^{Socialfinancingbank} \\ \mu_t^{COST} \\ \mu_t^{SRI\_sa\_reg} \\ \mu_t^{LnRGDP} \end{pmatrix} \tag{6.16}$$

在满足可识别条件的情况下，采用极大似然估计法（FIML）对矩阵A、矩阵 B 进行估计，得出直接作用机制下估计系数（见表 6－13）。

表 6－13　　直接作用机制下 SVAR（5）模型估计系数

参数	系数	标准差	Z 统计量	P 值
a21	3.128468	0.4516569	6.93	0.000
a31	10.66762	5.709218	1.87	0.062
a41	15.46295	5.851993	2.64	0.008
a51	－77.04856	70.27041	－1.1	0.273
a32	8.212796	1.363243	6.02	0.000
a42	1.175835	1.869817	0.63	0.529
a52	－1.113512	20.74381	－0.05	0.957
a43	－0.042642	0.1591288	－0.27	0.789
a53	2.971927	1.757924	1.69	0.091
a54	－0.838031	1.790398	－0.47	0.640
b11	0.016284	0.0018679	8.72	0.000
b22	0.0453378	0.0052006	8.72	0.000
b33	0.3810004	0.0437037	8.72	0.000
b44	0.373737	0.0428706	8.72	0.000
b55	4.124843	0.473152	8.72	0.000

直接作用机制下 SVAR（5）模型的估计结果如下：

$$\begin{pmatrix} 1 & 0 & 0 & 0 & 0 \\ 3.1285 & 1 & 0 & 0 & 0 \\ 10.6676 & 8.2128 & 1 & 0 & 0 \\ 15.4630 & 1.1758 & -0.0426 & 1 & 0 \\ -77.0648 & -1.1135 & 2.9719 & -0.8380 & 1 \end{pmatrix} \begin{pmatrix} \varepsilon_t^{BII} \\ \varepsilon_t^{Socialfinancingbank} \\ \varepsilon_t^{COST} \\ \varepsilon_t^{SRI\_sa\_reg} \\ \varepsilon_t^{LnRGDP} \end{pmatrix} =$$

$$\begin{pmatrix} 0.0163 & 0 & 0 & 0 & 0 \\ 0 & 0.0453 & 0 & 0 & 0 \\ 0 & 0 & 0.3810 & 0 & 0 \\ 0 & 0 & 0 & 0.3737 & 0 \\ 0 & 0 & 0 & 0 & 4.1248 \end{pmatrix} \begin{pmatrix} \mu_t^{BII} \\ \mu_t^{Socialfinancingbank} \\ \mu_t^{COST} \\ \mu_t^{SRI\_sa\_reg} \\ \mu_t^{LnRGDP} \end{pmatrix} \quad (6.17)$$

6.2.5.4 脉冲响应分析和方差分解分析

（1）来自金融创新（BII）冲击下各变量的脉冲冲击函数分析。与间接作用机制分析一样，此处分析直接作用机制下相关金融变量（LnRGDP、Socialfinancingbank、COST、SRI_sa_reg、BII）对 BII 一个标准差冲击下的脉冲响应情况。时间设置为 15 期，灰色区域为 95% 水平下的置信区间，具体结果见图 6 - 7。

因此，直接作用机制下，当商业银行金融创新指数 1 个标准差冲击发生时，可有如下结论。

①商业银行金融创新指数对实体经济增长整体呈正相关影响，在第 1 期冲击影响达到最大，系数为 0.0096，之后在第 2 期开始递减，在第 3 期、第 4 期时相关值为负，在第 5 期方向在此转为正，但后续影响逐渐衰减至第 15 期的 0.001665。商业银行金融创新通过直接作用机制短期内拉动实体经济增长，中期影响为负，总体为正向。值得注意的是，与间接作用机制相比商业银行金融创新的直接作用机制对实体经济增长的冲击效应较弱，相关系数较低（直接作用机制为 0.0096，间接作用机制为 0.022），说明中国商业银行金融创新外延式的金融扩张对实体经济的作用较通过资源要素和产业结构发挥效用要低。因此，一方面，商业银行需通过适当创新、深化改革推动金融结构和功能优化改变过去单纯扩大业务规模的粗放模式；另一方面应更注重精准支持实体经济要素积累与结构优化以提高服务实体经济效能。

②对于实体经济融资规模指标（Socialfinancingbank），少数时间外

（第11期、第14期以及第15期），BII对实体经济融资规模指标产生负向影响，并在第4期达到峰值。上述结果说明，商业银行金融创新对实体经济融资规模影响是消极的，主要因为中国商业银行金融创新一定程度上存在偏离金融本源脱实向虚的情况，但长期来看负向效应逐渐减弱并在最后两期（第14期、第15期）转为正向。从长期来看商业银行金融创新仍对实体经济融资规模具有积极影响，但正向效应传导过于滞后。

③对于融资成本指标（COST），BII对融资成本指标冲击效应路径一定时间内为负向，且在第1期即达到最小值（-0.234），然后负面效应逐步减弱，从第10期开始效应转为正向。上述结果说明，从中短期来看商业银行金融创新在有助于降低实体企业融资成本，但从长期来看商业银行金融创新不利于融资成本的减低增加企业财务成本，但却有利于商业银行提高收益水平。因此，商业银行如何通过金融创新寻求收益性与社会性的均衡是供给侧结构性改革背景下商业银行稳健经营的重要内容。

④对于储蓄投资转换指标（SRI_sa_reg），BII冲击发生后储蓄投资转换指标的响应趋势呈现驼峰型，在第1期为正，在第2期随即转负，之后再次转为正向快速回升并在第6期达到最高值（0.87），剩余观察期内正向效应减弱并在第10期、第11期转负数，在第12期后再次转为正向但效应大大减弱。上述结果说明，商业金融创新对储蓄投资转换基础职能呈现出比较复杂的影响。但从中长期来看以正向作用为主，这说明商业银行金融创新有助于基础职能增强，有利于实体资本的形成。

⑤对于商业银行金融创新指数（BII），观察期内商业银行金融创新指数对自身冲击反映均为正向但估计数值不大，在第1期达到峰值（0.007）后短暂回升，但在第5期开始基本维持在（0.003～0.004）范围未发生实质变化。上述结果说明，直接作用机制下商业银行金融创新对自身冲击响应短期内不稳定且反复，中长期趋于稳定但系数值不高。与间接作用机制

相比，直接作用机制下的响应数值略小，整体趋势相似。这说明商业银行金融创新行为具有持续性、连贯性的特征，商业银行金融创新涉及长期内外部功能、结构和机制的一系列调整过程。

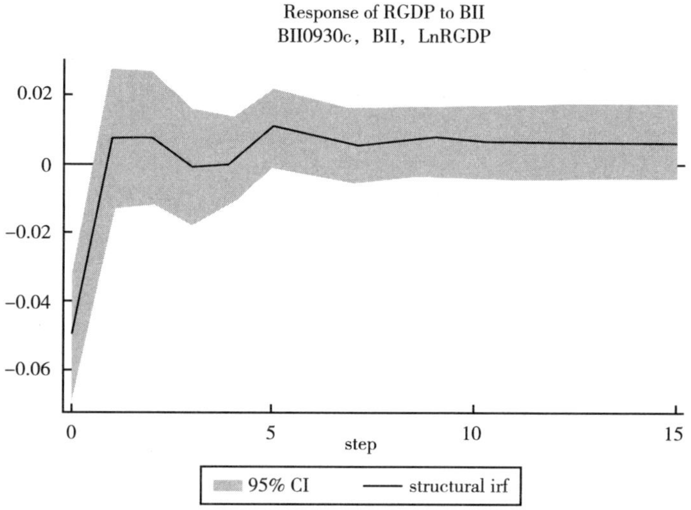

（a）对实体经济增长（LnRGDP）脉冲响应图

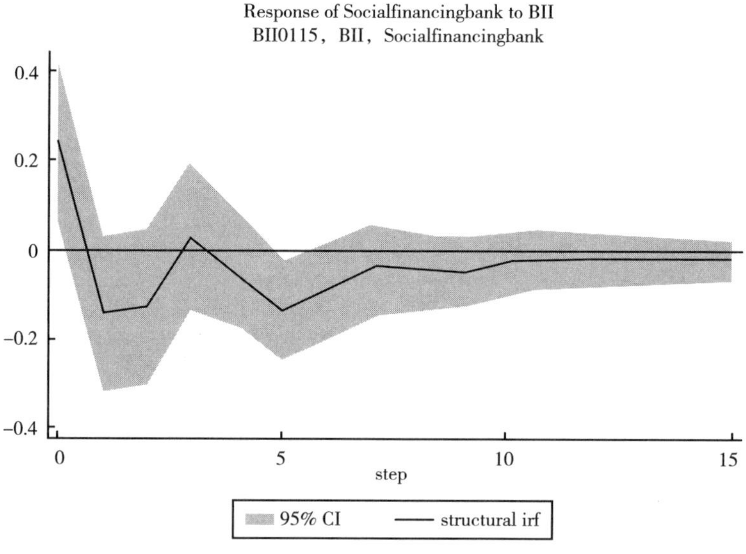

（b）对融资规模（Socialfinancingbank）脉冲响应图

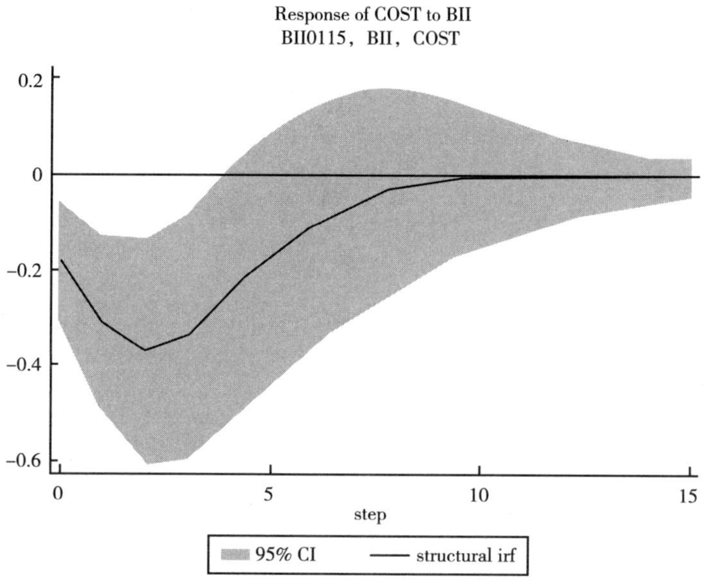

（c）对融资成本（COST）脉冲响应图

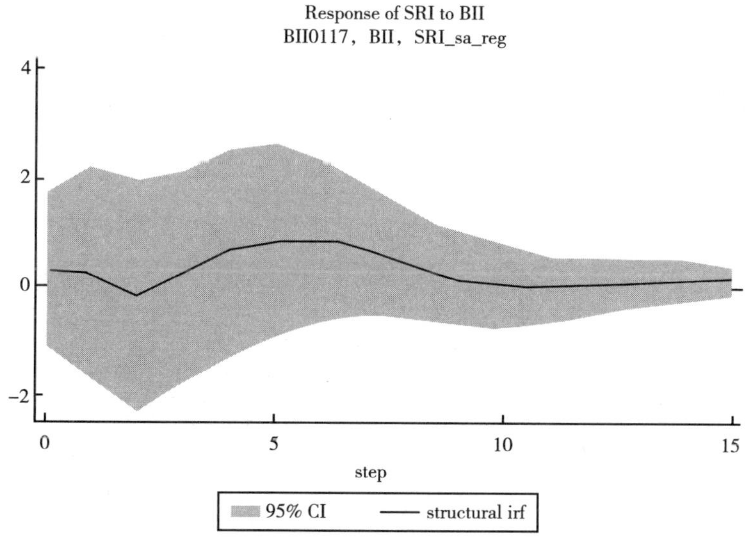

（d）对储蓄投资转换率（SRI）脉冲响应图

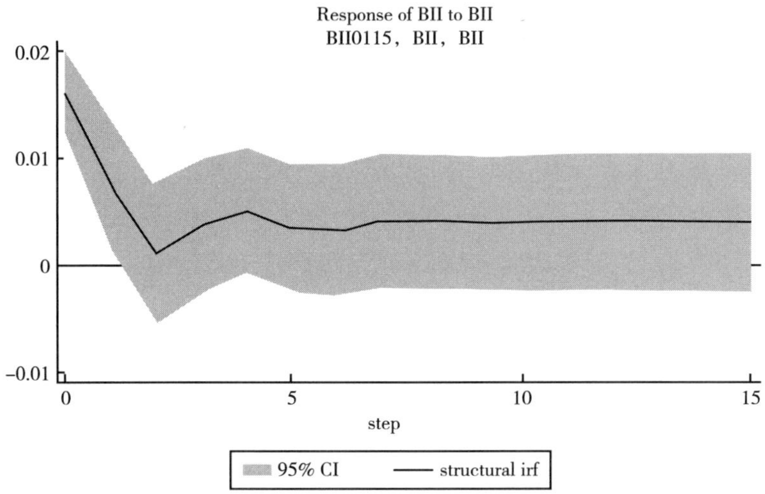

（e）对BII金融创新指数脉冲响应图

图 6－7　直接作用机制下各变量对来自 BII 一个标准差冲击的脉冲响应图

（2）方差分解分析。与间接作用机制方差分解一致，观察 LnRGDP 为反应变量各个金融要素对其的方差分解结果，分析商业银行金融创新及其他金融变量在多大程度上解释实体经济的增长。具体可见表 6－14。

表 6－14　直接作用机制下 SVAR（5）模型下对实体经济增长（LnRGDP）的方差分解结果

冲击时期	标准差	LnRGDP	BII	Socialfinancingbank	COST	SRI_sa_reg
1	0.0640	22.3715	45.8029	21.5911	0.2328	10.0017
2	0.0586	20.5655	42.2202	19.7458	7.4049	10.0636
3	0.0742	24.6890	39.5185	18.3256	7.3990	10.0679
4	0.0719	25.4797	37.5545	18.4764	8.4023	10.0871
5	0.0719	25.8256	36.0779	19.6198	8.3338	10.1429
6	0.0733	25.6909	36.3379	19.3681	8.1694	10.4337
7	0.0760	26.1153	35.6182	19.0179	8.5716	10.6770
8	0.0777	26.3915	34.7432	19.1596	8.8895	10.8162
9	0.0799	26.5426	34.2217	19.3825	8.9482	10.9050

续表

冲击时期	标准差	LnRGDP	BII	Socialfinancingbank	COST	SRI_sa_reg
10	0.0824	26.6907	33.8636	19.4715	9.0159	10.9583
11	0.0852	26.9174	33.2943	19.6274	9.1688	10.9921
12	0.0881	27.1103	32.7284	19.8407	9.2896	11.0310
13	0.0912	27.2712	32.2758	19.9852	9.3834	11.0844
14	0.0945	27.4247	31.8634	20.0690	9.4976	11.1453
15	0.0979	27.5686	31.4506	20.1529	9.6217	11.2062

根据表 6－14，通过对实体经济增长进行方差分解，可得如下结论。

①金融创新指数（BII）贡献率在第 1 期即达到最大值（45.8029%），随着时间持续、贡献度逐步减弱，最终在第 15 期降至 31.45%，但依然是对实体经济增长贡献最显著的变量。直接作用机制下 BII 对 LnRGDP 的贡献度比间接作用机制（62.27%）要小。商业银行应精细化金融服务有效地引导实体经济通过需求供给端同步调整与经济结构优化以达到高质量转型目的、更好地适应全球经济新形势变化，而不仅仅通过大水漫灌式的简单信用扩张来推动经济粗放增长。实体经济增长自身解释水平，在第 1 期贡献率为 22.37%，在经历短期小幅下降后缓慢提升，最终在第 15 期时达到 27.57%。与间接作用机制下经济增长自身贡献水平反复下降呈现不同的变化过程。这说明通过金融发展路径实体经济增长对自身影响更稳定，并保持连贯和持续影响的特征。实体经济融资规模贡献度经历先降后升过程，在第 1 期达到最大值（21.59%），逐步下降到第 8 期的 19.16%，随后开始回升至 20% 并趋于稳定。上述结果说明，融资规模对实体经济影响同业关键，维持适度社融规模，满足企业合理融资需求是实现经济持续增长重要因素。融资成本贡献度呈现整体上升趋势，从第 1 期的 7% 稳步上升至第 15 期的 9.62%。这说明融资成本对实体经济增长传导的效应是长期的，再次说明商业银行通过金融创新多元化资金来自切实降低企业融资成本的重要性。储蓄投资转换指标贡献率整体呈现稳步上升趋势，从第 1 期 10% 增至 11.2%，但是这一过程变化不大。这说明我国商业银行基础职

能需要优化，特别是要解决资金在虚拟领域空转等问题切实实现金融回归本源。总之，在直接作用机制下，实体经济融资规模指标、储蓄投资转换指标对实体经济增长解释程度较弱，说明中国商业银行通过融资成本调节，储蓄投资转换机制支持实体经济效能需要进一步增强。

②与间接作用机制的方差分析类似，为观察直接作用机制下商业银行金融创新传导的效应过程，分析各个金融指标响应情况，此处对商业银行金融创新对金融变量（LnRGDP、Socialfinancingbank、COST、SRI_sa_reg、BII）进行方差分解，具体见表6-15。

表6-15　BII对Socialfinancingbank、COST、SRI_sa_reg方差贡献表

冲击时期	BII	Socialfinancingbank	COST	SRI_sa_reg
1	100.0000	17.4201	18.5348	6.5162
2	76.8865	20.8878	30.7045	6.3401
3	62.9274	22.8746	38.6298	6.3405
4	58.8547	21.4426	41.9703	6.4045
5	56.6131	21.5130	43.1583	9.0988
6	52.8465	24.1660	43.9040	12.2310
7	50.0395	24.8232	44.2995	13.3171
8	48.3755	24.8596	44.3433	14.0273
9	46.7797	25.1779	44.2698	14.2401
10	45.1436	25.4502	44.2341	14.2392
11	43.8591	25.4259	44.2290	14.2264
12	42.8455	25.3610	44.2236	14.2227
13	41.8980	25.3549	44.2172	14.2224
14	41.0201	25.3612	44.2157	14.2315
15	40.2549	25.3587	44.2174	14.2521

注：上表中2~3列为BII1个单位冲击对相应变量的贡献率，其单位均为百分比。

根据表6-15可知如下几点。第一，商业银行金融创新指数对自身的影响第1期贡献度是100%的，但是第2期开始贡献率发生递减，最终减少至40.259%。与间接效应机制相似说明金融创新对自身影响不是长期的。第二，对实体经济融资规模指标贡献度是持续增长，从第 1 期的 17.42% 增至 25.36%，说明商业银行通过金融创新可以有效地增加金融供给，扩大实体经济融资规模。第三，对储蓄投资转换指标解释程度也是持续增长，第 1 期的 6.52% 增长至第 15 期的 14.25%；说明商业银行金融创新对优化金融功能有重要影响。第四，对融资成本指标的贡献度从第 1 期的 18.5348% 增至第 15 期的 44.2174%，增幅较大。这说明商业银行金融创新对实体经济融资成本的影响是十分关键，特别是从第 2 期开始便由前一期的 18% 陡增至 30%，说明金融创新对融资成本的作用传导过程是比较快的。这得益于商业银行通过丰富产品与服务手段对企业融资成本的影响路径趋于多元化。

6.3　本章小结

本章主要对 16 家主要上市商业银行金融创新水平进行量化并构建单一商业银行金融创新指数（BII），之后对商业银行金融创新与实体经济增长影响的作用机制进行实证分析，验证相关机制的有效性，可得如下结果：

（1）本章将商业银行金融创新分为金融创新业务规模维度、金融业务创新效能维度、金融创新风控维度、金融科技创新维度以及创新支持实体经济维度等五大类，具体选取 15 项指标，基于 16 家上市银行 2008 年三季度至 2019 年二季度共 40 期的季度数据，利用主成分分析法得出 16 家上市银行的商业银行金融创新指数。结果表明，在整体创新能力方面，国有商业银行依旧占前三位的分别是中国银行、中国建设银行以及中国工商银行。这主要得益于上述银行的业务创新规模较大，紧随其后是北京银行、招商银行等创新效能较好的中型银行。之后，合成商业银行金融创新指数（Bank innovation index，BII）并观察指数趋势，结果表明金融创新指数从

2009 年 Q3 的 0.34 增长到 2019 年 Q2 的 0.8065，季度平均环比增长率约为 2%。选取样本区间内，商业银行金融创新水平呈现总体上升趋势，具体分为持续增长期（2009Q3—2012Q4）、波动调整期（2013Q1—2017Q4）以及转型回升期（2018Q1—2019Q2），在供给侧结构性改革特别是金融供给侧结构性改革的背景下，商业银行金融创新经历了调整与转型，经过一段时期的波动后创新水平稳步回升。

（2）本章通过构建间接作用机制（即包括资本积累、技术进步以及产业升级指标）与直接作用机制（即包括实体经济融资规模、融资成本、储蓄投资转换指标）的 SVAR 模型，证明了银行主体创新行为对宏观经济体系的作用机制是显著、长期且复杂的。具体表现如下。

①无论是间接作用机制、还是直接作用机制，商业银行金融创新都对实体经济增长均有整体促进作用，呈现短期快速拉动、中期波动、长期恢复平稳态势。在间接作用机制下，金融创新的促进作用较直接作用机制更显著，相关数值更大，解释程度更高。这说明“要素和结构路径”的作用要优于“金融发展路径”，商业银行应更精准地支持要素积累和结构优化、更高效地推动实体经济增长。

②使用脉冲响应响应函数分析商业银行金融创新指数发生冲击对实体经济增长和相关宏观与金融指标的影响作用情况，具体包括：在间接作用机制下，商业银行金融创新指数对资本积累指标影响存在反复、对技术进步和产业升级指标正向影响持续时间不长。上述结果说明，在供给侧结构性改革背景下，商业银行金融创新对实体经济要素和结构的支持力度加强，特别是延长创新的作用有效时间，而这就需要商业银行根据外部环境和客户需求的变化，因势利导地推出相应新产品、服务和业务模式，利用科技赋能加快产品更新迭代水平；在直接作用机制下，从中短期来看商业银行金融创新对融资规模效应是负向的，长期影响才转为正向且效应较微弱，积极作用传导存在滞后性；对于融资成本中短期内以负向为主，说明商业银行金融创新在一定期限内有利于降低实体经济成本，缓解企业融资

负担。对于储蓄投资转换水平，从中长期来看商业银行金融创新影响以正向为主，说明商业银行金融创新有助于强化基本金融功能。

③观察了各要素指标对实体经济增长的方差贡献度，具体表现为：无论是间接作用机制、还是直接作用机制，商业银行金融创新指数对实体经济增长的解释程度最高，反映了商业银行金融创新对实体经济增长的重要影响；除商业银行金融创新指标，在间接作用机制下，产业升级指标对实体经济增长的贡献度最高且变化最为显著，说明产业升级、新动能驱动力在对经济持续增长至关重要；在直接作用机制下，实体经济融资规模对于经济增长方差贡献程度最高，说明增加融资供给仍是商业银行支持实体经济最重要方式。

④观察了商业银行金融创新对宏观经济和金融要素的方差贡献度，其中：商业银行金融创新对间接作用机制下的技术进步变量、直接作用机制下的融资成本的方差贡献值较高且变化最显著，说明商业银行金融创新对科技创新和缓解企业融资成本的具有重要性。

第7章

供给侧结构性改革背景下商业银行支持实体经济增长的金融创新总体方向及行动路径

商业银行金融创新是动态的，由非稳态到稳态的扩散过程，商业银行金融创新运行与传导效应的过程受到内外因素共同作用。因此，在供给侧结构性改革背景下，商业银行金融创新应围绕实体经济增长的需求、商业银行金融创新的现状与存在问题、商业银行金融创新与实体经济增长的作用机理和机制等多种层次因素去开展。结合第 3 章需求分析、第 4 章机理分析、第 5 章相关性实证分析结果以及第 6 章作用机制分析结果，本书提出在供给侧结构性改革背景下商业银行金融创新支持实体经济增长的总体方向和行动路径如下。

7.1 供给侧结构性改革背景下商业银行支持实体经济增长的金融创新总体方向

7.1.1 紧扣供给侧结构性改革主旋律，优化资源要素配置

供给侧结构性改革是一个阶段，不是短时间完成的，而是渐进的、积小变为大变、从量变到质变的过程。因此，面对外部形势的深刻变化，商业银行应回归金融本源，转向内涵式发展，发挥其金融功能效用，发挥商业银行金融创新与资源要素的协同效应，优化资本形成配置机制，提高与实体经济需求的匹配度。

7.1.1.1 优化资本要素配置

根据第 5 章实证分析结果（详见本书 5.6.2）可知，商业银行金融创新通过支持资本积累可发挥正向转换的协同作用。在供给侧结构性改革背景下，实体经济持续增长离不开资本投入和科技研发，而这些禀赋持续投入对经济增长作用过程是长期的。这与过去在高收益、高流动性虚拟领域

短线投资存在根本性区别。这需要商业银行通过切实有效的金融创新加强资本使用效率。商业银行应准确定位，对经营策略要具有全局性和前瞻性规划，明确经营策略与业务开展方向。需要商业银行对宏观经济发展趋势，产业转型方向与衍生的金融需求具有准确的评判。此外，商业银行应在外部形势科学研判基础上，主动调整自身的业务结构（特别是优化信贷与融资产品结构、制度和产品设计）。以强化产品服务体系为导向的金融创新为重点，从优化资本要素着手改善资本供给结构提高适应性、灵活性，减少无效供给以及扩大有效供给。具体包括如下内容。

（1）支持重点领域与行业的发展，引导资本流向。商业银行畅通金融供给渠道，合理配置金融资源并引导社会投资，加强战略性和重点领域与行业的资本积累保证实体经济增长的可持续性。在行业选取上，商业银行业务创新重点应聚焦科创型企业、先进制造业与现代服务业。创新金融产品体系，在项目选取上，商业银行业务创新重点应聚焦新基建领域，比如高新园区、数据中心、信息网络以及工业物联网等新型基础建设，以此稳定投资将投资与高新技术紧密相连，促进有效资本积累。此外，助力推进落后产能转型升级，做好“三去一降一补”金融服务。特别是银行对于局部领域或者区域的信用风险化解要有针对性的产品支持，及时、有效地避免风险向外传导；支持“绿色经济”创造新动力，绿色经济对推动制造业转型具有独特优势，对缓解资源环境约束，促进经济全要素生产率提升及经济可持续发展都具有积极且深远影响，所以银行应在设备绿色改造、能源融资、碳排放权融资等领域进行发力，推进绿色金融发展、促进绿色经济成长。

（2）创新投融资机制，确保资本有效积累。商业银行应积极构建多元化投融资体系，摆脱对财政和政府负债的深度依赖，运用多元化融资渠道，发挥财务顾问职能引导政府优化财政投资结构和方向。提升金融服务实体的针对性，基于前期创新成果上丰富和充实产品要素和内容，特别是加强不同种类（直接和间接）融资工具的协同效应创新投融资主体，促进金融资本与实体项目的期限对应循序渐进推进项目进程、项目规模对应以及需求对应严控地方负债规模，推动多层次资本市场构建，激发民间资本参与积极性等。在产品模式上，商业银行应加强直接融资和间接融资模式的错位互补，以新投行业务如产业引导基金、担保基金方式激发市场资本的参与程度模式并以“一揽子”解决方案推动对重点行业、重点领域的金融服务前移。

7.1.1.2　增强企业创新动能

根据第 5 章实证结果可知，当前商业银行金融创新支持研发活动，促进技术进步的匹配度低、协同性差。此外，商业银行金融创新对核心实体产业（制造业）结构优化支持度较低。第 6 章是在间接作用机制下商业银行金融创新指数对技术进步传导效应存在波动，但金融创新对技术进步的贡献度是缓慢的。实体经济的科技创新本身是高风险活动，具有诸多不确定性。因此，商业银行通过创新在业务主体资质、融资期限、业务质量容忍度方面预留提前量，并在制度顶层设计上加强建设支持和激励企业创新加强创新驱动。具体包括如下内容。

（1）加强业务创新支持科技创新活动针对性和匹配度。商业银行应加强业务创新力度，满足创新活动的差异化需求。高新技术研发活动具有投资强度高、研究期限长、研究过程以及研究成果转换不确定的特征，因此融资额度满足合适的投资需求，融资期限与投资回报期限匹配是商业银行金融创新支持科技研发活动的着眼点和关键点，加强新产品的开发（如 VC 与 PE 等）。比如，推动高新技术企业资产证券化、高新技术中小企业结合债、高新技术引导基金和 VC 等模式增拓宽融资渠道、增加融资规模，改善业务结构与期限，切实引导将“耐心资本”向企业创新研发领域转移，以有效地缓解过去高新技术企业长期存在融资约束问题。商业银行应充分发挥金融功能、资金融通基本职能，还应积极发挥其风险管理、信息搜集、公司治理等功能，通过产业孵化、培育与合作、企业筛选等机制加强企业创新意愿，提高创新成功与创新成果转化的可能性。

（2）加强顶层合作和信任机制建设。除着眼于企业本身金融需求，商业银行金融创新还应着眼于发挥金融职能为企业创新活动营造良好的政策与制度氛围。社会信任通过商业银行融资等渠道对激励企业创新具有显著的影响（Aghion，2013[253]；李双建等，2020[254]）。一方面，商业银行需要联合政府职能部门、监管机构以及市场参与主体优化社会信任机制。比如：通过与政府税务、商务、科技、科研机构以及大专院校等加强合作与互动，实现信息共享缓解信息不对称和高风险等问题，推动政府在税务、融资成本等方面加大对创新企业的财政和融资补贴的同时促进政府通过财政投入方式，发挥财政资金引导作用。另一方面，商业银行与政府合作加强社会惩戒机制建设，加强诚信教育。比如，银行可加强与政府相关部门加强沟通合作，通过信息共享、加快信息更新等方式推动政府加强管理和市场监督机制等方式建立有利于企业创新的信任制度环境（如目前的税银联动机制等）。

（3）完善风险分担机制。商业银行应积极发挥风险管理等方面职能，推动业务发展的可持续性和良性发展。许多高新技术企业在发展初期往往缺乏有效的抵押资产，这就需要商业银行通过创新推动风险分担机制的建设，确保融资资金投放的安全性与合规性。目前，我国国家融资担保体系（国担联盟）和机制已日趋完善，从全国到县级的政策性担保机构网络基本搭建完成。这为商业银行应在“总对总”框架模式下与政策性担保公司加强合作，加强对特定产业的创新创业活动金融支持提供了机制保障。银行加强与担保公司加强合作，通过建立合理的风险补偿机制（也可以引入政府财政资金），发挥省市级担保公司业务灵活、熟悉当地市场优势，通过商业银行、担保公司合理风险分担，增强融资投放效能，更高效地支持企业创新活动。商业银行应推动融资担保资源聚合升级。比如，通过“政府＋银行＋担保＋再担保＋保险”等模式，发挥政府引导作用的同时将风险更有效地分散到保险和期货市场，打造更为高效的商业模式。

7.1.1.3 推动实体产业结构优化与升级

从第5章可知（详见本书5.6.1），商业银行金融创新支持制造业结构优化的影响效应是比较微弱的；从第 6 章可知（详见本书 6.2.4），在间接作用机制下商业银行金融创新指数对产业升级具有积极重要的影响，但产生显著影响期限较短。因此，商业银行金融创新支持实体经济产业升级与优化的支持力度存在不足。产业结构优化与升级对于刺激消费需求、优化资本供应以及推动技术进步都有重要影响（胡晓，2020）[255]。针对上述情况，商业银行金融创新应通过以下路径推动产业结构优化与升级。

（1）满足产业集群转型升级的金融需求。产业集群升级是从产品、技术、研发、品牌直到网络、物流、营销、价值链等全方位的提升（中国人民银行杭州中心支行课题组，2011）[256]，发展产业链集群可以实现要素有效整合防止错配。在供给侧结构性改革背景下，产业集群升级呈现出智能化转型、数据作为生产要素以及产业业态与商业模式颠覆性变革等特征。因此，需要商业银行金融创新开展全面创新，以金融综合服务商的身份为产业群内企业提供全面金融服务，包括结合产业群特征推广综合金融产品服务，针对集群核心企业要积极利用企业债、公司债、中票、短融以及产业基金等直接融资工具拓展融资渠道，针对价值链条上下游的中小企业创新通过集合票据和债券业务扩大融资对象。对于出口导向型企业，还需要通过出口信用保险、应收账款保理等工具，扩大贸易融资额度活跃贸易。

（2）协调区域产业转移。供给结构完善，涉及产业结构的优化调整，还涉及产业迁移，中西部欠发达区域可通过产业承接优化产业结构，获得溢出技术与资本改变经济发展区域不均衡现象，缩小区域间差距。商业银行金融创新应着眼于支持欠发达地区承接国际以及国内区域和省域间的，通过拓展信用供给渠道、建立风险共担机制以及降低交易成本等方式缓解欠发达区域在转移成本与转移壁垒方面的约束。比如，在银行内部资源配置上，商业银行应加大对欠发达区域信贷资源、财务、科技、人力与组织资源方面倾斜，在融资的同时要做到融智。在具体项目上，积极创新推出与产业转移配套的信贷与投行产品，如重大项目的融资顾问、并购重组、银团贷款安排、结构化融资等。

7.1.2 坚持适度创新，抑制过度创新

商业银行坚持适度创新、抑制过度创新，在合理区间内开展创新活动，以更好地发挥对实体经济积极效应。

7.1.2.1 坚持适度创新

（1）保持创新业务规模适度性，以满足外部实体经济的合理需求为前提，既要防止过度投放、也切忌业务简单“一刀切”，达到提质增效目标。商业银行金融创新还需要加强对供给侧结构性改革背景下宏观经济的关键领域与薄弱环节的金融服务精准度。

（2）优化金融资源配置。商业银行需要遵循金融发展规律、实施可持续发展战略，要以可持续、良好的运营为根本目标，而不是局限于短期要求甚至是短期逐利性，坚持社会性与商业性的统一，减少无效行为与资源内耗增强企业效益进而促进运营效能的提升，增强绩效水平。具体来说，商业银行发展应符合新经济需求的新投资银行业务（非金融企业债券承销、基金等[①]），优化匹配研发信贷业务以及基于优化产业集群布局的供应链金融业务等创新满足重点领域、重点行业（如制造业）以及重点企业的金融需求。

（3）稳步推动去杠杆，化解存量风险。商业银行适度创新应着眼通过去产能及纾困业务创新有效化解存量债务风险，发挥多层次金融市场和多种融资工具在去杠杆方面的灵活性、有效性并确保金融体系稳健、有效运行。

（4）推动普惠金融业务深化发展。商业银行应通过中小微企业、“三农”相关业务创新等提高金融产品覆盖面与普惠性，加强对“长尾客户”服务力度。加大对实体经济中薄弱环节重点支持，补齐短板以解决金融发展不平衡的现象，提升金融服务实体经济薄弱环节的能力。

---

① 新投资银行业务内容、要素以及如何展开详见本书 7.2.1。

（5）以客户为中心，持续推动业务发展。商业银行需要充分发挥信用中介和政策传导中间人作用，更好协调、配合和传导货币、财政政策，强化逆周期调控适应能力。商业银行还需根据自身经营情况、资产规模以及业务定位等禀赋不同走差异化发展道路，深耕相对优势的领域与客户群体，寻找到服务实体经济的独特发展路径，避免走同质化竞争的老路。当前，商业银行与客户的关系早已从过去单向供给，银行选客户的局面变为双向选择，商业银行需要打造全方面服务场景以赢得优质客户的现状。上述转变需要商业银行综合运用多元化业务举措丰富获客、留客以及优客的手段；商业银行应通过业务创新以达到服务对象更加广泛、服务范围更加全面等目的。

总之，商业银行适度创新应通过保持业务规模适度性、优化金融资源配置、稳步去杠杆、推动普惠业务深化发展、科技、组织与制度创新协同业务创新、科学研判局势以及在合规框架下创新等措施应达到结构优化和去杠杆、补短板等目的，最终实现推动实体经济高质量增长。

7.1.2.2　抑制过度创新

抑制过度创新包括避免为追求高利润进行高杠杆、多嵌套活动，避免因过度创新导致信用失真、杠杆率过高而对实体经济产生波动乃至损害。因此，商业银行抑制过度创新具体应要做到如下几点。

（1）在合规框架下创新。商业银行应在监管框架下合规开展创新，要认真理解监管边界，领悟并贯彻国家大政方针并付诸业务开展过程。对诸如违规高息揽储、刚性兑付、资金池、期限错配、多通道叠加、多抽屉协议嵌套等不当创新要坚决杜绝，加强内控管理与配套制度的设立，从制度上避免应过度创新对实体经济造成波动甚至损害。银行应在合规范围内开展业务创新。当前，随着金融监管机构整合与监管力度增强，监管空白领域逐渐减少，监管边界的延伸都对金融创新合理范围提出更严格的要求。当前，监管部门对违反法律、法规的不当创新行为加大处罚力度。因此，银行需协调好业务发展和业务合规经营的步伐，更好地适应当前的监管环境与要求，树立良好的合规文化，建立有效的内控制度与制衡的部门结构以避免因短视行为造成逾越监管底线行为。

（2）科学研判宏观经济局势。金融资源是现代经济的核心资源，与其他资源禀赋一样金融资源同样具有稀缺性，商业银行在创新过程中要做到有效结合当前形势和远期判断，尊重市场在金融配置中的决定作用，通过创新实现金融资源和其他资源的合理配置，避免金融资源配置的偏离或过度集中。

（3）科学运用金融科技成果有效防范信用和操作风险，运用组织与制度创新的成果提高治理水平，防止逐利性导致经营失控。具体如何进行金融科技创新防范有关信用与操作风险将在本书7.3展开说明，如何进行组织与制度创新（变革）将在本书7.4展开说明，此处不再赘述。

7.1.3 因地制宜，实行区域差异化金融创新

从第5章商业银行金融创新影响效应的区域性差异（详见本书5.5.2）可知，商业银行金融创新存在局部创新不足与过度创新共存的局面，商业银行的金融创新因区域发展水平，存在对实体经济增长存在影响结果的差异。当前，巨大的地域差异是我国宏观经济结构的显著特征。一方面我国的30多个省市自治区之间、省市下面市县之间宏观经济状况千差万别，另一方面不同区域的金融发展情况也差别较大。金融产业具有聚集效应，发达地区的金融资源丰富程度是欠发达地区难以企及的。因此，商业银行应根据不同区域间的经济发展、资源要素以及产业结构情况，因地制宜地、因势利导采取差异化金融创新，并有针对性地配套相应的金融产品与服务，更精准地满足本地需求。具体包括如下内容。

7.1.3.1 东部区域

由于东部区域商业银行金融创新规模已出现规模效应递减情况[①]，针对东部经济体量大、发展水平高、金融体系较为完善等特征，东部区域相

① 详见本书5.5.2。

关的省份应着力于深化由要素驱动到创新驱动模式转变。①加快金融产品和服务方式创新。拓宽直接融资渠道，充分发挥金融市场助推产业转型升级的重要作用，升级产业金融包括以高端制造业集群为轴心，加强银政银企合作，支持创新和成果转化通过发展产业链金融、设立产业基金等方式，银政企多方合作完善高端产业金融发展的政策和制度环境。②依托科技赋能，加快区块链、物联网在贸易金融的创新应用促进贸易流通。具体通过金融创新在跨境融资、资本项目可兑换、金融市场融合、服务高新产业、贸易新业态等领域发力，提升金融服务的匹配实体需求的能力与效率。③关注重点区域项目。商业银行应针对雄安新区、京津冀、长江经济带以及粤港澳大湾区发展等国家重点区域展开全方位研究，并根据区位情况服务重点固定资产投资项目等。④东部区域还可试点同城化金融服务、跨区域联合授信机制，商业银行结合自身情况在联合授信机制的框架下自主进行信贷投放。当地政府和监管机构应通过货币定向政策、财政鼓励政策等方式支持银行根据业务定位对不同规模、不同产业企业开展企业重组、股权投资等创新业务以支持重点区域一体化发展更好满足上述重点区域内的企业差异化需求。

7.1.3.2　中部区域

中部区域的金融生态环境、金融体系完善程度较东部区域相比较为欠缺。由于中部某些省市（如山西）以矿产资源驱动为主发展新兴产业乏力，银行资金往往倾向于投入少数资源型企业或房地产企业，造成金融创新蜕化为少数客户和地方政府高负债的工具，使创新容易陷入脱实向虚的误区。因此，中部区域银行金融创新应着眼于加强治理结构方面创新，强化科技和公司治理赋能，改善经营管理能力，强化内力，减少无效的冗余的金融供给，更好地为当地实体经济转型、动能转换和供给侧结构性改革升级提供金融服务。

7.1.3.3　西部区域

由于历史原因，西部区域金融基础水平较低、金融资源较匮乏，因此仍有较高的提升空间。商业银行应通过金融创新加大金融资源向西部省市的倾斜力度，加大金融体系建设，加强机构建设，为产业升级与产业承接转移提供金融资源。其包括如下内容。①西部区域商业银行应通过制度方面保障，加大对发达区域金融资源，经验与人才引入，对金融创新溢效应出进行有效承接。②创新金融扶贫机制。西部区域集中大部分贫困县和连片贫困区域，商业银行金融创新应着眼于为完善落后地域基础设施建设、城镇化建设、公共设施以及扶贫领域通过金融创新，提供低成本资金，多元化金融供给手段。比如，针对地方扶贫龙头企业提供企业债、公司债以及产业扶贫基金等长期限较低成本的金融产品丰富企业选择；而针对地方中小企业则通过集合债券以及供应链金融等方式多元化增信、资金筹集手段加大小额信贷供给，完善西部产业扶贫金融业务机制。③加强金融同业合作机制。商业银行应发挥资金示范效应，与保险、信托以及证券等机构加强合作，引多方金融资源进入落后区域。总之，商业银行在西部区域（特别是贫困区域）的金融创新应提高创新适配性以此提供金融服务与支持，通过有效创新服务区域协调发展。

7.1.4 推进科技和金融的深度融合，提升商业银行金融创新效能

针对当前商业银行金融创新效率非线性效应不显著（详见本书5.4.3），商业银行金融创新支持制造业结构优化效应不显著（详见本书5.6.1）以及商业银行金融创新效能对整体金融创新指数贡献度不高（详见本书6.1.3）等状况，可知商业银行探索金融服务模式创新与提升金融服务实体经济的能力离不开商业银行数字化转型赋能。当前，银行推进金融与科技融合应不仅停留在单纯技术使用层面，更应体现为战略导向、经营理念、管理模式、运营模式以及业务模式等全方位融合。金融服务支持等方式强化产、学、研之间的联动机制，加快促进科技成果向现实生产力

的转化，加强科技输出力，提高科技创新转换水平。

具体包括如下内容。

（1）商业银行需要探索符合本行特色的金融科技战略，通过科技顶层设计指导业务转型与发展。商业银行要加强对科技变革的前瞻性研究，对科技进步特别是涉及金融领域的颠覆性、前沿性的技术发展具有研判。要在金融科技创新的策略选择上具有前瞻性，提前在如互联网生态、风控引擎、人工智能等重点领域进行规划以更好地推动全行业务的数字化转型并对后续经营、管理与研发活动进行指导。

（2）商业银行需要不断紧跟新技术发展步伐。通过制度保障、组织架构调整以及不断加强技术人才队伍的建设并在企业资源上重点倾斜。多方并举从基础设施、技术架构、新技术应用等多个方位夯实科技基础支撑水平。

（3）金融科技创新要契合银行转型与业务创新方向。商业银行要充分调动企业资源、优化人才结构和全面梳理业务结构的基础上加大科技投入，加强成果转化的同时要避免科技投入效率不高、科技创新项目过于分散难以全面提质增效问题。商业银行要通过金融科技创新实现业务体系全方位改造，通过多层次应用推动银行在面临行业竞争、业务发展态势下提高获客、风控、产品设计、成本管控的能力。

7.1.5　建立适应外部经济转型特征的组织架构和制度

通过第 3 章银行博弈均衡模型参数模拟可知（详见本书 3.1.3），当投机收益高于实体项目收益时诱使银行将资金投入“投机活动”，而片面的高收益获取不当得利只会诱发银行展开投机进而造成经营不稳定并将这种波动传导至宏观经济并形成恶性循环（详见本书 4.1.2）。因此，商业银行有必要通过组织和制度创新摆脱“唯利是图”的错误理念，避免片面追求绩效造成“非理性”行为。具体包括如下内容。

7.1.5.1　树立科学的经营理念

企业的战略目标和经营理念与组织与制度具有紧密的联系。组织布局和制度设置都是企业经营管理者为实现战略目标采取的措施。一方面，银行经营理念是影响组织架构和绩效水平的重要决定因素，是指导银行经营与发展的重要思想；另一方面，组织与制度是影响经营目标实现的重要因素。

商业银行应树立科学的经营理念，具体包括如下内容。

(1) 在经营准则上，银行必须坚持稳健经营和服务实体经济的基本原则，构建审慎、理性的经营文化。构建长期、可持续发展的经营理念。切实避免粗放增长、盲目跟风的错误倾向，如信贷中的羊群效应、框架效应等以及存款冲时点、追求短期利润等非理性目标所驱动。切实将经营管理从粗放扩张式转为精细管理与稳健经营式。

(2) 在发展方向上，应摒弃单纯总量扩张的发展路径，从前文的实证分析和数理推导来看，商业银行金融创新效率推动效应理应比创新规模推动效应更显著，但是现实情况却存在较大差异。上述结果启示人们应避免过去单独追求业务规模导向，“大而不倒”并不绝对，银行应做大更应做强，保持合理的银行规模，做精做细优势业务，突出优势条线业务和盈利能力（如产业链金融、贸易金融等）以及有发展潜力的特定市场（如商圈业务），是商业银行的良好选择。

(3) 在经营策略上，商业银行应正确认识外部环境复杂局面以及经济转型、严监管和激励行业竞争带来的挑战和机遇，应在经营管理转型中进一步发掘潜力。商业银行应寻求符合自身发展实际的业务特色，在竞争日益激烈的市场当中寻找自己的“蓝海”。此外，商业银行应通过组织与制度层面的创新与改革更充分发挥金融产能，使商业银行通过组织与制度能够发挥效率，在重大战略决策和经营行为能够切实得到组织与制度层面的有效赋能。

7.1.5.2 提高创新的针对性，提高与其他类型创新的契合度

(1) 提高组织保障的针对性。商业银行应以当前供给侧结构性改革调整重心为导向，针对供给侧结构性改革背景下重点领域与薄弱环节提供组织体系支持（如成立专营团队支持重点业务并配套相应考核制度等），通过实施组织与制度层面创新，为加大产品创新力度、优化金融供给提供组

织层面的保障。

（2）强化制度管理的针对性。商业银行业务创新所涉及的产品和服务类型众多，商业银行需要建立与完善符合业务创新和科技创新的制度体系，通过制度保障，加强相关创新流程有效管理、对创新风险点进行有效识别与业务、金融科技创新形成良性互动。此外，加强制度针对性还需有利于银行企业资源配置支持创新活动。比如，通过制度保障使得商业银行可有效调配人力资源、财务资源以及技术资源等，推动相关部门可集中力量进行创新研发活动，尽早形成产能。

7.1.5.3　树立商业性和社会性统一的原则

根据弗里曼等（1984）[257]的“利益相关者理论”，企业的经营管理者应为综合平衡各个利益相关者的利益要求而开展管理活动。这里的利益相关者既包括企业经营管理过程中相关方也包括受到企业经营过程中直接或间接受影响相关方。对于商业银行，其利益相关者既包括债权方（即广大储户及其他资金提供方），又包括资金需求方（即融资客户），还包括相关产业与企业所在地的经济建设。因此，商业银行在经营过程中既要维护银行所有人权益，又要维护社会公众利益。银行公司治理目的是实现可持续经营，最重要是需维护社会公众利益，即发挥金融功能，推动金融发展实现社会的帕累托最优化，实现社会性与商业性的有机结合。

7.1.5.4　完善组织架构与相关制度，提升风控水平

商业银行通过金融创新实现金融功能增强、业务范围与规模扩张。但是，在“委托—代理”框架下，银行经营管理层与所有人之间信息不对称和信息成本问题随之产生，甚至可能导致“内部人控制”问题产生，即经营者获取支配企业的巨大权力，形成“非理性行为”。而这种非理性行为就会导致商业银行业务决策过程中容易产生锚定效应、框架效应、羊群效应等偏差，对金融资源配置产生不利影响也会产生巨大代理成本，既不利于银行金融功能的正常发挥、也不利于维持稳健经营。

因此，商业银行通过组织与制度创新建立有利于风险控制的组织与制

度，并且要确保内部管理制度建设要优于业务创新步伐，使中后台部门能够通过不断迭代更新的内控机制有效地管理金融风险。具体包括以下几个方面。

（1）要完善细分制度，强化内控措施。商业银行应根据本行创新趋势与特点建立与之相配套制度体系，适时创新体制与机制，对新产品和新模式建立起有效监控和审查制度，确保所有新业务和流程都有规可依、有据可查，有迹可循。在有明确制度前提下，确保所有新产品与新模式都纳入流程管理，做到有效确保创新业务在合理范畴内开展。

（2）合理划分前中后台部门职能。商业银行应建立适应业务发展和创新需求的内控制度，防范道德风险、短视经营行为以及内幕交易和利益冲突风险。商业银行在制度方面应建立有效的内部约束机制和风险隔离机制，防止内部系统性风险的出现与扩散，通过清晰权责避免有限责任无限收益考核以及因预算软约束造成经营冒进等问题的出现；而在组织架构方面要根据内控制度的更新完善情况，对中后台等监控部门进行适应性的调整，建立组织架构和内控机制有效的分工、职责划分以及协调的机制。商业银行还需确保前中后沟通顺畅无信息阻碍，且中后台的职能可以有效发挥，独立审查不受前台以及经营管理层的不当制约。

（3）完善顶层约束机制。商业银行应确保董事会、股东会以及监事会等治理机构各司其职、有效参与，以此确保商业银行正确的经营理念能够在经营过程中得到有效贯彻与实施又可对经营层形成外部约束。

具体而言，从顶层完善约束机制包括以下四个方面：打破国有商业银行存在“官本位”的行政任命体制，董事会以市场化选聘经营管理层，有效监督经营层行为；董事会对涉及经营的重大事项具有最终审核权，以确保经营合规、审慎经营以及重要信息能够及时披露，避免信息不对称造成的“经营层内部控制”行为；为避免股东缺位或越位的行为，应适当扩大独立董事比重发挥外部董事作用包括制约作用、智库建议作用等避免单一大股东导致过度干预以及中小股东权益缺乏制度性保障等问题；监事的权责要得到良好履行且切实发挥监督作用等。

7.2　供给侧结构性改革背景下商业银行支持实体经济增长的业务创新行动路径

在供给侧结构性改革背景下，实体经济需要商业银行通过业务创新通过优化资源要素配置、坚持适度创新、因地制宜创新、科技和金融深度融合等路径达到“去产能、去库存、去杠杆、降成本补短板”等结构性目标。

因此，在业务创新的具体行动路径上，本书认为商业银行通过开发符合动能转换需求与的金融产品实现产业，特别是核心实体产业的结构优化与升级；通过发挥综合金融服务优势，支持“三去一补”支持暂时困难企业平稳过渡和加强对中小微企业的金融支持；完善融资产品利率定价机制，缓解企业融资约束；丰富民生类金融产品，线上与线下融合发展以及精细化成本管控和资产负债管理提升经营稳健性确保创新顺利进行等。

下面将对具体行动路径与相关创新产品、模式的要素设计说明。

7.2.1　开发符合动能转换需求的金融产品支持产业优化升级

7.2.1.1　开发新投行产品

本书将银行充分发挥“融智”职能、具有轻资本消耗、专业化运营以及客户覆盖面高特征的投行类业务创新统称为“新型投资银行业务创新”。在供给侧结构性改革背景下，与旧投行业务相比，商业银行新投行业务将做出如下重大转变，包括如下内容。

（1）在客户筛选方面。商业银行应改变价值评估方式，兼顾多个目标客户群。在经济转型模式下，许多科技含量高、无形价值高但资产比重较低的产业或者行业发展较快，需要商业银行在信用评估上不仅仅局限于传统产业设的资产负债比率、盈利能力、现金流等传统指标，以及固定资产、抵押物等硬性指标，还充分考虑企业专利、知识产权、研发能力、商誉、下游客户等软性指标。改变硬资产价值投资模式转为软实力核心竞争力投资模式。

（2）在具体产品方面。商业银行需改变相对单一的产品特征，在业务模式方面加强直接融资与间接融资工具错位发展与互补，为企业提供一揽子服务。具体通过股权、债权融资服务、并购顾问以及其他资本市场产品（如结构化融资、风险管理产品）为核心，搭配承销、代理等衍生金融服务，辅以基金管理、资金池业务、资金账户管理等中间服务。

（3）在业务模式方面。新投行类业务创新实质是基于新形势下业务模式重新定位后对传统投行业务升级与改造。具体可通过资管、理财子公司参与非金融企业债券、公司债、产业母基金、股票（如定向增发）等直接融资产品的承销和认购活动，推动多层次资本市场体系完善。商业银行特别是中小银行要通过新投行业务等手段助力创新版、科创板以及区域资本市场的发展更好地服务成长阶段高端制造和高新技术企业。通过风险投资和私募股权投资高新技术企业股权融资解决研发启动资金，再通过给予满足技术转换、产品生产信贷资金衔接，通过直接金融安排或通过直接与间接金融安排结合的方式解决。

为了更直观地表现新投行业务“新”之处，通过表 7 - 1 对供给侧结构性改革前旧投行业务与供给侧结构性改革后的新投行业务进行比较。

表 7 - 1　　传统投行业务与新型投行类业务对比

	旧投行业务	新投行业务
客户群体	成熟期的制造业企业、房地产企业、政府平台公司	新经济部门全生命周期企业（涵盖创立、成长以及成熟等多个阶段）
重点服务产业	房地产、多元化工业、批发及零售行业	智能制造、新兴消费行业、生物医药、大健康、信息技术、人工智能等高新技术产业

续表

	旧投行业务	新投行业务
价值评估方式	根据传统产业设定、财务指标及其他产能规模指标以及资产抵押物情况	知识产权、专利、市场前景以及上下游渠道
具体产品	单纯投资产品或“信贷+投资产品”	综合金融解决方案，“股权+债权+金融服务顾问+资金管理”
运营模式	一般银行通过理财或同业借款方式出资金通过通道业务合作，如银信、银证方式以理财、集合信托方式将资金投向企业；实质风险由银行自身承担	发挥金控牌照优势进行“大投行”运作模式，母行贷款，子公司出股权资金，并与外部政府、担保、保险及产业基金进行合作多元化资金来源，同时有效分散风险
对实体经济效应	满足企业融资需求，但对产能过剩或者产能落后的企业支持，有可能助推企业债务水平提升，甚至可能暴发违约事件	有效支持旧经济企业升级转型，支持新经济企业持续发展

总之，商业银行要将过去“高资本消耗、大额度投放”模式转变为“科学施策、精准支持”模式，有针对性地支持经济转型过程中具有发展潜力的产业和企业。在解决新经济部门的企业融资需求上，商业银行应更倾向于整体金融服务方案创新，丰富现有产品体系，对企业全生命周期覆盖并满足企业异质化服务需求，成为拓展业务、加强客户粘性方式。通过综合服务商业银行找准金融服务重点，精准资金配置，达到促进科技、产业升级与资本深度融合，引领经济发展向创新驱动转型的成效。特别支持不确定性大、投资周期长且缺乏财务数据、缺乏抵押资产的科技创新活动，随着利率市场化、标准金融市场不断发展，传统信贷业务将逐步让渡给金融市场和投行业务，客户的产品选择将更加丰富。

在具体产品模式上，本书以投贷联动业务为例进行要素设计如下。

投贷联动是比较具有代表性的新投行业务。它是商业银行为支持高科技型企业，商业银行旗下或合作基金投资公司为主体，采用私募股权投资或风险投资作为直接投资方式并获得创业企业一定控制权，并提供间接融资服务的新型融资方式，对于支持新经济部门（特别技术密集型制造业、高新技术产业）具有显著作用。一般来说，其具体模式表现为商业银行将“信贷投放”与具有投资功能子公司或者外部风投机构（PE/VC）的“股权投资”进行结合，并通过有关制度安排在由投资收益抵补信贷风险的同时，实现科创企业信贷收益和风险的匹配，并为科创企业提供持续信贷支持的新型融资模式。银行往往通过发挥牌照协作优势，如母行贷子公司投、消除信息不对称、降低企业负债率、减轻抵押物负担、灵活融资期限配置同时合理扩大融资额度。

下一步，为更好地服务实体经济，可以在以下几个方面开展创新。

①合作模式升级。将“投贷联动”升级为“投贷保”多方联动，通过风险分担方式升级推动业务可持续发展。“投贷保”的“保”既包括了政府财政出资作为风险补偿基金或者政策性担保公司提供信用担保，也包括保险公司以贷款保证保险、“首台套”保险以及专利质押保险等保险机制为高新企业研发和经营提供保障。

②业务运作方式升级。商业银行可加强与地方政府合作，根据当地产业重心和发展方向成立专项（产业基金、科创基金等）基金，由政府牵头成立母基金、再由商业银行通过资管产品等方式募集并认购基金份额。同时，银行投资子公司或风险投资合作伙伴作为基金普通合作人以及管理机构。通过共同发起产业投资基金的模式来向有需求的企业进行融资，项目由政府与金融机构联合筛选发挥地方政府在政策管理和治理方面的优势，提高项目筛选效率，降低信息不对称风险和逆向选择问题。产业母基金可由政府协调提供风险补偿机制，以此降低信用风险。因此，商业银行通过推动政府发挥指导、协调职能、充分发挥各参与机构的特定优势，解决新经济部门企业缺乏有效金融产品支持与缺乏有效担保方面的问题。

③拓宽长期性资金来源，充分发挥“投贷保联动”机制对高端制造业企业的积极作用。银行应加大银行信贷、保险资金、社会股权投资以及债券融资等金融资源整合力度，具体通过协同合作机构为客户提供信贷、债

券、股权、租赁、保险、信托等包含一系列的产品金融解决方案。

④商业银行根据特殊客户不同规模和不同成长阶段，有针对性地提供金融服务，以满足不同客户金融需求、以达到优化产业链金融机制、以市场化手段引导资金流向相关产业，构建一套功能完备、多层次、高质量的金融供给体系。

通过投贷联动产品的创新，商业银行信用中介，顾问中介等职能得到很好地发挥，并使银行成为连接创业者、企业家、风险投资人、孵化器、中介机构、政府等多个创新生态系统要素的平台，有效满足智能制造、新兴消费行业、生物医药、大健康、信息技术、人工智能等高新技术产业等成长期的差异化需求。

7.2.1.2　优化信贷产品

优化匹配新经济的信贷产品的路径，主要围绕在额度、期限以及增信方式优化等方面展开。

（1）弹性设计信贷额度和期限。具体包括如下内容。一是根据企业经营实际确定贷款期限，核定贷款额度，借款人可在有效期内随用随贷、循环使用、不用即还，减少资金闲置和利息支出。二是针对新兴部门企业项目规模大、周期长、资本密集和沉没成本高特点，在提高业务把控和客户甄选基础上，丰富产品体系，增加中长周期信贷产品占比，通过提供“耐心资本”满足其建设资金、生产、科技研发等方面融资需求。而一般认为贷款期限越长既满足长期投资回收期的项目要求、又反映了银行信贷技术水平的提升（Berger，2002）。

（2）创新增信方式。为推动创新信贷产品的平衡风险与收益基础上实现普惠类信贷业务的商业运作性和可持续性，商业银行通过推动完善信用担保体系，以“银保”或者“政银保”为具体模式，以信息甄别和信用增进为渠道，通过分散信用风险改善银行运营效率加大银行放贷意愿或者推动科技专利、商标质押方式针对客户财务报表、资产负债情况推出更具有针对性、可行性的增信方式。

7.2.2 整合金融综合服务能力，支持“三去一补”

当前的复杂形势下，商业银行已无法单纯地依靠传统、单一信贷产品满足不同类型客户的差异化需求。商业银行应通过创新发挥综合金融服务优势，有针对性地支持“三去一补”。这里包含两个方面路径。①发挥综合优势积极创新，通过发展纾困类创新产品支持过剩与落后产能但仍有发展空间的生产型企业稳步“去产能、去杠杆、去杠杆”，进而推动其转型升级。②升级普惠类金融产品通过票据金融业务转型、供应链金融业务升级满足重要产业集群下的中小微企业需求，精准支持薄弱环节领域。

7.2.2.1 发展纾困类创新产品

“三去一补”是供给侧结构性改革的核心内容，如何平稳去杠杆、去库存、去杠杆以防止经济波动是防范和化解金融风险攻坚战至关重要部分。从实践来看，“三去”的同时不可避免地对实体企业特别是钢铁、煤炭、光伏、房地产开发以及基建投资等领域企业的融资规模、经营可持续性带来阶段性负面影响，断融、抽融问题凸显，如果形成违约事件将对相关产业造成波动。因此，为了平滑政策波动效应、充分防止去杠杆风险、协调去杠杆与稳增长的关系，商业银行需创新纾困业务充分发挥风险管理等职能，缓解去杠杆风险保障因市场波动等客观因素导致暂有困难，但有市场、有前景、有核心技术的企业融资渠道的顺畅，避免因框架效应造成银行为避免贷款损失，抽贷、断贷导致企业出现违约甚至破产，积极化解信用风险，达到助力宏观经济顺利转型与平稳过渡的目的。

根据运行模式的不同分为投行类（非标类）纾困业务和金融市场类（标准化类）纾困业务［即债券融资支持工具、信用风险缓释凭证（CRMW）、信用违约互换（CDS）等］。下面我们以非标类纾困业务为例，提出具体创新路径如下。

不通过标准化市场开展的纾困类业务一般称为“非标类纾困业务”。

由商业银行逐案开展，比较典型的是“债转股”业务（即指债权人将所持债权转化为债务人股权的一种行为）。对于商业银行，它本质上属于资产保全性质的业务创新。在实践中操作中，银行一般专门设立金融资产投资子公司为债转股实施机构，业务选取高负债但经营大体良好、风险可控企业的贷款进行转股。目前，国内债转股一般以“先入股，后还债”的方式为主，以协议增资方式进行，合作期内按照协议约定方式分红，合作期满后由转股主体的母公司进行回购。

当前，债转股存在以下四个问题：①项目难落地；②项目管理难度大，即银行作为实施机构是否参与具体公司管理、如何参与公司管理；③项目退出方式不明确，即银行以何种方式推出；④对于银行造成较大流动性压力、资本占用高等。

基于此，为了更好地发挥债转股的“风险烫平”效应，商业银行应围绕以下五个方面展开创新。①加强与其他机构合作力度。加强潜在客户合作力度以及加强其他金融同业（如金融资产管理公司）合作力度，在业务方案设计方面综合多方意见，发挥各家所长、筹集多方资金，有效解决债转股落地协议达成难，协议签署后落地难的尴尬局面。②在行内建立良好的行业研究与管理、股权投资团队，提升行业走势判断、上下游分析以及企业治理等方面的水平，切实履行作为股东应担负的治理责任。③模式创新，通过股债结合以及私募股权投资基金的形式，通过股债分层吸引不同的投资者进入，实现不同类型机构相互配合，比如银行提供纽带和部分资金，保险公司提供长期资金、私募股权基金发挥投后管理优势等。在具体持股方式上，目前银行基本以回购退出为主，应探索在法律法规允许前提下开展由普通股转为优先股，实现银行由战略投资者到财务投资人的转变，降低参与治理的管理风险。④拓展潜在客户，改变目标客户单一的局面。比如可以探索符合要求中小企业（如掌握核心技术的中小企业或处于同一产业链条的中小企业）集合债转股（比如：按照区域范围推行，区域内地方政府协调龙头企业或者当地国资公司为银行提供反担保）扩大支持企业的范围。⑤推动政府完善有关法律法规体系，落实有关支持政策，在涉及地方政府管理企业债转股项目上应建立信息互联互通，避免信息不对称并积极配合金融机构参与治理等。

商业银行创新债转股业务对于经济转型具有积极意义。其包括：①债转股丰富了的融资工具，商业银行可以提供给特殊融资方更灵活产品选择；②为企业解决高杠杆，在不改变资产负债率的前提下，为缓解财务危机提供了新的融资渠道且有助于其完善治理机构，在一定程度上减少企业刚性财务支出，实现“时间换空间”的目标；③债转股为银行等金融机构减少信息不对称、参与企业经营、提供监督和风险管理职能提供了便利和法律依据，缓解“逆向选择”风险；④债转股可以有效降低宏观杠杆率，市场化操作的债转股有助于参与各方制订出各方利益相对最大化的方案、有助于提高资源配置效率。

7.2.2.2 升级普惠类票据金融和供应链金融的业务模式

在供给侧结构性改革背景下的普惠金融业务创新，应围绕以下几个方面展开。

（1）降低交易成本。通过风险有效分担，有效防范道德风险，确保资金用途正当与合规等方式杜绝非理性行为，降低违约概率，降低交易成本，解决交易成本理论下交易不确定性、投机和非理性资金使用行为。

（2）缓解信息不对称。通过完善机制，搭建有效信息平台与系统，借助技术手段和政银与政企等合作机制从源头采集信息数据并加强数据更新迭代频次以此降低评估成本，将银行与中小微企业的合作关系建立成为具有完善风险预防、评估机制保障的关系型信贷关系。

（3）优化业务模式。商业银行应依托金融科技应用成果（如云计算、人工智能）加强信息搜集与筛选能力，努力将普惠业务增信方式从把控传统固定资产项下的抵押物转型为依据产业发展、企业四流（资金流、物流、商品流、信息流等）等关键信息把控融资客户的物流、货权、订单等“软资产”来有效把控业务风险。同时，银行将产品搭配实现“一揽子”

组合，根据客户需求差异化服务，将金融产品切入企业产业背景、销售链条、专利等多个核心价值要素，寻求新的融资模式突破银企之间信用隔阂，做到有的放矢。

（4）用好财政，货币政策支持。比如：用好支农、支小再贷款，再贴现，额度专项投放确保资金充足。

总之，商业银行需通过业务模式全面升级达到提高服务对象覆盖面，有的放矢地加大业务投放力度与投放精准度，以此达到有效服务中小微企业的目的。

票据类业务和供应链业务因为业务模式特征，因而对于中小企业具有一种“天生友好性”；因此补充经济薄弱环节，有效服务于中小微企业与“三农”，商业银行应专注于票据业务和供应链金融等业务实现提质增效，打造良好的、可持续的普惠型业务生态圈。具体创新路径如下。

①升级票据金融业务模式。当前，商业银行针可依托科技手段升级票据业务转型升级为“票据资金池”模式。所谓“票据资金池业务”是指商业银行围绕企业持有的商业汇票特别是银行承兑汇票提供贴现、承兑等融资产品服务。除了融资业务外还可提供了鉴别、查询、保管、托收等增值服务，实现对客户票据类资产的有效管理和增值。在产品要素上，根据客户需求以入池票据项下的权益为增信措施，转开银行承兑汇票或者发放贷款实现金额和期限的错配。

下一步商业银行应围绕以下几个方面展开金融创新。

第一，优化基础结算职能。打造升级版票据业务平台，围绕电票全生命周期中的出票、提示收票、收票、背书、提示付款五大环节，并在关键环节升级保障措施，如在出票、支付等环节利用“区块链”等技术升级密押手段，避免买卖双方信息不对称而造成操作风险，实现票据产品的一体化，承兑贴现等流程“一站式”。

第二，丰富业务品种。其包括入池资产品种以及出池产品种类。商业银行在入池资产方面针对中小微企业持有流动资产种类特性以拓展来源，特别是一些分散流动性较差的资产，如中小银行签发的金融小、期限短的票据资产（即“两小一短”），此外非票据资产如存单、理财产品、商业汇票、信用证、应收账款均可分类“导”入票据池，银行可根据入池资产通过综合评估形成授信额度，并在核定额度内转换成符合企业需要且期限合适的融资产品。企业依靠票据的背书流转功能和信用迁徙的特性可获得低门槛、较低融资成本的资金，既盘活低效流动资产、又拓展融资渠道并可以提高资产使用效率。

第三，从防风险转变为管控风险。“票据池”业务实现了抵质押方式从以固定资产为主向流动资产搭配信用担保模式的转变，应流动资产质押，还应以现金流、行业前景风控定价依据，通过科技手段对企业资产的入“池”和出“池”环节进行控制和总体额度把控质押率，保障池内“质押物”的动态总价值，利用大数据和区块链技术建立覆盖业务模式下全方位的风险管理体系。作为基于贸易与服务交易背景项下的融资工具，对于中小企业持有的银行承兑汇票、信用证等入池资产，必须保证其贸易背景的真实性和相关单证的合法性。

根据上述描述，票据业务创新模式，如图 7－1 所示。

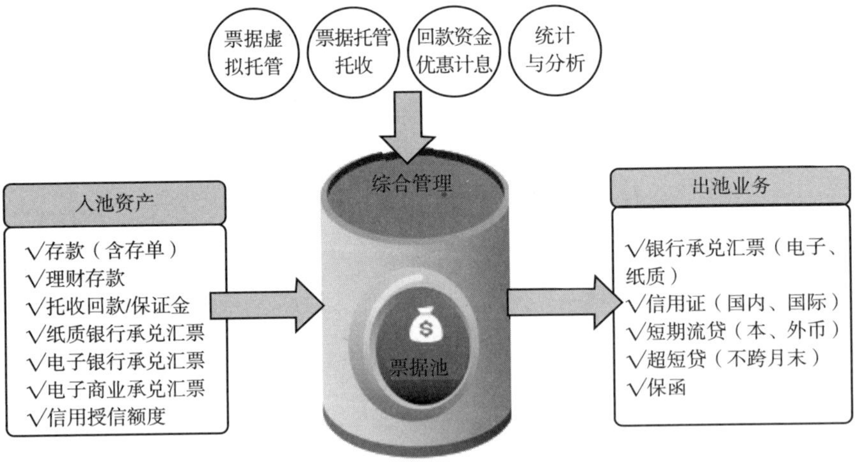

图 7－1 新票据业务模式

总之，商业银行应通过业务模式转型、丰富业务品种，升级风控手段以及把握业务关键风险点等方式真正地将票据融资业务升级为池化融资平台，创新流动性服务模式，使票据业务为实体经济支付结算提供便利，既可以加快市场资金周转和商品流通，又可有效促进企业间往来，促进交易成本的降低并有效把握供需两端。

②推广供应链金融服务。供应链金融是商业银行为处于供应链条上中小企业提供的新型融资模式，是贸易融资的拓展和升级。供应链金融业务可以将资金有效地整合到供应链管理中，为供应链各个节点上企业提供基于供应链的资金结算服务，也为供应链条上有需求的企业（往往是中小企业）提供融资服务。在实践中，商业银行贸易融资（特别是大宗商品贸易项）下的融资成为风险高发领域，梳理贸融业务风险事件背后原因不难看出，贸易背景不真实、资金无法封闭管理以及企业自身存在信用和操作乃至道德风险所导致的。供应链金融本质是贸易融资延伸，建立在对于产业、交易以及物流信息有效整合的基础上，相较于传统贸易融资具有质的提升。

供给侧结构性改革背景下商业银行应围绕以下几个方面展开业务创新工作推动供应链金融业务升级以更好支持实体经济特别是产业链上企业发展。

第一，加大产业垂直拓展力度。商业银行应发挥信息搜集和处理职能优势，深耕某一个或几个重点领域，深入研究重点行业与领域在资金、信息、物流等方面的运行痛点，在纵向市场形成一种良性的生态和平台。比如，通过将供应链金融产品切入产业场景推动产业生产、资料、经营设备的现代化，重点解决生产、生产过程、物流运营和管理体系建立，为链上企业购买生产资料与原材料（如机械设备）融资需求以及附加的账户支付、结算乃至理财等产品和服务。以此整合并使整个链条的物流、资金流、信息流，将分散孤立、高风险、低收益的小微企业与实力雄厚的大型企业有效结合起来，特别是发挥产业核心企业对上游供货商和下游经销商隐性信息的识别作用，将分散的各个生产环节整合起来。

第二，多方合作成立横向行业整合平台。比如，银行可以与 B2C 电商企业合作，银行出资金平台提供客户等并依托其大量产业供应链的相关数据信息以及锁定了平台上的支付和交易的优势，并实现应收、应付等软资产的线上管理并提升了平台与产业供应链的交互深度，拓展了可整合的信息维度和风控监管的手段。

第三，整合升级业务模式。商业银行可将传统的应收、预付类、库存类供应链金融模式融入和整合，打造全新的“信用类模式”。未来，商业银行应以供应链网络数据化为基础，以提升供应链附加值为导向，基于科技手段建立在供应链网络下长期稳定合作的基础上，搭建基于供应链金融封闭性、自偿性与连续性特征的“供应链综合服务平台”满足产业链条信息（货物、产品、现金流以及相关单据）录入、跟踪与实时更新。通过构建产业金融场景，降低产业成本、提高资源流转效率。在风险防控方面，通过为链上企业精准画像实现基于数据流的全流程风险管理，由于抵押物已经完全与物相脱离主要依靠对交易数据跟踪、大数据征信以及行业隐形信息的发掘成为该模式风控要点。

第四，减弱业务对产业链核心企业的依赖性。商业银行通过供应链综合服务平台，为上、下游中小企业提高高效服务（即“M+1+N”模式）。随着科技的不断发展，去核心化的业务模式也可建立在产销一体化的产业大数据平台，通过强大的平台来取代核心企业目前的位置。总之，通过信息化供应链金融解决方案搭建高效平台组织，将供应链中各方信息打通。

基于以上，本书构建区块链+供应链云端“供应链综合服务平台”，上述平台具有如下三个特征。它利用区块链技术搭建多方参与的产业链联盟网络，充分借鉴供应链金融封闭性、自偿性以及连续性的特征通过技术手段实现流程完全链上化，信用渗透多级化（多层级供应商或经销商）。它通过加强对“四流”和融资等材料（数据链上录入、业务链上操作）和仓库的信息化（电子仓单与链上录入）管理，并发挥区块链分布式数据存储、点对点传输、共识机制、加密算法等特点为企业快速确权、交易过程监控、交易数据存证提供了便利。以此达到银行业务覆盖面增大、信贷投放效率有效提升同时降低操作与信用风险、管理成本显著减少等目的。对链上融资企业来说，可贷金额增加与可选择的增信方式增加，同时银行基于企业监督的信息化改造也有助于提高企业的管理水平。具体如图 7－2 所示。

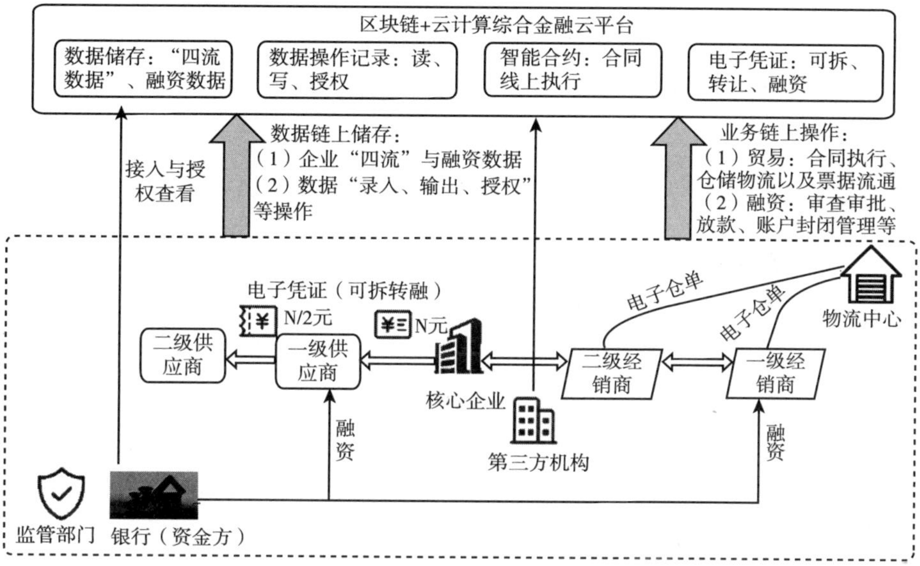

图 7－2　区块链＋供应链云端综合金融服务系统框架

总之，商业银行依托综合云计算、区块链等底层技术，有效整合产业链上下游企业间的相对关系，将产业链条上下中小微企业真正纳入供应链的网络体系，使中小微企业在整个产业链生态中的经营行为数据变成"可评价的信用"和"可流通的资产"，有效地降低了中小企业融资准入门槛和风险。通过有效创新，商业银行可以为产业链条上中小微企业提供更高效和更多元的服务。

7.2.3　完善融资产品利率定价机制，缓解企业融资约束

从第 6 章实证分析结果（详见本书 6.2.5）可知，直接作用机制下商

业银行金融创新在一定时期对有利于企业融资成本的降低，但长期影响有限。当前商业银行融资类产品均具有还本付息的固定收益特征，包括计息条款、还本条款和含权条款等。利率构成了金融产品最重要要素也是银行收益最重要来源（徐宁、郑晓亚，2017）[258]。商业银行利率定价行为是指它是基于从银行市场吸收资金的成本、融资主体对利率的敏感度、银行风险偏好结合货币政策、经营目标等方面做出的产品定价决策。商业银行利率定价，受到客户因素、市场机制因素以及自身资金成本等多方面因素影响。

由于外部利率市场化改革基本完成、管制体系基本淡出，“MLF 利率→LPR→实际执行贷款利率”利率传导机制基本确立，银行内部创新深化、功能特别是流动性管理功能演变等内外因素作用下，银行可以更充分地参与金融市场，信息传导效率更高，信息交互更快，价格捕捉更加敏锐。因此，银行应加大利率定价自主性和操作能力，呈现出精细化、差异化、灵活化和市场化特征，形成一套运转完善的定价体系和内部考核体系。商业银行应建立一套科学、合理、有效的定价机制，便于商业银行灵活应对外部市场环境变化的同时搭建有助于缓解当前宏观经济薄弱领域“融资难与融资贵”的长效机制。

具体措施包括如下内容。

①商业银行根据客户各个方面要素综合定价，不再搞“一刀切”的简单划分。商业银行需要综合客户风险、企业规模、行业类型、信用评级、综合贡献以及政策等多个方面因素进行逐笔、个性化定价。银行资金运用目前早已超出单纯贷款范畴，而是扩大到各种利率和信用债券、资管计划、同业存单甚至企业股权等，来源的多元化使银行定价范围和品种明显扩大。

②商业银行根据资产配置、范围、品种设定差异化的定价曲线。银行可以在风险收益并重前提下，根据市场情况、区域情况，依据不同定价策略（如差别化定价、非线性定价），更好地为企业降本增效以缓解融资贵问题提供差异化支持。在定价参考方面，由于商业银行更加广泛地参与债券发行（一级市场）、银行间同业交易（二级市场）以及非标转标市场

（如北金所）等多层次金融市场，银行有了更多的市场公允价值和市场收益曲线作为参照使其定价更具有科学性，进而避免了盲目定价；在资金成本方面，金融创新使跨业金融产品出现，银行负债来源更广，可以综合考虑资金收益情况下进行负债，有益于成本管控。

③商业银行发挥主动定价权优势。商业银行在充分考虑市场因素、资金获取成本以及客户要素等基础上，商业银行可利用自主定价围绕产品契约的发行条款、期限条款、计息条款、还本条款与含权条款等利率定价要素展开深入研究，从提高业务系统的快速创新能力入手，提高系统功能的前瞻性，以客户为中心，以成本为参照，实时关注金融市场价格曲线情况并充分考虑本行资金头寸和账面利润等情况，充分运用价格手段拓展业务领域、优化经营模式。比如，商业银行基于现行的 EVA 和 RAROC 指标管理会计盈利分析进行改善、将产品盈利分析、客户分析、重点项目、主要成本分析以及社会效益等多维度指标纳入定价机制。其中，在客户分析方面，综合考量综合（存款、贷款、中间业务效益）贡献情况，还要综合考虑客户以及客户所在行业的持续发展价值、与当地经济建设发展匹配程度等。而在社会效益维度方面可以考虑加入绿色发展、服务民生、新经济发展等几项指标。

④采取科学合理定价策略，对重点领域业务给予特别标准。比如，高新技术、高新制造业一些重大项目投入与研发期长、资金需求量大，上述特征导致金融资本投入与回报在短期内难以实现平衡。鉴于此，商业银行应采取全局评判，注重定价机制连续性（比如：在项目持续期内进行综合考量，而不是片面以当年指标作为绩效考核结果）。此外，银行定价策略既要考量经济效应也要考量是否有利于当地经济升级转型等，将商业性和社会性良好地融入利率定价机制。

7.2.4　线上与线下业务融合发展，丰富民生类金融产品

渠道服务、零售业务是提高个人客户黏性和提高获客、留客以及优客

的最有效手段，商业银行应通过线上线下融合、丰富民生类产品高服务效能，以此稳定长尾客户群体，发掘客户潜力为客户创造更高价值的同时增加金融服务的渗透度，实现不同客群的兼顾与协调发展。具体包括如下内容。

（1）加强线上渠道布局。其有如下两个方面措施。①在前台营销方面，深入融合科技手段，推行顾客界面创新，优化客户体验，提高用户使用体验，营造更友好的交互渠道。加速手机银行、网上银行、客服中心等线上服务平台升级迭代。通过交叉销售搭建多元化场景，跨界借势增加客户黏性，如“金融+”模式与其他行业实现集客模式的创新。②在中后台运营管理方面，利用大数据、区块链等新技术推动多渠道、全流程的上线化，特别是运营流程的实现集中化、数字化的云端操作在增强支付结算效率同时，提高客户服务满意度，推动运营体系线上化与平台化；借助区块链等新技术，银行可以实时地从数据搜集到后台校验、交易操作以及清算等一系列操作，线上产品和客户需求匹配度将更高①。

（2）加速线上渠道迁徙。布莱特·金等（2013）[259]认为，未来的银行将不再是一个地方，而是一种行为。比如，本次新冠肺炎疫情无疑将推动银行加速渠道线上迁徙步伐，打造所谓“非接触型银行”模式。在“非接触型”模式下，银行与客户之间将实现“屏对屏”的沟通，银行借助相关金融科技的深度应用，通过非物理接触方式接触客户。但是，线上渠道的发展并不意味着对线下渠道的摒弃。相反地，轻型化和智慧化物理网点将成为银行服务的窗口并与线上渠道成为互补，包括场景化建设、渠道合作都需要银行通过物理网点在交易流程协同、特殊客群服务协同、线上线下销售协同以及基于物理网点打造金融生态协作圈（即发挥物理网点辐射作用）等方面发挥了不可替代的作用。

（3）打造场景化金融生态圈。在金融服务领域，移动支付的C端入口被AT（阿里巴巴和腾讯）两分天下，具有典型的寡头垄断特征，银行机

① 本书将在本书7.3具体阐述具体新技术的应用价值和科技创新路径。

构需要通过在 B 端金融市场发力构建场景式业务圈，发挥自身渠道和客户优势才能占据属于自己的市场份额。商业银行应加快搭建基于网点周边金融生态圈，通过线上与线下融合方式，一方面发挥物理网点优势与周边商户合作，通过相互引流搭建跨行业场景生态圈（超市、电影院等），延伸服务触角丰富获客渠道；另一方面，通过嵌入众多深化场景，当地居民生活与消费等方面数据也将成为线上营销渠道的重要参考，通过深入发掘与分析居民金融服务需求、有针对性的场景化金融产品和服务（如定制化理财和消费贷款产品）帮助网点留客与优客，形成线上与线下的良好协同。

（4）加强民生类产品开发与推广力度，包括如下内容。

①多元化居民财富产品，提高资金吸收管理能力。商业银行应以成立理财子公司为契机进一步丰富业务品种，推动居民理财产品底层投资资产多元化，具体应向直接融资市场渗透，逐步实现间接融资体系向权益市场的导流。在具体客户群体管理上，应采取如下措施：第一，针对高净值客户提供一站式的财富咨询和管理方案。商业银行可以基于资产配置方法和工具，系统地评估客户的金融需求和风险偏好，将涵盖财务规划、资产管理、投资、保险、信托等诸多领域的产品和服务进行创造性的组合，定制出适宜的产品服务方案。第二，针对众多长尾型零售客户，应借助科技（大数据分析营销）、组织架构改造（成立大零售利润中心）和打造多方参与开放式服务平台等措施优化升级获客方式，基于本地的多种类生活场景提供综合化打造涵盖理财、保险等金融产品和水电、煤气代缴等社会民生服务等跨业交叉模式，服务大众民生的同时提高营销效能。总之，商业银行需通过提高零售类核心负债获取能力创新交叉销售渠道，提高派生存款，多元化业务收入，增强资金吸收能力，强化储蓄投资转换的基础职能。

②加强居民消费类融资产品的供给能力。商业银行需创新消费信贷场景，开发多层次的消费金融产品以此推动居民消费升级、达到拉动内需以及优化银行业务结构的目的。商业银行应不断深入消费信贷场景开发，围

绕客户需求，在“住、行、学”等方面开发新的产品，覆盖旅游、教育、安居（房屋装修）甚至医疗美容等多个场景，在增信方面摆脱单纯不动产抵押的依赖，基于社会信用、脸谱分析和物流、非房屋产权方面创新把控方式。此外，把握消费信贷发展契机，着力提高汽车金融公司、持牌消费金融公司和互联网消费金融平台等机构营销平台客户贷转存比例，从而获得资金沉淀。

7.2.5 优化资产负债管理，提升银行经营稳健性

通过第5章实证结果可知，商业银行金融创新效率指标对实体经济增长的促进作用更显著且与资本积累发挥的协同效应是向积极转变的；通过第6章（详见本书6.2.5）实证结果可知目前银行金融创新对储蓄投资转换指标（资金配置）、融资规模（资金供给）等金融指标具有整体积极影响。

因此，商业银行业务创新应在适当范围开展。银行高效运营并维持经营稳定性包括有效维持流动性和把控信用风险、操作风险以及其他相关风险等。一方面，高效运转、经营稳健的商业银行有助其抵御市场冲击、经济波动并可消化冲击带来的不均衡。另一方面，高效运转、经营稳健的商业银行有助于更高效地发挥金融职能对实体经济增长也具有正面影响。因此，高效运转与经营稳定的商业银行对引导更多金融资源配置到经济社会发展的重点领域和薄弱环节具体显著影响和现实意义。

（1）加强成本管控，提升商业银行效率。效率意味着最优投入产出比，商业银行金融创新除了提高收益还要有效管控成本，具体包括如下内容。①加强资金成本管理。无论是金融产品还是其他金融服务的供给，收益要有效覆盖风险和其他管理成本，要综合各层次的风险合理定价，加强自主定价能力且充分发挥价格杠杆作用，引导市场利率平稳运行。②加强经营成本管理。适度的商业银行金融创新除提升绩效水平以外，还应加强

经营成本管理。其包括：人力资本优化，加强业务营销科技手段如智能客户筛选与客户管理，强化前台营销工作效能；借助科技手段精简中后台条线队伍比如智能风控系统；经营成本管理，引入科技手段加强管控；固定资产支出管理，完善固定资产费用支出管理，线上线下融合手段优化网点布局，降低物理网点开支具体，如智能设备使用实现刷脸身份验证，业务办理无纸化，移动开卡等以此来节约人力与管理等成本同时提高业务办理效率。

图 7－3 为第 6 章 16 家上市银行年度全要素生产率（TFP），根据 Holod 和 Lewis（2011）使用无导向型 DEA－MALMQUIST 指数模型测算，将员工人数、业务及管理费用及固定资产净值作为投入变量，存款为中间变量，手续费及佣金收入、贷款利息收入为产出变量。并将其分为国有银行和股份制银行两组与第 6 章按年计算所得的金融创新指数（BII）趋势比较图，可以发现商业银行金融创新与商业银行效率具有高度相同趋势，在实际环境中商业银行金融创新与效率具有高度协同性。因此，商业银行金融创新对提高自身投入产出比，降低管理支出进而提高全要素生产效率具有影响。

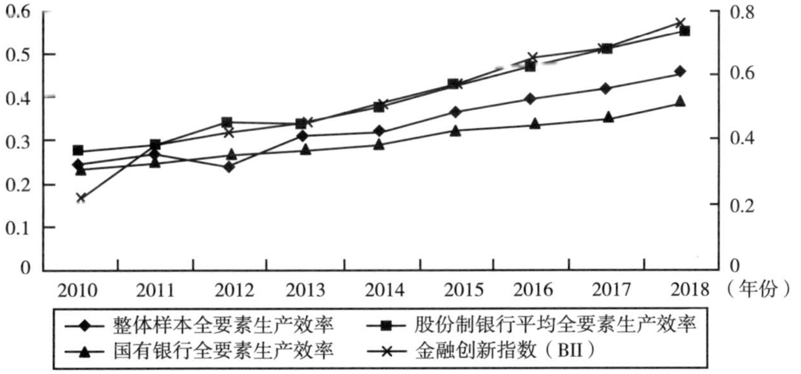

图 7－3　全要素生产率与金融创新指数趋势

（2）通过适度创新加强资产负债的精细化管理。即商业银行应通过业务创新手段加强业务水平，市场研发能力达到提高资产配置与优化负债目的，有效防范信用风险和流动性风险。其包括如下内容。

①在资产管理方面。随着金融强监管、利率市场化以及非标资产回表内趋势下，资产荒问题依然突出。鉴于上述情况，为实现非信贷资产有效配置，商业银行加强交易性金融资产的自营能力、培养自身团队、提高投研能力和寻找优质资产的水平是必然趋势与选择。包括按照商业银行资产负债管理的“总量平衡”和“结构对应”的原则，根据宏观经济形势的发展趋势、整体市场与企业个体实际情况，自身的资产负债结构和风险承受能力确定投资规模，并根据资金来源期限情况确定债券投资期限结构，制定合理科学债券投资业务的具体策略，以此提高主动资产配置能力。

②在负债管理方面。银行应注重负债结构优化，将存款业务特别是居民储蓄作为其负债的主要来源，通过创新、优化个人金融类业务，比如上文所提及的打造金融生态圈、加大科技赋能线上渠道等方式增强客户黏性和获客能力、提高派生存款最终提高银行资金吸收能力。此外，银行按需优化非存款类负债业务，制订合理有序的市场负债计划。完善与创新商业银行补充资本的措施，通过同业存单补充流动性，借助永续债、金融债券甚至多层次资本市场补充资本，对银行内负债结构实施动态调整以维持良好的流动性。

③同业业务适当创新，加强同业授信管理。在政府要求金融回归本源和严监管的态势下，商业银行同业业务应成为维持流动性，实施同业清算和资金调剂的创新工具，而不应成为空转套利、多嵌套和监管套利的手段。当前，同业业务在挤掉同业资金池、短期错配房地产和地方违规举债基建等“不健康业务”时，应通过适当创新强化同业业务的管理，在同业资产规模占比、同业敞口、同业流动性等方面按照对手名单制加强授信管理，“穿透底层”审查相关对手资质切实防范风险。

总之，银行应通过同业、金融市场等方面业务创新达到资产负债结构整体合理，其中负债端不易受市场波动影响且资产端能够有效抵御利率和流动性风险、整体抗风险能力好等。

7.3　供给侧结构性改革下商业银行支持实体经济增长的金融科技创新行动路径

在供给侧结构性改革背景下，商业银行应充分把握机遇，积极完善业务线上化布局及加强场景化应用，改变传统金融信息来源，创新服务方式和流程，整合传统服务资源，缩短业务流程，以及开发更符合用户需求的服务和产品，通过产品要素的个性化设计和更精准的营销方式以提升金融供给和金融配置水平。在具体业务领域方面，商业银行应加大中小企业贷款业务、理财业务、供应链金融业务、消费金融业务以及渠道服务等领域数字化、信息化以及线上化的转型，真正实现科技赋能。商业银行金融业务创新离不开关键底层技术迭代升级的广泛应用和深度融合提供的支持。因此，本书认为商业银行金融科技创新的核心就是关键底层技术的交叉互通和深度突破达到进一步推动信息技术的集成创新和融合应用的目的。

构成金融科技基础的主要前沿底层技术包括：大数据（Big Data）、云计算（Cloud Computing）、人工智能（AI）、区块链（Block Chain）等。值得一提的是，虽然上述技术各有侧重，本书仍认为通过上述技术的有效融合将构成金融科技创新的重要实施路径。相关技术具体内容、特征和应用领域可见表 7 - 2。

表 7 - 2　　金融科技创新技术特征与应用领域

技术（模式）	特征	应用领域
大数据（Big Data）	数据规划好、数据快速流转化、数据类型多样化以及价值密度低	客户营销（个人类金融业务为主）；审查审批业务与信用模型搭建

续表

技术（模式）	特征	应用领域
云计算（Cloud Computing）	按需服务、计算和储存能力高、高效便捷、可靠且通用性较好	运营支持（支持远程实时服务）、业务审查审批、业务拓展和客户营销（公司类金融业务）
人工智能（AI）	机器学习、跨界融合、人机协同、群智开放、自主操作	智能理财投顾、智能客服、智能支付结算、智能营销
区块链（Block Chain）	中心化（核心特征）、透明性、免信任、自治性、数据不可篡改性、匿名性	银行支付与结算、票据和供应链金融业务、ABS及风控

从表7－2可知，金融科技创新的路径应从金融创新底层技术融入和增强“契合度”着手，具体包括：①丰富银行获客、留客以及优客的手段，依托大数据分析等技术依托直销银行、移动银行和互联网银行等新凭条多层次渠道精准营销客户；②搭建银行特色金融科技生态，实现场景化全面切入各个生活场景；③加强风控领域应用，依靠技术手段（如人工智能等）提高银行对全流程风险的识别度；④通过区块链、大数据分析等技术重构银行运营系统，（如通过区块链去中心化和加密特点将集中式的运营体系改为分布式、基于大数据分析优化渠道运营流程等）。

7.3.1 运用大数据技术发掘和评价客户

7.3.1.1 大数据技术的应用价值

尼克莱蒂（2018）[260]认为，大数据技术（Big data）旨在通过高速捕捉、发现、分析等方式，从大量的数据中获取经济价值。大数据技术的使用一般经历搜集、传输、处理和分析以及检索和挖掘五大阶段。大数据技术具有数据规划好、数据快速流转化、数据类型多样化以及价值密度低等四大特征。大数据技术通过对以往海量储存的数据“加工”发掘其中的价值，成为商业银行定位潜在客户，挖掘市场潜力的“利器”。大数据分为

“结构化数据”（如账户交易信息、财务信息等）、“半结构化数据”（如 xml 格式 HTML 格式的日志信息等）与“非结构化数据”（如语音、视频等格式的客户社交信息）等。大数据技术在顶层前沿技术中发挥的是支撑作用，因为大数据技术提供丰富有效的数据资源是其他技术有效应用的基础。

商业银行可以围绕主要业务板块从传统信贷储蓄到投资银行、金融市场、财富管理、交易银行与资本管理等都可以借助大数据分析技术并围绕两个方面发展：一是加大客户营销力度，实现客户精准识别；二是基于信用模型的数据获取与分析，提高银行风控水平。银行本身掌握的各类数据可谓丰富，外部日趋激烈的行业竞争态势下让商业银行也采用大数据去发掘数据价值和商业信息以赋能业务开展与产品开发。值得一提的是，商业银行尽管拥有海量数据，真正开发依然是冰山一角，整体应用的广度与深度有待加强，未来技术组合多场景应用将是发展方向（胡浩青，2017）[261]。

7.3.1.2　运用大数据技术创新的行动路径

金融科技创新在大数据应用方面可以围绕以下几个方面展开，以更好地与业务创新进行融合与互动。

（1）主业产品营销。通过发展大数据分析可以判断客户行为并匹配相应营销手段和产品。比如，围绕客户消费数据、交易行为以及客户细分维度，精准捕捉用户画像、深度挖掘用户需求并寻找营销机会。

（2）跨业产品交叉销售。交叉销售是商业银行重塑服务的重要手段，在客户分析方面与个人金融产品销售相似，但交叉销售主要通过与合作伙伴业务系统衔接等方式，提升金融场景分布、客户数据的共享与流通进行产品销售。先借助客户结构化和非结构化多渠道的数据，分析客户喜好与需求；再围绕客户其他金融业态（基金、保险、证券等）服务需求，综合购物、文化娱乐、生活服务等全方位场景进行交叉销售。达到客户共享、提高客户在不同平台间的互动进而让客户通过银行渠道能享受综合服务的目的，提供“一站式解决方案”以此增强客户的黏性。

（3）银行运营管理。一是对渠道资源进行有效分析。具体通过大数据技术对银行线上渠道和线下渠道所包含的关键活动进行分析，根据交易数据、交易频率等运营活动分析网点使用强度以及开展线上渠道替代的潜力，了解客户迁移情况，并以此做出判断，做出运营优化操作。比如，哪些客户群体适合线上迁移，并以此为基础优先做出运营调整，确保客户体验，避免客户流失。二是利用大数据分析优化物理网点布局。商业银行可以结合内部数据（网点历史人流量、有关业务办理数据）以及外部数据（当地人口、收入、企业以及商圈情况）综合判断、评估，并分析“此地是否适合设置实体网点”“设置什么样的网点（是轻型网点还是全能型网点）”“网点应优先销售哪些产品”等。

（4）基于大数据分析的信用模型。数据挖掘和分析是大数据技术在金融领域的重要应用。具体而言，银行引进大数据分析可通过构建信用评级模型以直观方式的打分技术，将业务申请人不同维度的信息（就业、收入、年龄、资产、负债以及消费记录等）给予权重进行衡量，银行基于数据可得到的情况增加更多的变量以提高模型的精度，满足信用评价需求通过大数据分析方法得出结果并有效缩短业务流程。此外，大数据技术还能以过往业务数据（如客户综合贡献率等）为基础，结合用户反馈及最新用户行为及使用习惯分析，帮助银行对同类产品进行不断创新开发，在技术赋能下这种迭代速度将明显高于传统方式。总之，大数据技术通过对客户精准分析和差异化设计有效提升金融资源配置效率。

7.3.2 运用云计算技术搭建集约化业务平台

7.3.2.1 云计算的应用价值

云计算是基于 IT 基础设施的新型交付和分布使用的模式（周雷等，2020）[262]。这种模式通过为用户提供实时在线、按需网络访问使其进入可配置的计算资源共享池获取所需信息资源。与此同时，用户只需投入很少的管理工作或与技术服务商少量交互可以有效降低管理成本。因此，云计算具有虚拟化或资源池化，按需服务客户、计算和储存能力高、高效便捷、可靠和通用性较好等特征。

云计算和大数据具有密不可分的关系：一方面大数据分析基于云计算平台分布式数据库可以更有效获取数据；另一方面基于云计算的平台运行也离不开大数据分析的支持。基于云计算的信息平台属于 IT 重要基础设施，它为大数据应用提供了物理支持。按照所有权与访问方式划分，通过云计算技术搭建的信息平台分为公有云、私有云、行业云和混合云（张敏敏，2019）[263]。而商业银行金融云平台大多属于私有云形式，也有部分以综合线上服务平台形式存在的混合云。

云计算在金融创新领域具有良好的应用前景和天然的融合性。

（1）云计算可以实现数据资源有效整合，它将银行金融科技活动从固定的数据中心解放出来，形成数据资源的高效共享与快速迁移，有效缓解信息数据被分割的问题，在降低运营成本的同时增加数据资源和其他技术利用率。

（2）云计算可以为银行业务发展与创新提供实时高效的技术支持。通过云计算让银行突破地理空间和时间的约束实时提供客户服务，客户只要通过个人终端访问银行网络平台（各类银行 APP），就可以根据需求获取数据储存、服务器计算以及各种应用软件等服务。银行无需与客户接触，就可为其办理包括智能投顾、账户处理、支付结算在内的各类业务。

（3）云平台可有效保障数据的物理安全。云计算具有很强的通用性，既可在不同终端共享、又可基于云端衍生开发出不同类型系统应用，很好地支持业务动态的发展需求，降低系统开发和运营管理成本；而银行通过将物理 IT 设备上的数据整合上传到云端，并设置分布式的 IT 设施架构可避免因单个设施故障而导致数据丢失和损坏，可以有效应对商业银行金融创新过程中的信息突发事件。总之，基于云计算平台设施可有效保障信息和数据的连续性和完整性，为银行防范信息风险以及保障金融稳定提供有效的技术手段。

7.3.2.2　运用云计算技术创新的行动路径

因此，商业银行通过合理布局基于云计算的分布式平台，有效融入业务经营，推动信息资源实现按需供给提高信息资源配置效率，实现 IT 资源充分利用并以此带动业务创新与发展。具体包括如下内容。

（1）推广“云化”产品与服务。云计算与大数据可发挥联动业务优势。其具体表现为如下三个方面。①商业银行通过“云计算+大数据”模式搭建智能投顾场景，发挥云计算超大规模储存空间和大数据海量数据的优势。一方面基于银行庞大的用户数据积累通过大数据进行筛选与评估；另一方面商业银行利用云计算可搭建人工智能算法对投顾模型进行强化，描绘出详尽的客户图谱并通过分层储存、数据协同以及全媒体接入等技术搭建全数字化的场景，实现在理财产品设计、应用以及推广的全流程智能化改造。②商业银行还可通过搭建云化客服中心为银行客户提供互动好与可视化的专业服务，增强客户体验，如线上可视化客服等。③商业银行通过大数据和云计算结合，在信息处理过程中发挥云计算分散和按需提供信息优势。比如，基于大数据和云计算技术开发的智能移动终端为商业银行拓展社区和商圈业务，提供包括非现金的支付结算、理财等金融产品购买、小额贷款申请与实时审批等一系列业务“组合拳”提供了极大的便利，提高金融服务渗透度和可能性。

（2）高效利用信息资源。商业银行可通过发挥云计算资源优势和技术优势帮助银行加快不同条线系统资源整合并提高科技基础设施利用率，从而实现资源快速供应、软件快速部署、运维管理高度自动化。银行可以动态地使用及调整云上的信息资源以更好地满足瞬时高并发、高频、大流量的金融交易需求。比如，一些实时需要关注市场动态变化的业务领域（如金融市场下的债券或者金融衍生品业务），通过云计算可以提高业务对市场响应速度与加强管理能力。

（3）有效节约成本。云计算可以通过外部资源共享，大幅降低 IT 基础设施的初期投入及其后期的管理和维护成本。特别是对于中小银行机构，可以通过租用云服务或者接入应用编程结构（API）方式，降低运营和人力资源成本同时深化云技术的应用，有效推进相关数字化建设。

（4）搭建“云化”金融平台。通过延伸和利用“云化 + 生态”助力银行数字化转型外部云服务，银行业金融机构还可以与企业和政府构建金融云生态体系。比较典型的模式是，商业银行通过搭建“政银合作”云平台，实现与客户进行高效互动，有效拓展公司和机构业务。比如，商业银行可以通过与政府合作建设行业云等，成为驱动业务发展新模式。其有两种主要模式。一种是通过与政府合作建设政务服务云模式（“政务云”），政务云目前已成为商业银行拓展“银政”服务主要手段。它通过发挥银行的资金、专业和技术优势借助云计算的手段有效打造嵌入金融服务的政府“互联网 +”性质的服务平台，而银行可以借助平台服务民生并了解需求，助力政府政务服务数据化并获得经济数据等密切“政银”关系，可谓一举多得。另一种是政府组织，银行牵头开发的金融综合服务平台（“金融云”）。商业银行可依托云服务和云计算为基础，包含大数据、人工智能与区块链等技术，以服务小微民营企业为主要目的。“金融云”涵盖融资撮合、电子合同、三方存证、区块链等多种模式和产品，并提供资金三方存管、电子汇票以及企业其他所需金融服务等一系列服务。

商业银行通过跨界“云平台”建设，既可以在服务小微、助力政府转型中发挥银行的专业作用，又可以为当地金融基础设施的升级完善做出贡献。因此，未来跨平台合作将成为银行“金融科技营销”（也称“创新营销”）将逐步取代传统的“关系营销”成为银行拓展对公业务创新方式，为业务创新提供良好的金融生态环境基础，也为银行提供有效金融供给提供平台支撑。因此，云计算是供给侧结构性改革背景下商业银行有效整合信息资源，提升运营管理质量，改善信息化水平并实现技术与业务协同发展的重要手段。

7.3.3　运用人工智能技术推动关键领域的智能化改造

7.3.3.1　人工智能的应用价值

人工智能是研究使计算机来模拟人的某些思维过程和智能行为（如学

习、推理、思考、规划等）的学科，使计算机通过模拟能实现更高层次的应用。它具有机器学习、跨界融合、人机协同、群智开放以及自主操作等特征。人工智能具有感知、理解、数据学习和决策等能力。它的应用是基于海量数据和算法集成。因此，大数据是人工智能发展的基础。此外，云计算的平台既需要大数据分析技术，也需要人工智能技术的支持。人工智能主要通过对相关金融科技的智能升级，促进与相关底层技术协同在不同场景中推动业务的高效应用。在赋能商业银行业务创新方面，人工智能在理财投资顾问、客服、支付结算（如账户关联分析）、客户身份校验（如基于虹膜、语音的身份生物识别）、营销（如基于大数据筛选信息进行智能分析）都具有广泛的应用前景。

7.3.3.2 运用人工智能创新的行动路径

（1）通过“云计算＋人工智能”模式在智能投资顾问方面的应用，这里人工智能主要起到运营支撑和智能化支持作用。

（2）通过“大数据＋人工智能”模式在智能风险控制方面应用，可以高质量发展公司类金融业务。人工智能最重要应用无疑是对业务金额大，交易结构复杂公司业务的审查，由于业务大部分数据以非结构化数据为主、数据标本少（因为大型客户违约往往是小概率事件）、特征难标记等。因此，依靠传统系统难以做出逻辑分析并提出高精准度的决策。所以，需要大数据和人工智能技术组合，实现对大额业务的有效风险识别。简单来说，这种模式就是“模拟人类思维方式处理数据流”。

具体来说，人工智能化业务审查创新与应用包括三个关键环节。

①在贷前信用模型构建和数据筛选环节上。建立指标筛选广泛信用模型。以大数据分析技术可以快速从客户信息、涉及客户业务关联、上下游关联以及账户交易关联数据以及信贷行为、征信、政府部门以及第三方平台等各渠道获取融资主体的海量信息流，进行发掘和筛选，为人工智能系统提供“原材料”。之后通过人工智能技术可以有效抓取和识别客户信用资质变化情况、行业整体发展情况、客户产品市场变化情况等动态信息。

②在审查审批环节上。借由“人工智能”并依托神经网络、机器学习、深度学习等算法借由人机协同可有效识别具有时序特征的“异常情况”。因此，它可以通过客户和客户相关的一切情况的异常变化实时做出有效的预警。

③在贷后管理环节上。如客户发生违约，人工智能可以在智能催收方面也可得到深入应用。例如，智能语音识别、情绪智能处理等关键技术，还能针对催收效果制定差异化的催收策略等。

图 7 - 4 展示大数据、人工智能技术与消费金融全流程深入融合的业务模式。由于消费金融涉及客群大包含海量信息，而商业银行在开展消费金融业务中既涉及优质客户的精准识别与营销，又关系到客户申请后环节的风险识别。银行可以通过引入基于大数据、人工智能全生命周期风险新技术有效平衡业务发展和风险两者的关系，从图 7 - 4 可以看到通过大数据技术应用可以实现从提交申请、审查、贷中检测直到贷后还款乃至催收的全流程数字化应用。

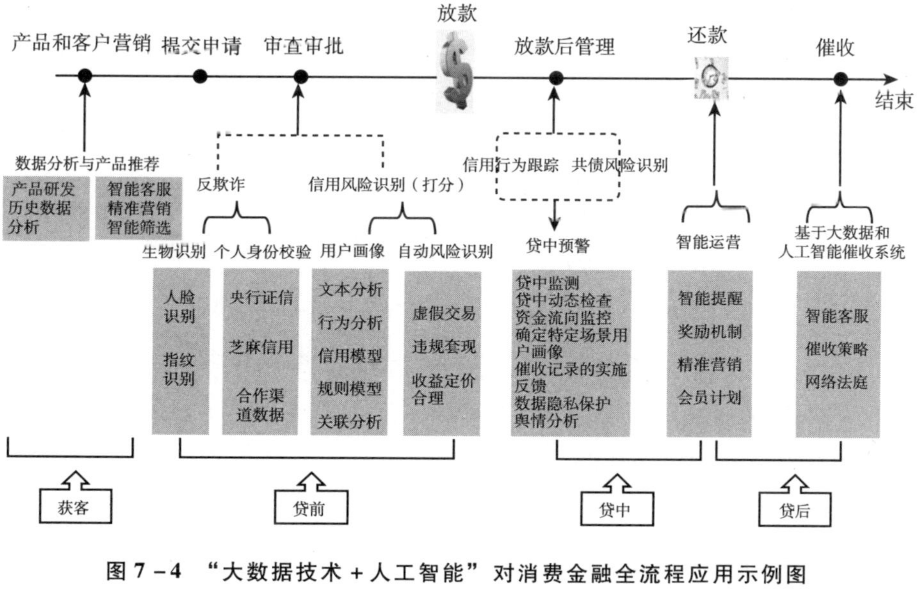

图 7 - 4　“大数据技术 + 人工智能”对消费金融全流程应用示例图

上述“大数据技术 + 人工智能”模式提升商业银行消费金融等小额分散信贷业务水平，对欺诈与信用违约等风险进行有效风险识别，并可避免传统拘泥于历史经验判断的主观干扰和人工失误甚至道德风险等问题，真正实现潜在客户批量导入、批量审批以及存量客户二次营销。通过上述前沿底层技术应用到银行客户营销、筛选以及风控等重要环节，商业银行可以对客户筛选、贷前准入、贷后预警、智能催收等重要环节进行智能化把控，提高业务处理能力，真正实现分散型业务“又好又快”发展。“大数据技术 + 人工智能”在消费金融领域的应用重塑银行业务与风控模式，增强风险预警能力，降低银行获取信用信息成本并在反欺诈方面具有显著作用，通过中台分析能力提升促进和协助前台营销开展。商业银行可以从海量数据中发掘业务价值、获取商业机遇并成为驱动业务创新发展、实现数字化转型并刺激了居民消费需求，可以有效拉动内需并传递经济社会价值。

7.3.4 运用区块链技术打造高效产品和服务体系

7.3.4.1 区块链技术的应用价值

区块链是指分布式数据存储、点对点传输、共识机制、加密算法等计算机技术的新型应用模式。它本质是一种去中心化和基于分布式结构数据储存与传输的数据库，具有去中心化（核心特征）、透明性、免信任、自治性、数据不可篡改性以及匿名性等特征（唐塔普斯科特，2018[264]）。按类型划分，区块链分为公有链、私有链以及联盟链三种主要类型。作为基于互联网的底层技术，它可以通过与其他技术创新与融合、也可以更好地发挥科技赋能作用，比如区块链的价值特征和大数据的处理分析可以形成有效互补，在数据采集和共享方面发挥耦合作用。区块链与云计算在分布式理念具有相同之处，基于区块链去中心化的云计算可以在应用运行方面更安全，而云计算的虚拟设置也可以有效降低区块链应用的运营成本。

被誉为“信任机器”的区块链与金融领域具有天然的匹配性，具体表现如下。

（1）建立信任机制。传统审查审批机制下融资业务，银行既要向企业搜集授信材料、又要多方佐证和校验材料的真实性，构成一个完整的风控闭环，因此其管理成本和操作风险较高。区块链技术通过分布式账本让各业务参与方（企业、企业上下游）独立录入数据，数据一旦录入公开透明且不可篡改并由系统进行交叉验证真实性。区块链通过技术建立“信任机制”，既可以帮助银行更好地识别或规避风险、有效进行信贷流程（从贷前、贷中直到贷后），又可以帮助企业更好地证明自身资质以促成金融交易并帮助建立良好信用体系。

（2）有效融合金融业务场景。区块链可以建立多个以业务或地域为边界生态子系统，当子系统发生交互通过区块链的跨链技术融入上层更大的系统。因此，在构建以产业链甚至行业为内容的场景中，区块链就可以发挥关键作用，以供应链金融业务为例，借助区块链技术可构建包括政府部门、运输物流、核心企业、上下游等多个子系统，并最终汇集成到产业链这个大生态中。这样可以有效帮助银行解决掌握相关信息发掘业务价值，有针对性的开展业务。

（3）保障信息安全。区块链技术理论上只有遭受超过 51% 的攻击才能让整个系统发生改变，基于区块链技术支持的交易是一个难以篡改的账本，并实现信息可验证和可追踪以保证银行客户的账户安全。此外，区块链技术的非对称加密技术能改善大数据应用中产生的隐私权问题。在具体业务领域方面上，区块链包括在银行支付与结算、普惠金融（中小微企业融资）、供应链金融、ABS、风控以及金融交易平台等方面都具有广阔的应用前景。目前，国内一些商业银行已经在某些新业务上开始试水，如招商银行的区块链直连跨境支付系统、邮储银行的区块链资产系统等。

7.3.4.2　运用区块链技术创新的行动路径

（1）客户征信。区块链技术具有不可篡改以及可溯源性等特征，商业银行可通过区块链技术改进信用模型并基于分布式共享总账等方式实时在行内共享征信数据。以此提升对异常交易的识别能力防止欺诈，增强系统风险预警的精准性，提升审批机构对于数据采集和审批的效率。此外，区块链通过打通数据孤岛，建立不同主体间安全、有效的数据交换机制，实现数据共享，加强对客户身份标识的准确性。比如：银行之间、银行与第三方信用机构之间，银行与其他行业之间基于合法与合规前提下以数据共享方式实现资源共享、加强信用管理带动业务高质量发展。

（2）身份校验与反欺诈。由于区块链技术具有不可篡改特征使之成为数据和信息理想的载体，银行可以利用区块链技术保证每一笔录入区块当中按照区块的链条传输，防止内外部人员恶意篡改数据确保数据的有效真实性。

（3）跨境结算。当前跨境汇款与结算的方式日趋复杂耗时长且成本高，与当前贸易往来日趋紧密的趋势格格不入。而区块链可以发挥价值转型功能通过区块链去中心化与分布账本技术协议（DLT）、共识协议管理，不可篡改以及可溯源等特点，商业银行可以实现了高效的点对点交易且相关交易独立核算，银行跨境业务不用再依赖中间系统（如SWIFT组织）负责资金清算和交易数据储存，汇款方和收款方可以实时跟进资金转移的情况。

7.3.5 综合应用多种技术实现融合创新

大数据、云计算、人工智能以及区块链等前沿底层技术发展路径从来不是静止、孤立的而是动态与相互协同的，商业银行应综合应用多种技术，应围绕技术进步趋势实现融合创新，具体包括如下内容。

7.3.5.1 推动前沿底层技术的交互发展

大数据、云计算、人工智能以及区块链将相互关联、互相促进以及协同进步。其中，大数据技术是资源基础、云计算是技术落地平台、人工智能依托于云计算和大数据推动金融科技的智能化应用、区块链推动金融领域架构和交易机制的变革。它的发展离不开大数据和云计算的支持，同时它又为前两者提供技术保障。因此，上述主要底层技术之间的关系在深化应用过程中将变得更加紧密，彼此边界不断被弱化，金融科技创新的技术交叉领域范围将扩大。商业银行应加大科技投入，比如依托打造基于大数据分析和云平台“人工智能+”的业务生态涵盖从公司类、个人类到金融市场、支付结算多个场景，通过实现经营机制的智能化，商业银行可以更好预判外部市场环境的变化，提供更及时、有效的金融产品和服务促进企业与产业的能效提升并传导技术溢出效应，以此提高外部的科技水平。

7.3.5.2 促进前沿底层技术的平台化进程

商业银行应加大一体化线上平台的投入与建设，比如加速推动基于区块链的综合金融服务云平台的建设并配套相应资源。当前，前沿底层技术发展将呈现出两个方面内容：一是底层技术将依托集中化平台推动业务创新更高效进行；二是底层技术将依托集中化平台发挥技术优势集中解决当前银行业务的难点与痛点（如中小企业融资难、融资贵、抵押率不足等问题）等趋势。基于此，商业银行应充分发挥专业优势和技术优势，开发更多的“云”类平台产品。比如，银行通过加大与外部合作机构（其他金融同业、电信以及零售行业等）的数字化合作，通过开放API与周边合作伙伴共建的数据端口方式共同打造综合服务平台实现客户价值的多渠道驱动。

7.3.5.3 依托前沿底层技术对业务实现动态改造

随着供给侧结构性改革的深入，实体经济将产生新需求推动金融科技创新。在科技赋能下，业务在发展过程中需求动态变化，在此过程中将会形成新瓶颈需要技术进步来解决，即业务在进步过程中将会从需求端驱动金融科技创新。商业银行应推动业务创新和技术创新的协同发展，持续极大科技投入并根据业务需求动态调整技术研发和应用方向。随着供给侧结构性结构性改革的深入和“内循环”宏观策略的实施，实体经济金融线上化服务的需求将驱使商业银行加大对过去高度集中化的经营流程和业务模式进行改造，借助金融科技向合规前提下的前中后台全流程线上化提供前文所提及的“非物理接触”的服务模式，帮助银行能够积极运用技术手段提升服务便捷性和可得性。

7.4 供给侧结构性改革背景下商业银行支持实体经济增长的组织与制度创新行动路径

组织与制度体现的是银行的经营管理水平等软实力，缺乏有效金融创新运行机制的配合，新产品和新服务很可能成为“无本之木、无源之水”。由第2章可知（详见本书2.2.4），商业银行创新运行机制既取决于外部经济与金融环境、也取决于银行内部决策以及创新方向。由第3章可知（详见本书3.1.3），只有在良好的经济运营环境下商业银行才能实现持续经营的目标。而银行理性决策行为无疑需要设置得当的组织架构以及激励与约束得当制度来规范商业银行经营行为。

在供给侧结构性改革背景下，商业银行应结合自身经营实际和所处环境同步推动组织与制度创新，选择符合自身特色的组织体系改良路径。之后将组织与制度资源转为优势和核心竞争力，使内部资源得到有效整合，更好地发挥金融功能和效用，降低风险提升绩效，更好地服务业务创新和科技创新，推动经济转型升级的目的。

7.4.1 商业银行主业经营组织架构创新的框架设计

我国商业银行在组织与制度层面做出了不少转型的尝试，但是大多数基于既有的组织与制度框架下碎片化变革，因此商业银行需要遵循外部经济发展规律和变化趋势，对内部组织架构和体制进行更具针对性的变革，以更好地释放商业银行生产力、克服组织与制度熵造成负面影响，避免落后过时的组织制度对生产力制约。

供给侧结构性改革背景下商业银行组织架构创新的行动路径应以横向链条和纵向链条两个维度的有机集合为基本内容，以银行内部价值链分析为导向，深度改革目前与行政序列高度匹配总分行组织制度，通过扁平化、集中化和专业化为特征的组织改造，实施前中后台分离的一体化流水作业提高自身的组织效率和竞争力。将传统部门银行转型为流程银行，以有效缓解旧有的“金字塔”式组织架构因层级过多造成的信息不对称和“第三类代理”等问题。

基于当前商业银行金融创新特征与现状，本书认为商业银行组织架构整合方案为：通过价值分拆与评估，商业银行围绕横向部门构成与纵向管理架构几个方面根据价值链打造扁平化、专业化的流程银行组织架构，实现从传统部门构成的功能型组织到“以客户为中心”的场景驱动型敏捷组织的转变，具体包括如下内容。

7.4.1.1　横向设置

在横向设置上，先采取流程化的矩阵式组织架构。通过银行对业务操作全流程进行整合，形成前中后台既清晰分离又相互衔接的形式。

（1）前台设置。前台是以客户为中心的业务拓展部门，价值链基本活动下的部门是创造业务价值的核心，具体设置上可以按照公司金融业务板块（可落地和开展公司银行业务、投资银行类以及资产管理类客户端等创新业务）、个人金融业务板块以及资金与金融市场板块（可落地和开展资产管理类投资端、同业金融类等创新业务）三大类进行划分；中台是前台的控制和监督部门主要包括审查审批部门和财务管理部门，后台是服务和保障部门主要包括行政管理、信息技术、风险控制以及审计稽核等部门，即价值链条下的辅助活动部门是管理、支持和保障业务价值实现的。

（2）中后台设置。中台与后台是支持与保障前台业务部门开展活动重要组织架构，这里拟采取整合框架方案如下。

①审批审查板块施行风险垂直管理，在总行设置首席风险官，由其主管整个审查审批以及风险控制条线并向行长或者董事长负责（为了制衡首席风险官，也可以实现风险官和分管中后台的副行长 AB 角制度）并接受董事会监督。

②在审查审批条线的组织架构根据业务性质进行差异化设置。比如，对于个人金融和小微业务，由于上述业务具有单笔金额小、模式标准化且时效要求高等特征。在金融科技赋能前提下（详见本书 7.3.3），可通过采取内嵌风险管理模式，提高业务处理效率；对于其他对公业务，可以通过在前台各战略板块派驻审查审批分中心、区域分中心等，在总行层面保留授信审批中心等方式处理金额较大、业务结构复杂的业务。

③总行层面设立创新研发中心，负责全行的金融业务创新与技术应用；此外，在董事会设立创新委员会，该委员会由董事（包括独立董事）、前中后台相关条线负责人参与，研发中心在委员会指导下开展工作。

④总行设立信息管理板块统筹管理金融科技，提供数据采集、数据模型、数据计算、数据治理、数据资产以及信息风险防控等服务，确保信息管理的标准化与连贯性。信息板块可以按照职能分为数据中心、科技研发中心、需求中心以及风险与质量控制中心。具体包括：数据中心负责管理全行核心系统与客户数据管理，并协助前台进行大数据搜集与分析；研发系统负责研发信息化管理平台；需求中心负责搜集科技创新需求与前台的创新研发中心一起开展金融科技创新；风险与质量控制中心负责评估科技产品使用效能提出建议，同时进行网络信息安全管理，避免金融科技风险。值得一提的是，科技研发中心属于总行层面成立技术研发、系统开发和应用推广的部门与业务创新研发中心协同配合，同样在创新委员会指导下开展工作。同时，在信息管理板块成立多个包含大数据分析、数字化内容、基础设施管理等综合科研团队实现对项目需求高速响应。通过上述措施驱动银行高效、及时与有序地将 IT 能力嵌入前台生产经营。成为前台与

后台的有效衔接，有效平衡技术、数据和业务的在中间环节的过渡。

⑤运营管理板块在总行层级由一级部门负责实现集约化操作，统一管理，协同操作，并设置区域运营服务中心对接不同区域运营管理。

7.4.1.2　纵向设置

在纵向设置上，根据前述横向链条设置为参考。根据不同业务条线设置子系统性质战略单元（SBU）并按照业务范围（包括按产品、顾客等要素）来划分。根据商业银行业务价值链可以划分为如下战略单元，包括：企业与机构战略单元、个人金融业务板块以及资金与金融市场单元，上述一级单元可根据业务情况进一步细分为多个二级单元。比如：公司金融业务板块可以按照客户地域行业做进一步划分，也可以按照业务类型做进一步划分，如大公司银行可以进一步细分为交易银行、投资银行以及信贷三大类；资金与金融市场板块既可以按照业务内容划分（如资产托管、资金管理、金融市场），又可以按照对接客户进行划分（如非银行合作、银行合作等）。

7.4.1.3　单元内部设置

（1）前台的各战略单元（SBU）之间独立核算，在经营管理决策上拥有自主权。各战略单元既是受总行控制的利润中心，又是产品责任单位和市场责任单位。设置集约化的利润中心，集约经营、独立核算，从而将代理人的由过去承担多元化的任务目标，转化为单一目标，并通过独立核算等激励手段来对代理人的行为进行约束。

（2）战略单元“腰以下”的划分上，各战略单元下设区域业务中心，负责区域内的相关条线业务，不同条线之间建立协调委员会，无论纵横两个方面都要以客户和市场需要为起点，通过促进业务流程完整、顺畅运行，为客户提供量体裁衣、迅速响应的精细化服务并达到去行政化、减少管理层级、加强协同作战能力的目标。

（3）在前台业务板块内部，加强专业分工将创新、管理和客户营销进行分离。设置创新子单元负责搜集客户反馈、市场情况形成初步方案或创意后反馈给创新研发中心，即主要负责创新设想与反馈工作并协同创新研发中心进行创新研发工作；设置业务管理子单元只做产品管理，在金融创新流程中主要参与设想、（产品或流程）研发以及协助营销部门参与应用流程等，设置营销子单元只做客户营销，在金融创新流程中主要参与应用与推广的流程。

综上，本书设定商业银行主业整体组织架构如图 7－5 所示。

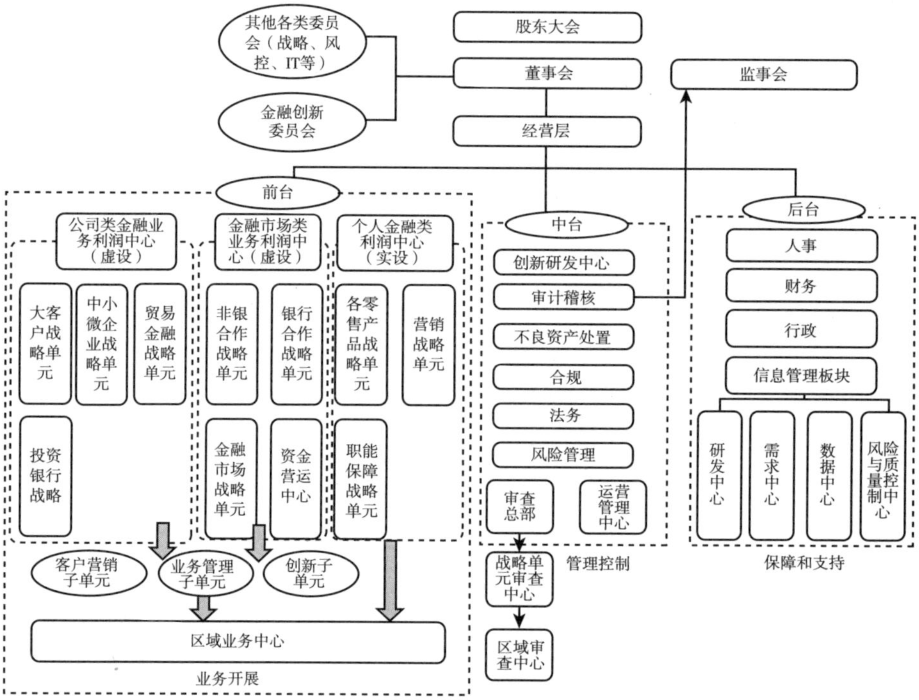

图 7－5　商业银行组织创新架构示意图

基于图 7－5，需要进一步说明。

①公司类金融业务以及金融市场类业务由于金额大、业务结构复杂且专业性强，基于业务开展、管理以及内控考虑，虽然设立专门利润中心但属于虚设利润中心，不纳入总部构成以每个利润中心设置由专门协同委员会以战略单元群组方式开展业务，并由分管副行长或者相应利润中心总监

分管；此外，各战略单元则构成总行组成部门，并下设负责客户营销、业务管理以及创新的二级部门，并对区域业务中心业务开展进行指导和支持。

②个人金融类业务，由于不同类型业务之间协同性强，交叉销售带动效应好因此作为实设利润中心，设有总裁、副总裁，利润中心内部设置各零售产品战略单元（管理类）、营销战略单元以及智能保障战略单元方式存在，风险审批等中台部门以内嵌方式纳入职能保障战略单元，并按照个人金融盈利部门（信用卡、特色金融以及网络直销等）设置由对应区域中心。

通过以上架构创新达到如下目的：一是通过采取流程化、矩阵式的组织架构避免“部门银行”组织模式造成的产品隔离，最终通过一体化金融服务满足客户多元化金融需求；二是通过在总行层面设置利润中心并进行流程管理可以增强总行决策执行力，让下面区域中心更好地贯彻总行的战略意图；三是由于由利润中心及战略单元按照业务流程设置，可以避免职责交叉，明确职责并有效降低内部交易成本，实现银行流程与组织架构的完整重构。

7.4.2　商业银行混业经营组织架构创新的框架设计

在客户需求的多样化、金融脱媒化以及市场竞争激烈化趋势下，符合条件的商业银行可以通过综合化经营，获取非银行牌照搭建银行金控集团的方式，推动业务、科技以及组织的融合，为客户提供涵盖银行、证券、保险等一揽子金融服务打造“一站式金融”体验，增加客户黏性，降低客户发掘成本和有效识别风险，达到集约化效果。在当前强监管、防系统性风险的大背景下，商业银行需稳步推行综合经营化策略。在合规、确保独立法人、风控能力匹配且不过分消耗母行资本前提下，根据实际业务与经营发展需求分步骤、稳健设立各子公司，实现规模效应和范围效应的统一，实现内生产品综合化和外在牌照多元化有机结合，提升金融服务效率进而实现范围经济。

商业银行混业组织创新的具体措施如下。

对于正在搭建金控集团的商业银行，可从业务相对单一、风险特征相对分散且对业务协同效应较好的金融牌照入手，如理财子公司、汽车金融公司、消费金融公司等，之后逐步向规模大、业务复杂的综合性子公司拓展，如金融租赁、信托公司、证券公司、保险公司等，有效推动跨板块和附属机构提供一体化综合金融策略，发挥多牌照的协同效益。

对于已经基本建立金控组织框架的商业银行，应在完善母行统一协调机制下，实现各子公司的客户共享、战略协同以及产品交叉销售战略，推行集团化、多元化和综合化目标。商业银行在风险可控、业务合规前提下，加快信息共享、风险防范平台搭建有效支持协同展业，发挥金控多牌照优势，降低整体经营成本，增强市场竞争力的目标，同时达到增加客户黏性、发掘客户综合贡献度的目的，在实现降本增效也可以更好地服务实体企业，通过集约化经营实现有效降低企业融资成本并多元化企业融资渠道等目标。

7.4.3 建立与完善适应商业银行金融创新的制度

流程和制度是企业管理体系中不可或缺的部分，要确保商业银行金融创新的适度性，离不开合理的流程和执行有力的制度，以此确保商业银行能够有效组织各职能部门开展工作，有效调配资源为各项金融创新活动提供实现商业银行金融创新从资源到形成有效产品和服务。

按照研发流程划分，商业银行金融创新制度涉及三个层级的制度：一是战略层级制度，即从战略层面指导“需要什么创新”的制度；二是设计和研发层级制度，即根据战略意图结合外部市场情况，设想与研发金融创新产品与服务，即指导“提供什么样的创新”的制度；三是执行层级制度，即基于前期创新规划和设计，调配人力资源、客户资源、渠道资源、财务资源、技术资源以及科技设施等进行创新评估、应用和推广的制度，即指导“如何研发和使用创新产品”的制度。

建立与完善适应创新的流程与制度，商业银行应采取如下措施。

（1）战略层级制度创新，商业银行应基于自身核心竞争力，明确战略导向，明确发展定位（如某些中小银行就将自身定位为某一特定业务领域的专业银行—“物流银行”“中小企业服务银行”等）并据此建立相关决策制度提高规划能力，通过制订清晰有效的创新发展规划指导创新方向、激发创新需求，调动员工创新热情。

（2）设计与研发层级制度创新，商业银行应通过规范创新运行机制中“设想、设计流程”确保产品创意与需求转换为符合组织需求和市场需求的产品和服务，此处包括三个具体步骤：一是建立有效创意收集制度，通过制度有效指导与规范行内员工和行外专家（智库）有效搜集和提供创意，有效采集客户反馈；二是加强对市场信息捕捉和对客户需求变化的响应程度同时规范创新产品前期试运行等；三是通过产品试行及时发现创新产品和产品模式存在偏差或者是应市场环境快速变化而存在的不合适的地方。鉴于金融产品高收益、高流动性以及高风险等特征，商业银行在此过程中应注重循序推进，并及时总结和不断评估反馈，不断改进和完善确保创新的有效开展。

（3）执行层级制度创新，商业银行应通过制度规范“评估、应用与推广的流程”加强对商业银行创新产品、业务模式和服务相关的金融契约，加强产品规则、要素，加强交易方式的质量控制和风险评估。在制度层面设计流程规范、设定具体指标以确保各要素符合设计是否符合初衷，是否能够合规，是否能够满足当前经济形势、产业结构下的科技需求以及是否能够满足经营稳定等需求。在执行层面的制度实施过程中，商业银行应注重运用科技手段优化流程，将冗余的中间环节破除。通过制度规范在执行层面建立、健全部门协调与决策机制，包括涵盖科技、业务、运营管理、审查审批等多部门联动的响应机制实现产品研发集约化和高效化，以此达到加快对市场信息捕捉和对客户需求变化的响应程度，并对科技应用、场景变化保持敏锐观察力等。

上述三个层面创新制度之间是按照金字塔状层层叠加，由图7-6可以看到三个制度的关系与功能。

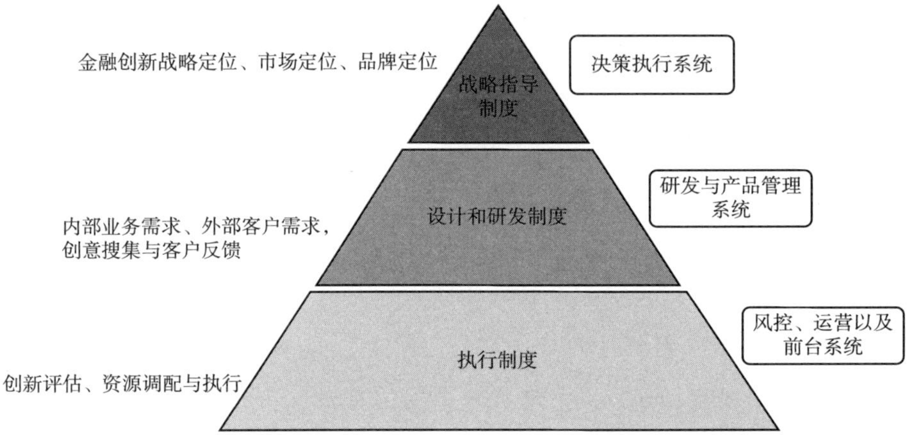

图7-6 金融创新研发流程制度示意图

因此，商业银行应着眼于建立“简洁、高效以及适应性强”的创新研发制度，确保创新运行机制和流程优化，按照创新流程提供制度保障，进而达到有效整合内部资源、有效进行创新决策和评估并保障创新产品有效推广的目的。

7.4.4 构建商业银行组织架构与制度协同运行保障机制

基于前述分析，本书认为要做到商业银行的适度金融创新，只有新产品和服务是远远不够的，还需构建商业银行组织与制度协同保障机制，从组织体系层面确保金融创新流程的有效和顺利执行。组织与制度创新协同运行保障具有以下重要意义：第一，它是商业银行金融创新运作流程中各部门相互配合、相互协同、紧密联系的重要保障；第二，它是商业银行业务创新与金融科技应用得以持续进行的制度保障和组织基础；第三，它是推动金融创新运行机制良好运营的基础。

因此，本书设计组织架构与制度的协同保障机制以此确保商业银行在创新过程中有效搜集需求，有效管理和协调相关部门按照流程发挥职能，有效调配企业资源以及有效识别新产品的风险，有关协同运行保障机制的运行步骤如下：第一步，由业务管理子单元提出需求与设想；第二步，由创新研发中心进行研发；第三步，由审批审查部门进行风险评估；第四步，由业务管理子单元进行应用，即根据客户需求制定新的业务方案；第五步，由客户营销子单元进行推广形成正式的业务创新或者应用型的科技创新。在此过程中，由创新机制、审查机制以及业务管理机制依次提供规范和保障。

上述组织与制度协同下的创新运行机制，可以确保商业银行金融创新在创新流程过程中有关组织架构与制度之间衔接更紧密，更好地提供资源支持和制度保障。进而为确保商业银行金融创新的适度性抑制不当创新，增加原创性的创新，增加符合市场需求的金融创新产品、业务模式和服务提供有效的机制支持。商业银行组织架构与制度协同保障金融创新流程如图 7－7 所示。

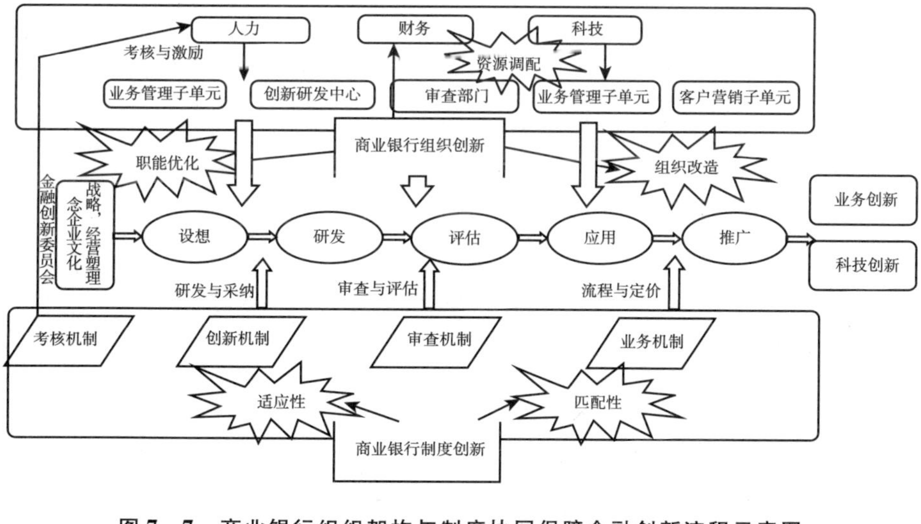

图 7－7　商业银行组织架构与制度协同保障金融创新流程示意图

第 8 章

主要结论与研究展望

8.1　主要研究结论

本书对供给侧结构性改革背景下商业银行金融创新内容、现状与存在问题进行梳理，分析当前供给侧结构性改革背景下实体经济对商业银行金融创新需求，探析供给侧结构性改革背景下商业银行金融创新对实体经济增长的影响与存在的差异，验证商业银行金融创新对实体经济增长间接作用机制和直接作用机制的有效性。基于以上分析结果，本书提出供给侧结构性改革背景下商业银行支持实体经济增长的金融创新总体方向及行动路径，以期为研究供给侧结构性改革背景下商业银行金融创新，评估其影响作用并提出金融创新方向提供理论依据与决策参考。

本书主要研究结论如下所述。

（1）对商业银行金融创新的内容分类与归纳。本书根据内容与活动范围金融创新划分为业务创新、金融科技创新以及组织与制度创新。其中商业银行业务创新根据表现形式可进一步划分为公司银行业务创新、个人金融业务创新、交叉类型业务创新三大类。业务创新是商业银行提高竞争力，绩效水平的关键也是发挥对实体经济效应的核心部分。

（2）系统分析了供给侧结构性改革背景下实体经济增长对商业银行金融创新的需求。①本书运用拓展费雪方程式（Fisher Extension）论证实体经济和虚拟经济均衡发展的重要性，虚拟经济发展过快或虚拟经济发展过慢都不利于实体经济持续增长。而实体经济与虚拟经济融合发展需要商业银行通过适度创新引导虚拟经济发挥正向反馈作用向实体经济传送价值而不是抽取利润。②本书运用银行博弈均衡模型（Bank gambling equilibrium model）通过数值模拟观察商业银行的最优反应函数变化，结果表明商业银行通过金融创新降低监督成本提高资金利用率时，才能引导资金更好地流入实体经济并维持自身业务持续性；揭示了商业银行金融创新是供给侧结构性改革的重要组成部分。③当前供给侧结构性改革呼唤商业银行的金融创新，包括通过业务创新准确把握发展方向，深刻理解政策边界，创新业务模式，更精准地为客户提供金融服务；通过金融科技创新保障支持业务有效创新，增强金融供给与金融服务覆盖面的同时实现产业弯道超车；通过组织架构和制度创新优化内部制度，保持运营稳健性，为经济转型提供良好的金融稳定环境等。

（3）系统梳理了我国商业银行金融创新的动因、历程、现状以及存在问题。随着内外环境变化，在供给侧结构性改革背景下我国商业银行金融创新将变得更积极、主动，创新动因正经历从“需求跟随型”创新到“供给引致型”的转型。中国商业银行金融创新经历了初步发展、深入改革、高速发展以及转型调整期等五大阶段，目前处于转型调整期。

当前，我国商业银行金融创新取得成效包括提升服务实体经济质量、助力经济转型、满足居民金融需求、金融科技研发力度加强以及组织和制度随着业务发展和监管要求不断演变等。

当前，我国商业银行金融创新存在如下问题：与外部需求存在结构性矛盾、重点领域存在创新不足、金融过度创新推高杠杆损害实体经济、银行考核导向偏差有逐利倾向以及内控无法有效管控创新业务等问题。

国外商业银行金融创新主要经验包括重视资产质量管理、持续提升财富管理水平、有侧重发展公司银行业务等；其主要教训包括金融过度创新导致非理性扩张、与实体经济需求脱节等。

（4）本书分析商业银行金融创新影响实体经济增长的机理。商业银行金融创新对实体经济增长影响具有双向特征：第一，金融创新通过改善银行经营能力，改善微观特征对实体经济增长具有推动作用；第二，金融过度创新会放大银行内生脆弱性、削弱货币政策机制形成信贷梗阻、使银行与实体经济会形成一个恶性循环的负反馈循环。

（5）从面板横向角度实证分析商业银行金融创新规模和金融创新效率

与实体经济增长关系及供给侧结构性改革背景下商业银行金融创新影响效应的异质性。本书利用面板平滑转换模型（PSTR）基于 2006 至 2018 年 31 个省市数据实证分析商业银行金融创新与实体经济增长关系及影响差异，通过实证检验得出如下结论。

①面板平滑转换模型比线性模型更适合分析商业银行金融创新与实体经济增长关系。对比线性与非线性实证结果可以得到非线性平滑面板转换模型（PSTR）比线性模型（SysGMM）更贴近实际经济运行情况，系数变化趋势相似且结果更稳定，商业银行金融创新与实体经济增长的关系呈现非线性的特征。

②商业银行金融创新对实体经济增长的影响效应总体是积极的，但存在区域不均衡性。通过对准模型分析可以得到，随着商业银行金融创新规模指标和效率指标提升并从低体制向高体制转换时，呈现单门限渐变的过程对实体经济增长正向效应是逐步增强的；说明当前商业银行金融创新整体是适度的，只有提高金融创新水平才能更好地对实体经济发挥正向作用。但是，通过对 PSTR 模型的非线性转换体制分析，发现不同省市转换函数值（g 值）分布范围广且体制转换速度较慢，结合各省市商业银行金融创新在样本期间的情况，说明不同省市商业银行金融创新存在严重的不均衡性。

③从基准模型控制变量结果来看，随着商业银行金融创新规模、效率指标发生变化，相关变量对经济增长的影响也是有差异的。大多数要素禀赋的代理变量（如 R&D 经费支出、进出口）呈现从负向到正向的趋势，也有少部分由正向转为负向（如社会固定投资、外商直接投资）。

④我国商业银行应保持适度创新规模并注重提升创新效率。根据非线性关系分析可得，商业银行金融创新规模的非线性效应强于金融创新效率效应。其具体表现为：以金融创新规模指标为门槛变量非线性转换机制较为显著且平滑转换速度较快；当以金融创新效率指标为门槛变量，平滑参数估计值较小其转换速度较慢已接近线性。上述结果与数理模型推导存在

差异说明，当前我国商业银行主要依靠“金融创新规模效应”拉动实体经济增长。但是，由于基准模型下商业银行金融创新效率指标对实体经济增长促进作用要优于金融创新规模指标，因而说明商业银行应保持适度金融创新规模的同时，更应着眼于提高金融创新效率。

⑤我国商业银金融创新影响效应存在阶段性差异。通过阶段性差异分析可得：供给侧结构性改革后商业银行金融创新规模指标和效率指标得到显著改善，这体现在处于金融创新指标高体制状态下的省市较供给侧结构性改革前大大增加了；供给侧结构性改革后，对实体经济增长发挥正向效应的省市数理明显多于供给侧结构性改革之前，说明了供给侧结构性改革背景下商业银行为更好服务实体经济而采取的创新措施是有效的。

⑥我国商业银行金融创新存在区域差异性。通过区域差异分析可得，商业银行金融创新存在过度创新和创新不足共存现象。也就是，当东部区域和中部区域的金融规模指标因已过拐点呈现边际效应递减现象导致对实体经济增长呈现负向效应；西部区域由于金融发展程度较低，仍然呈现边际效用递增现象。

⑦我国商业银行金融创新对实体核心产业（制造业）增长指标和结构优化指标同样具有类似基准模型的渐进正向非线性趋势，但无法有效满足制造业结构优化的需求。具体包括：通过替换自变量的稳健性检验得到基准模型相似结果，商业银行金融创新对制造业增长指标的向渐进影响较为显著，且核心解释变量和控制变量回归系数较基准模型更大、显著性更好，但对制造业结构优化指标影响正向效应较弱、仍处于低体制向高体制转换过程。上述结果说明商业银行金融创新支持制造业优化的效能不高、针对性不强。

⑧我国商业银行金融创新存在协同不足的问题。通过加入时间虚拟变量和交互项进行稳健性分析，基准模型回归结果稳健性得到证明，虚拟时间变量系数显著为正的结果说明了供给侧结构性改革改革推动商业银行金融创新对实体经济增长发挥了积极作用，交互项结果表明商业银行金融创

新与资本积累指标对实体经济增长发挥协同效应是趋于正向，商业银行金融创新与科技研发指标发挥协同效应则趋于负向。

（6）量化主要上市银行金融创新水平并构建了商业银行的金融创新指数。

本书按照金融业务创新发展（规模）维度、金融业务创新效能维度、金融创新风控维度、金融科技创新维度以及创新支持实体经济需求维度等五大维度，选取 2009 年三季度到 2019 年二季度之间 16 家中国上市商业银行 15 项相关经营与财务季度指标；通过主成分分析法（PCA）量化了 16 家主要上市商业银行的金融创新水平，结果表明如下。

根据 16 家商业银行金融创新指数排名，国有商业银行依然占据前三的位置（分别是中国银行、中国建设银行以及中国工商银行）这主要是上述商业银行在业务创新规模上具有优势，北京银行、招商银行等创新效能较好的中型银行紧随其后。

利用等值权重法构建了商业银行创新指数（BII），该指数在选取样本期间内呈现平稳增长的趋势，从 2009 年三季度的 0.34 增长到 2019 年二季度的 0.8065，季度平均环比增长率约为 2%。通过分析阶段分析可得：BII 经历持续增长期（2009Q2—2012Q4），波动调整期（2013Q1—2017Q4）以及转型回升期（2018Q1—2019Q2）等三个阶段。在供给侧结构性改革背景下，尽管外部经济转型和严监管态势对 BII 有波动影响，但商业银行经过创新方向调整与业务转型，商业银行金融创新指数稳步回升并持续增长。

（7）本书系统归纳了商业银行金融创新对实体经济影响的直接作用机制、间接作用机制，并基于时间序列角度纵向实证、验证了上述机制的有效性与传导的具体效应。

①本书把商业银行金融创新影响资本供应、技术进步，优化需求端与升级供给端进而推动实体经济增长的机制归纳为商业银行金融创新对实体经济增长的间接作用机制（要素与结构路径）。把商业银行金融创新增强金融功能、推动金融发展、优化金融结构以及影响货币深化实现对实体经

济增长的影响机制称之为商业银行金融创新对实体经济增长的直接作用机制（金融发展路径）。

②本书选取 2009Q2—2019Q3 共 40 期相关数据，从时间序列角度出发，构建包括物质资本、技术水平以及产业升级变量间接作用机制的 SVAR 模型与包括实体经济融资规模，融资成本以及储蓄投资转换指标变量直接作用机制的 SVAR 模型。验证商业银行金融创新作用机制的有效性和通过有关机制传导的效应。实证结果表明如下。

无论是间接作用机制还是直接作用机制，金融创新对实体经济增长具有拉动作用且都呈现出短期内快速拉动，中期出现波动，长期正向为主趋势，总体影响逐渐减弱。上述趋势说明金融创新影响效应是复杂的且有时变特征，商业银行金融创新“双刃剑”特征在时间趋势视角下同样存在。

在间接作用机制下，金融创新的促进作用相较于直接作用机制更显著。相关数值更大，解释程度更高，说明“要素和结构路径”的作用优于“金融发展路径”，商业银行应改变过去的单纯扩大业务投放的粗放模式应注重支持要素积累与产业升级，更精准地促进实体经济增长。

在间接作用机制下，商业银行金融创新对资本积累、技术进步具有促进作用但长期影响有限，对产业升级指数则呈现中短期反复、长期正向的影响。

在直接作用机制下，商业银行金融创新对实体经济融资规模中短期影响为负向长期转为正向且影响较弱，说明商业银行金融创新扩大信用供给存在“脱实向虚”问题，对实体经济获得融资形成挤占效应；融资成本以负向影响为主，说明商业银行金融创新有利于降低企业融资成本，对于储蓄投资转换水平以正向为主说明商业银行金融创新有利于商业银行基础职能的优化、有利于资金形成和配置机制的增强。

在供给侧结构性改革背景下，商业银行金融创新对关键领域（如产业结构升级、扩大有效金融供给等）支持作用还有待加强。

根据方差贡献分析结果，无论是直接作用机制、还是间接作用机制，商业银行金融创新对实体经济增长的方差贡献度最高但趋势递减，反映了其对实体经济增长作用显著性；除商业银行金融创新指数，间接作用机制的产业升级指标，直接作用机制的融资规模指标对实体经济增长影响也很重要；商业银行金融创新对间接作用机制的科技水平变量以及直接作用机制的融资成本的方差贡献值较高，说明商业银行金融创新对支持科技创新活动和缓解企业融资负担的重要性。

（8）本书提出在供给侧结构性改革背景下商业银行支持实体经济增长金融创新的总体方向及行动路径。

①本书提出了供给侧结构性改革背景下商业银行支持实体经济增长金融创新的总体方向，包括紧扣供给侧结构性改革主旋律、优化资源要素配置，具体包括创新优化资本要素配置、创新增强创新动能以及创新推动产业结构优化与升级等措施。坚持适度创新，抑制过度创新。其中，适度创新的措施包括创新业务规模适度性、优化金融资源配置、稳步推动去杠杆化解存量风险、推动普惠金融业务深化发展以及通过商业银行金融科技创新、组织与制度创新有效协同业务创新等；抑制过度创新措施包括合规框架下创新以及科学研判宏观经济局势等。因地制宜，更具有不同区域的经济发展水平和区位情况实行区域差异化金融创新。推进科技和金融的深度融合，提升商业银行金融创新效能。建立适应外部经济转型特征的组织架构和制度，包括树立科学的经营理念、助力业务创新尽快形成产能以及提高风控水平等。

②本书提出了在供给侧结构性改革背景下商业银行支持实体经济增长的业务创新行动路径，包括：开发符合动能转换需求的金融产品支持产业优化升级，具体包括开发新投行产品并提出投贷联动业务模式的新方案、优化信贷产品。优化金融综合服务能力，支持“三去一补”。其具体包括：发展纾困类创新产品并提出“债转股”业务的优化创新方案，升级普惠类票据金融和供应链金融的业务模式并相应设计了票据金融业务和供应链金融业务的创新方案。完善融资产品利率定价机制，缓解企业融资约束。线

上与线下业务融合发展，丰富民生类金融产品。加强成本管控提高经营效率，精细化资产负债管理维持经营稳健性等。

③本书提出了在供给侧结构性改革背景下商业银行支持实体经济增长的金融科技创新行动路径，包括运用大数据技术发掘和评价客户、运用云计算技术搭建集约化的业务平台、运用人工智能技术推动关键领域的智能化改造、运用区块链技术打造高效产品和服务体系以及综合应用多种技术实现融合创新等。力求通过以上措施助力商业银行实现技术融合赋能业务创新，提高经营效能增强风控能力以更好地满足新时期差异化需求和不断变化的形势。

④本书提出了在供给侧结构性改革背景下商业银行支持实体经济增长的组织与制度创新行动路径，包括：从横向和纵向两个角度，基于银行业务价值链设计了主业经营组织架构创新的框架；设计了商业银行混业经营组织架构创新的框架；提出建立与完善适应商业银行金融创新的制度以及构建商业银行组织架构与制度协同运行保障机制。总之，本书拟通过上述行动路径力求将组织和制度优势充分发挥支持商业银行开展适度的金融创新。

8.2 本书研究不足

（1）研究视角需要丰富与完善，实证研究商业银行金融创新与实体经济增长效应与关系大部分基于宏观整体视角并局部涉及核心实体产业（制造业）的视角，亟待丰富商业银行金融创新对企业微观主体影响，商业银行金融创新某些典型业务对具体产业与行业的影响。总之，其在研究“微观—微观”方面的联系还需加强。

（2）某些研究内容不够深入。如未基于区域视角展开延伸，本书通过非线性模型得出金融创新在不同经济发展水平的省域具有差异化效应。但是这种差异化的空间异质性基于差异化视角金融创新扩散与传播是否具有空间效应，具体效用几何，未进行深入研究；此外，未深入研究商业银行金融创新实施过程中对实体经济的影响机制和产生效应，应基于公司治理、流程再造、系统动态等管理学理论研究商业银行创新流程、研发系统等因素对经济增长关系的研究。

（3）受限于篇幅，商业银行金融创新行动路径只基于规范性分析与经验梳理提出建议。

8.3　未来研究展望

（1）深入研究商业银行金融创新实施过程中对实体经济的影响机制和产生效应。商业银行金融创新是一个动态的、复杂的体系。本书主要集中于金融创新产生的整体影响效应与实体经济增长关系和影响过程中的机制，但是不同商业银行的创新系统结构和运行机制也是具有差异性的，而这种差异决定了商业银行决策、研发创新过程中存在着许多不确定性并造成创新结果的差异。因此，可以基于公司治理、流程再造、系统动态等管理学理论研究商业银行创新流程、研发系统等因素对经济增长关系的研究。比如，通过模拟金融创新步骤和运作系统，增加影响银行金融创新决策和决策执行因素，并且这些因素除内部经营环境、外部经济环境等要素，还可以加入组织偏好与行为、结构等特征因素，通过系统动力仿真模型等模拟金融创新决策过程中相关因素与实体经济关联机理，更全面、深入地讨论两者之间的耦合关系。

（2）多维度展开研究。本书主要着眼于中微观金融创新对整体宏观经济的关系研究，即主要基于对宏观体系变量的影响效应。而金融创新对中微观视角下研究包括对企业，行业作用机制、影响效应等方面对于供给侧结构性改革（特别是供给侧结构性改革），推动新动能发展同样具有重要意义。因此，可以基于“微观对微观”的联系，研究商业银行金融创新对重点企业（如高新技术企业）影响微观机制，包括对三新企业的微观特征包括融资选择、经营行为甚至上市等具有什么样的效应和机理，为补齐金融短板深化金融改革提供制度建议和策略，以多维度丰富金融创新的研究结果。

（3）基于区域视角展开延伸，本书通过非线性模型得出金融创新在不同经济发展水平的省域具有差异化效应。但是，这种差异化的空间异质性，基于差异化视角金融创新扩散与传播是否具有空间效应、具体效用几何，未进行深入研究。因此，可以研究金融创新的空间效应和空间扩散速度，不同性质的金融创新对不同区域的空间作用，以及这些省市宏观经济要素不同情况下对接受金融创新、发展实体经济具有的空间特征等。

参考文献

［1］ Maudos J， Fernandez De Guevara. The Cost of Market Power in Banking： Social Welfare Loss vs. Cost Inefficiency ［J］． Journal of banking and finance，2007，31 （2）：2103 －2125.

［2］ 本书编写组．十九大报告关键词［M］．北京：党建读物出版社，2017.

［3］ Minsky H P. Stabilizing an unstable economy ［M］．中文版（第 1 版）．北京：清华大学出版社，2015：217 －220.

［4］ 戴险峰．金融化［M］．北京：经济管理出版社，2017.

［5］ Blyth C A， S K. Economic Growth of Nations： Total Output and Production Structure ［J］． Economica，1973，40 （160）：457.

［6］ 保罗·萨缪尔森，Paul A 等．经济学［M］．人民邮电出版社，2011.

［7］ Romer P M. Increasing Returns and Long － Run Growth ［J］． Journal of Political Economy，1986，94 （5）：1002 －1037.

［8］ Romer P M. Endogenous Technological Change ［J］． Nber Working Papers，1990 （98）：71 －102.

［9］ Lucas R E. On the Mechanics of Economic Development ［J］． Journal of Monetary Economics，1988，22 （1）：3 －42.

［10］ Aghion P， Howitt P. Endogenous Growth theory ［M］． Massachusetts， Boston：MIT Press，1998.

［11］ Jones C I. Time Series Tests of Endogenous Growth Models ［J］．

Quarterly Journal of Economics, 1995, 110 (2): 495 -525.

[12] Aghion P, Howitt P. A Model of Growth Through Creative Destruction [J]. Econometrica, 1992, 60 (2).

[13] 李世美，沈丽．虚拟经济与货币供给的交互影响——基于货币“脱实向虚”与经济“虚实背离”的视角［J］. 金融经济学研究，2018, 33 (06): 10 -21.

[14] 李彬，田玉鹏．实体经济与虚拟经济发展的思考——金融危机后看美国、德国经济的发展经验［J］. 现代产业经济，2013 (08): 74 -80.

[15] 王宇，黄广映．实体经济和虚拟经济失衡发展微观机制研究——基于长三角上市企业的经验证据［J］. 上海经济研究，2019 (05): 92 -102.

[16] Tobin J. Money and Economic Growth [J]. Econometrics, 1965, 33 (4): 671 -684.

[17] Arestis P, Demtriade P. Financial development and economic growth: Assessment the evidence [J]. economic journal, 1997, 107 (442): 783 -800.

[18] JEAN - LOUIS A, ENRICO B, UGO P. Too much finance [R]. IMF Working Paper, 2012.

[19] Akinlo A E. Financial Development and the Velocity of Money in Nigeria: An Empirical Analysis [J]. Review of Finance and Banking, 2012, 4 (2): 97 -113.

[20] 刘运，叶德磊．银行信贷市场与股票市场促进产业升级了吗？——基于中国省域面板数据的检验［J］. 金融论坛，2019, 24 (02): 40 -55.

[21] 胡鞍钢，周绍杰，任皓．供给侧结构性改革——适应和引领中国经济新常态［J］. 清华大学学报（哲学社会科学版），2016, 31 (02):

17 – 22.

［22］钱学宁，张玮，张桦成．金融降杠杆任重道远［J］．银行家，2017（10）：27 – 32.

［23］许小年．银行家杂志：为什么中央在这个时候下决心去杠杆？［EB/OL］．［2019］．https：//mp. weixin. qq. com/s/ep3xh3pnPVSCoDuILYAb6Q.

［24］巴曙松．新周期与新金融［M］．厦门：厦门大学出版社，2018.

［25］巴曙松．金融读书会：巴曙松把握全球新旧动能转换中的金融创新趋势［EB/OL］．［2019 – 6 – 20］．https：//mp. weixin. qq. com/s/NY5xLNMJFrJm8lvMdQEJrg.

［26］何大勇，等．银行转型2025［M］．北京：中信出版集团股份有限公司，2017.

［27］龙海明，吴迪．金融发展推动产业供给侧结构性改革的路径选择［J］．财经理论与实践，2018，39（04）：18 – 25.

［28］雷蒙德·W·戈德史密斯，Raymond W，等．金融结构与金融发展［M］．周朔，译．上海：生活·读书·新知三联书店上海分店，上海人民出版社，1994.

［29］RI麦金农，等．经济发展中的货币与资本［M］．卢骢，译．三联书店上海分店，1988.

［30］爱德华·肖，等．经济发展中的金融深化［M］．邵伏军，许晓明，宋先平，译．格致出版社［等］，2015.

［31］King Robert G，Levine R. Finance，Entrepreneurship，and Growth：Theory and Evidence［J］．Journal of Monetary Economics，1993，32（3，December）：513 – 542.

［32］Levine R. Financial Development and Economic Growth：Views and Agenda［J］．Journal of Economic Literature，American Economic Association，1997，35（2）：688 – 726.

［33］Rajan R G，Zingales L. Financial Dependence and Growth［J］．

American Economic Review, 1998, 88 (3): 559 -586.

[34] 白钦先, 等. 金融可持续发展研究导论 [M]. 北京: 中国金融出版社, 2001: 23 -26.

[35] 王志强, 孙刚. 中国金融发展规模、结构、效率与经济增长关系的经验分析 [J]. 管理世界, 2003 (07): 13 -20.

[36] 王广谦.20世纪西方货币金融理论研究 [M]. 北京: 经济科学出版社, 北京: 2010: 267 -270.

[37] 李晓龙, 冉光和, 郑威. 金融发展、空间关联与区域创新产出 [J]. 研究与发展管理, 2017, 29 (01): 55 -64.

[38] Merton R C. A Functional Perspective of Financial Intermediation [J]. Financial Management, 1995, 24 (2): 23 -41.

[39] Levine R. finance and economic growth [J]. Journal of Financial Intermediation, 1999, 8 (1): 8 -35.

[40] Levine R. bank based or market basede financial system which is better [J]. Journal of Financial Intermediation, 2002, 11 (4): 398 -429.

[41] King Robert G, Levine R. Finance and growth: Schumpeter might be right [J]. Quarterly Journal of Economics, 1993, 3 (3): 717 -737.

[42] DIAMOND D W, DYBVIG P H. Bank Runs, Deposit Insurance and Liquidity [J]. Journal of Political Economy, 1983, 91 (3): 1 -32.

[43] Allen F, Gale D. Financial Markets, Intermediaries, and Intertemporal Smoothing [J]. Journal of Political Economy, 1997, 105 (3): 523 -546.

[44] Bencivenga V, Smith B. Financial intermediation and endogenous growth [J]. the Review of Economic Studies, 1991, 58 (3): 195 -209.

[45] 谈儒勇. 中国金融发展和经济增长关系的实证研究 [J]. 经济研究, 1999 (10): 53 -61.

[46] 谢德金. 金融发展在中国经济增长中的作用研究 [D]. 天津:

南开大学，2014.

［47］ Allen F，Gale D. Banking and Markets ［J］. NBER Working Paper，2000.

［48］ 韩廷春．金融发展与经济增长 理论实证与政策［M］. 北京：清华大学出版社，2002.

［49］ Merton R C，Bodie Z. The Design of Financial Systems：Towards a Synthesis of Function and Structure ［D］. 2004.

［50］ 吴晓求，赵锡军，瞿强，等．市场主导与银行主导：金融体系在中国的一种比较研究［M］. 北京：中国人民大学出版社，2006.

［51］ 陈刚，尹希果，陈华智．我国金融发展与经济增长关系的区域差异分析——兼论分税制改革对金融发展与经济增长关系的影响［J］. 金融论坛，2006（07）：17－22.

［52］ Greenwood J，Jovanovic B. The it Revolution and the Stock Market ［D］. 1999.

［53］ 白钦先．金融结构、金融功能演进与金融发展理论的研究历程［J］. 经济评论，2005（03）：39－45.

［54］ 徐朝阳，林毅夫．发展战略、休克疗法与经济转型［J］. 管理世界，2011（01）：6－19.

［55］ 林毅夫．金融创新如何推动高质量发展：新结构经济学的视角［J］. 新金融评论，2019（04）：34－45.

［56］ 李健，范祚军．经济结构调整与金融结构互动：粤鄂桂三省（区）例证［J］. 改革，2012（06）：42－54.

［57］ 约瑟夫·熊彼特 Joseph Alois，等．资本主义、社会主义与民主［M］. 吴良健，译．商务印书馆，2009.

［58］ 陈岱孙，厉以宁．国际金融学说史［M］. 北京：中国金融出版社，1991.

［59］ BIS. Recent Innovations in International Banking ［R］. BIS Report,

1986.

[60] 中国银行业监督管理委员会. 商业银行金融创新指引 [R]. 银监发2006年87号, 北京: 中国银监会, 2006.

[61] 樊志刚, 李卢霞. 次贷危机的启示及商业银行金融创新的路径选择——制度视角的解读与思考 [J]. 金融论坛, 2011, 16 (04): 7-14.

[62] Arnold Heertje, PERLMAN M. Evolving Technology and Market Structure: Studies in Schumpeterian Economics [J]. Southern Economic Journal, 1992, 58 (4): 1148-1149.

[63] 莫利纽克思、沙姆洛克. 金融创新 [M]. 冯健, 杨娟, 张玉仁, 等, 译. 北京: 中国人民大学出版社, 2003.

[64] 张波. 金融创新理论研究的新进展评析 [J]. 南开经济研究, 2002 (01): 69-72.

[65] 蒋雨亭. 我国商业银行的金融创新、绩效增长与金融监管 [D]. 大连: 东北财经大学, 2017.

[66] Tufano P. Financial Innovation [J]. Handbook of the Economics of Finance, 2003 (1): 307-335.

[67] Howitt P, Aghion P, Mayer-Foulkes D. The Effect of Financial Development on Convergence: Theory and Evidence [J]. Quaterly Journal of Economics, 2005, 120 (1): 173-222.

[68] Niehans J. Financial innovation, multinational banking, and monetary policy [J]. Journal of Banking & Finance, 1983, 7 (4): 537-551.

[69] Silber W L. The Process of Financial Innovation [J]. American Economic Review, 1983, 73 (2): 89-95.

[70] Loutskina E. The Role of Securitization in Bank Liquidity and Funding Management [J]. Journal of Financial Economics, 2011 (3): 663-684.

[71] 赖溟溟．金融结构变迁与持续的经济增长 [M]．北京：中国金融出版社，2011.

[72] Boot A，GREENBAUM S，AJHAN T. Reputationand discretion in financial contracting [J]．American Economic Review，1993（83）：1165 – 1183.

[73] Llewellyn D T. Financial Innovation and the Economics of Banking and the Financial System：[C]，2009.

[74] Gonzalez，Luis O，Rodriguez G，et al. The effects of Financial Innovation on European Banks Risk [J]．Journal of Business Research，2016（11）：4781 – 4786.

[75] 康枫．我国金融创新对货币政策传导机制的影响研究 [D]．北京：中央财经大学，2016.

[76] Obay L. Financial Innovation in the Banking Industry – The Case of Asset Securitizaiton [M]．NewYork：Garland Publishing，2000：128 – 142.

[77] 武博华，张成虎，李崇．经济增长对商业银行风险承担的影响 [J]．金融论坛，2017，22（07）：14 – 26.

[78] Allen F，Gale D. Comparative Financial Systems：A Survey [J]．Center for Financial Institutions Working Papers，2001.

[79] Chou，Y K，Chin，M S. Financial Innovations and Technological Innovations as Twin Engines of Economic Growth [J]．Working Paper of Department of Economics，2004.

[80] Frame W S，White L J. Technological change，financial innovation and diffusion in banking [J]．IMF Working Papers，2014.

[81] 孙浦阳，张蕊．金融创新是促进还是阻碍了经济增长——基于技术进步视角的面板分析 [J]．当代经济科学，2012，34（03）：26 – 34.

[82] 王达．论全球金融科技创新的竞争格局与中国创新战略 [J]．国际金融研究，2018（12）：10 – 20.

［83］刘渝琳，贾继能．投贷联动、资本结构与研发效率——基于科技创新型中小企业视角［J］．国际金融研究，2018（01）：25－34.

［84］廖珉．投贷联动作用与风险管理［EB/OL］．［2017］．http：//www.vccoo.com/v/bb7d17.

［85］秦建文，赵瑞娟．区域性金融包容水平趋同性及影响因子的统计考察［J］．统计与决策，2019，35（08）：147－150.

［86］高蓓，朱安琪，谭小芬．同业变迁对商业银行经营稳定性的影响——基于中国16家上市银行微观数据的实证分析［J］．南开经济研究，2019（05）：78－97.

［87］Shahrokhi. E－finance：Status innovations，resources and Future Challenges［J］．Managerial Finance，2008，34（6）：365－398.

［88］Berger S C，Gleisner F. Emergence of Financial Intermediaries in Electronic Markets：The Case of Online P2P Lending［J］．Social Science Electronic Publishing，2009，1（2）：139－165.

［89］沈悦，郭品．互联网金融、技术溢出与商业银行全要素生产率［J］．金融研究，2015（03）：160－175.

［90］巴曙松．金融读书会：新经济、新金融、新趋势，创新中的实体经济如何与金融业良性互动［EB/OL］．［2018］．https：//mp.weixin.qq.com/s/1BYvzokQyDHm－UiO14q3uw?

［91］Laeven L，Levine R，Michalopoulos S. Financial innovation and endogenous growth［J］．Journal of Financial Intermediation，2015，24（1）：1－24.

［92］Amore M D，Schneider C，Aldokas A. Credit Supply and Corporate Innovation［J］．Journal of Financial Economics，2013，209（3）：835－855.

［93］Beck T，Chen T，Lin C. Financial Innovation：The Bright and the Dark Sides［J］．Journal of Banking&Finance，2013，72（11）：28－51.

[94] 李丛文．金融创新、技术创新与经济增长——新常态分析视角［J］．现代财经（天津财经大学学报），2015，35（02）：13－24.

[95] 李增来，方微．金融创新、经济增长与货币增速剪刀差［J］．区域金融研究，2019（02）：25－31.

[96] Holod D，Lewis H F. Resolving the deposit dilemma：A New DEA Bank Efficiency Model［J］．Journal of Banking and Finance，2011，35（11）：2801－2810.

[97] Berger A N，Mester L J. Inside the black box：what explains differences in the efficiencies of financial institutions［R］．Board of Governors of the Federal Reserve System，1997.

[98] 李媛媛，金浩，张玉苗．金融创新与产业结构调整：理论与实证［J］．经济问题探索，2015（03）：140－147.

[99] 蔡则祥，武学强．新常态下金融服务实体经济发展效率研究——基于省级面板数据实证分析［J］．经济问题，2017（10）：14－25.

[100] 韩孺眉．区域金融创新、科技创新与经济增长［D］．沈阳：辽宁大学，2018.

[101] 游士兵，杨芳．金融服务实体经济的效率测度及影响因素——基于绿色发展视角［J］．金融论坛，2019，24（04）：29－44.

[102] 邱洪华．基于层次分析模型的中国内外资银行创新能力综合评价［J］．研究与发展管理，2012，24（05）：64－72.

[103] 李敏．金融创新与经济增长关联性的系统动态研究［D］．武汉：武汉理工大学，2010.

[104] Greenwood J，Sanchez J M，Wang C. Financing Development：The Role of Information Costs［J］．American Economic Review，2010，100（4）：1875－1891.

[105] 潘成夫．我国金融创新的经济影响分析［J］．南方金融，2002（03）：56－58.

[106] 施建淮．金融创新与长期经济增长 [J]．经济学动态，2004 (09)：7－13.

[107] 范学俊．金融政策与资本配置效率——1992～2005 年中国的实证 [J]．数量经济技术经济研究，2008 (02)：3－15.

[108] 游士兵，杨芳．金融服务实体经济的效率测度及影响因素——基于绿色发展视角 [J]．金融论坛，2019，24 (04)：29－44.

[109] Allen F，Gale D. Financial innovation and risk sharing [M]. Cambridge，MA：MIT Press，1994：246－250.

[110] Beck T，Demirguc－Kunt A，Levine R. Financial Institutions and Markets across Countries and over Time：The Updated Financial Development and Structure Database [J]. The World Bank Economic Review，2010，24 (1)：77－92.

[111] Laeven L，Levine R. Is there a diversification discount in financial conglomerates? [J]. Journal of Financial Economics，2007，85 (2)：331－367.

[112] 陈子季．金融创新的宏观效应分析 [J]．金融研究，2000 (05)：20－28.

[113] Beck T，Levine R，Loayza N. Finance and the sources of growth [J]. Journal of Financial Economics，2000，58 (1)：261－300.

[114] Wurgler J. Financial markets and the allocation of capital [J]. Journal of Financial Economics，2004，58 (1)：187－214.

[115] 赵勇，雷达．金融发展与经济增长：生产率促进抑或资本形成 [J]．世界经济，2010，33 (02)：37－50.

[116] 唐建新，李青原．资本结构、金融中介和公司治理 [J]．南开管理评论，2002 (02)：8－13.

[117] 戴伟，张雪芳．金融发展、金融市场化与实体经济资本配置效率 [J]．审计与经济研究，2017，32 (01)：117－127.

［118］吴敬琏．借助金融创新　实现经济增长［J］．农村金融研究，2006（12）：6－7.

［119］Chowdhury R H，Maung M. Financial market development and effectiveness of R&D investmen：evidence from developed and emerging countries［J］．Research in International business and finance，2012，26（2）：258－272.

［120］耿宇宁，周娟美，燕志鹏，等．科技金融发展能否促进中小制造业企业技术创新？——基于中介效应检验模型［J］．科技和产业，2020，20（06）：1－8.

［121］海曼·P，等．稳定不稳定的经济［M］．石宝峰，张慧贲，译．北京：清华大学出版社，2010.

［122］查理斯·P. 金德尔伯格 CHARLES，等．经济过热、经济恐慌及经济崩溃［M］．朱隽，叶翔，译．北京：北京大学出版社，2000.

［123］陈守东，王淼．我国银行体系的稳健性研究——基于面板 VAR 的实证分析［J］．数量经济技术经济研究，2011，28（10）：64－77.

［124］Bernanke B，Gertler M，Gilchrist S. The Financial Accelerator and the Flight to Quality［J］．The Review of Economics and Statistics，1996，78（1）：1－15.

［125］Jean－Louis Arcand，Enrico Berkes，Ugo Panizza. Too Much Finance or Statistical Illusion：A Comment［R］．IHEID Working Papers，2015.

［126］Guerrieri L，Iacoviello M. Occbin. A toolkit to solve models with occasionally binding constraints easily［J］．Journal of Monetary Economics，2015（70）：22－38.

［127］Ductor L，Grechyna D. Financial Development，Real Sector，and Economic Growth［J］．International Review of Economics and Finance，2015（37）：393－405.

［128］邓创，赵珂．中国的金融压力及其对宏观经济景气的影响动态

[J]. 财经研究, 2018, 44 (07): 86 - 98.

[129] Bernanke B S. The Effects of the Great Recession on Central Bank Doctrine and Practice [J]. Journal of Macroeconomics, 2012, 12 (3): 123 - 146.

[130] Demirgüç - Kunt A, Feyen E, Levine R. The Evolving Importance of Banks and Securities Markets [J]. World Bank Economic Review, 2013, 27 (3): 476 - 490.

[131] 张建平, 范致镇, 曹祯庭, 等. 货币政策向制造业传导梗阻的机制研究——基于信贷渠道的货币政策产业传导效应探讨 [J]. 经济问题探索, 2017 (01): 111 - 119.

[132] 杜勇, 张欢, 陈建英. 金融化对实体企业未来主业发展的影响: 促进还是抑制 [J]. 中国工业经济, 2017 (12): 113 - 131.

[133] Law S H, Singh N. Does too much finance harm economic growth? [J]. Journal of Banking and Finance, 2014 (41): 36 - 44.

[134] Gennaioli N, Shleifer A, Vishny R. Neglected risks, financial innovation and financial fragility [J]. Journal of Financial Economics, 2012, 104 (3): 452 - 468.

[135] Acharya V, Schnabl P, Suarez G. Securitization without risk transfer [J]. Journal of Financial Economics, 2013, 107 (3): 515 - 536.

[136] 邵汉华, 杨俊, 廖尝君. 商业银行同业业务扩张与货币政策传导——基于银行信贷渠道的实证检验 [J]. 金融经济学研究, 2015, 30 (02): 15 - 25.

[137] 郭红玉, 高磊, 史康帝. 资产证券化对商业银行流动性风险的影响——基于流动性缓冲视角 [J]. 金融论坛, 2018, 23 (02): 9 - 19.

[138] 秦建文, 滕飞, 莫璐嘉, 等. 经济转型与中小银行集团客户信贷风险管控 [J]. 广西大学学报. 哲学社会科学版, 2020, 42 (1): 1 - 11.

[139] Roszbach T, LINDÉ J K. Exploring interactions between real activity and the financial stance [J]. Journal of Financial Stability, 2005, 3 (1): 308 -341.

[140] 黄益平. 以金融创新支持经济高质量发展 [J]. 新金融评论, 2019 (04): 1 -33.

[141] Beck T. The Role of Finance in Economic Development: Benefits, Risks, and Politics [J]. SSRN Electronic Journal, 2011 (141).

[142] Beck T, Chen T, Song Frank M. Financial Innovation: The Bright and the Dark Sides [J]. Tilburg University, mimeo, 2012.

[143] 谢婷婷, 任丽艳. 技术创新、金融创新与经济增长——基于中国省际面板数据 [J]. 工业技术经济, 2017, 36 (11): 110 -117.

[144] 斯夸姆湖小组, 等. 门朝哪开 [M]. 乔江涛, 译. 北京: 中信出版社, 2013.

[145] 彭俞超. 金融与实体企业收益率非均衡问题研究 [J]. 现代经济探讨, 2017 (10): 23 -29.

[146] Rin Da M, Hellmann T. banks as Catalysts for industrialization [J]. Journal of Financial Intermediation, 2002 (11): 366 -397.

[147] Cecchetti S, Kharroubi E. Reassessing the impact of finance on growth [J]. BIS Working Papers, 2012.

[148] 阳佳余, 赖明勇. 金融发展与基于水平创新的内生增长模型 [J]. 中国管理科学, 2007 (02): 21 -27.

[149] 朱淑珍, 陈丽娟. 基于经济增长方式转变的金融创新和谐性分析 [J]. 甘肃社会科学, 2010 (05): 171 -173.

[150] 罗伯特·J巴罗, 萨拉-伊-马丁, 等. 经济增长的决定因素 [M]. 李剑, 译. 中国人民大学出版社, 2017.

[151] Chou Y K. Technological Revolutions and Financial Innovations [J]. Department of Economics - Working Papers Series, 2004.

[152] 师文明，余晓辉. 金融效率、经济增长与收入不平等——一个内生增长模型的解释 [J]. 河北经贸大学学报，2010，31 (01)：69-76.

[153] Bernanke Ben S, Gertler M, Gilchrist S. The financial accelerator in a quantitative business cycle framework [J]. Working Papers, 1999, 1 (99): 1341-1393.

[154] 左伟，朱元倩，巴曙松. 金融监管、流动性约束与货币政策效果——基于 DSGE 模型的实证研究 [J]. 金融论坛，2018，23 (04)：12-26.

[155] 吕思聪. 外部监管和货币政策对中国商业银行流动性创造能力的影响研究 [J]. 国际金融研究，2018 (05)：55-65.

[156] 周正清. 商业银行盈利模式转型研究 [D]. 上海：上海社会科学院，2017.

[157] 胡文涛，张理，李宵宵，等. 商业银行金融创新、风险承受能力与盈利能力 [J]. 金融论坛，2019，24 (03)：31-47.

[158] 张志元，马永凡，胡兴存. 金融供给侧改革与新旧动能转换的耦合效应研究——以山东省为例 [J]. 东岳论丛，2018，39 (10)：43-53.

[159] 宋华. 供应链金融 [M]. 北京：中国人民大学出版社，2015.

[160] 中国银行监督管理委员会. 关于规范金融机构同业业务的通知 [R]. 银发 2014 年 127 号，北京：中国银行监督管理委员会，2014.

[161] FSB. Fintech: Describing the Landscape and a Framework for Analysis [R]. Switzerland: Financial Stability Board, 2016.

[162] 中国人民银行. 金融科技发展规划 (2019-2021 年) [R]. 人民银行，2019.

[163] 巴曙松. 中国金融科技发展的现状与趋势 [N]. 21 世纪经济报道，2017-12-30.

[164] 保罗·H 艾伦. 银行再造 [M]. 北京：中国人民大学出版社，

2006.

[165] Berger A N, Udell G F. Small Business Credit Availability and Relationship Lending: The Importance of Bank Organizational Structure [J]. The Economic Journal, 2002, 112 (477): F32 - F53.

[166] 曹廷求，陈丽萍. 城市商业银行治理有效性的实证研究——基于银行治理评价的分析 [J]. 金融论坛，2012，17 (12)：35 - 41.

[167] 黄群慧. 论新时期中国实体经济的发展 [J]. 中国工业经济，2017 (09)：5 - 24.

[168] 成思危. 虚拟经济的基本理论及研究方法 [J]. 管理评论，2009，21 (01)：3 - 18.

[169] 杨伟民. 学习践行习近平新时代中国特色社会主义经济思想 [N]. 学习时报，2018.

[170] 习近平. 习近平主持召开中央财经领导小组第十一次会议 [EB/OL]. 新华网，[2015 - 11 - 10]. http://www.xinhuanet.com/politics/2015 - 11/10/c_1117099915.htm.

[171] 习近平. 习近平在中共中央政治局第十三次集体学习时强调深化金融供给侧结构性改革增强金融服务实体经济能力 [EB/OL]. 新华社，[2019 - 2 - 23]. http://www.gov.cn/xinwen/2019 - 02/23/content_5367953.htm.

[172] 林毅夫，孙希芳，姜烨. 经济发展中的最优金融结构理论初探 [J]. 经济研究，2009，44 (08)：4 - 17.

[173] Molyneux P, Shamroukh N, Berger A. Diffusion of Financial Innovations: The Case of Junk Bonds and Note Issuance Facilities [J]. Journal of Money, Credit & Banking, 1996 (28).

[174] Niehans J. Arbitrage Equilibrium with Transaction Costs [J]. Journal of Money Credit & Banking, 1994, 26 (2): 249 - 270.

[175] Bhattacharyya S, Nanda V. Client Discretion, Switching Costs,

and Financial Innovation [J]. Review of Financial Studies, 2000, 13 (3): 1101 - 1127.

[176] 伍超明. 虚拟经济与实体经济关系研究——基于货币循环流模型的分析 [J]. 财经研究, 2004 (08): 95 - 105.

[177] 欧文·费雪, 等. 货币的购买力 [M]. 北京: 商务印书馆, 1931.

[178] 约翰·梅纳德·凯恩斯, 等. 就业、利息和货币通论 [M]. 北京: 华夏出版社, 2005.

[179] 刘志彪. 实体经济与虚拟经济互动关系的再思考 [J]. 学习与探索, 2015 (09): 82 - 89.

[180] 肖崎, 廖鸿燕. 企业金融化对宏观经济波动的影响——基于杠杆率的中介效应研究 [J]. 国际金融研究, 2020 (08): 13 - 23.

[181] 麦肯锡全球研究院. 中国数字经济如何引领全球新趋势 [R]. 上海: 麦肯锡, 2019.

[182] Itai Agur. Bank risk within and across equilibria [J]. Journal of Banking and Finance, 2014 (48).

[183] 荀琴, 黄益平, 刘晓光. 银行信贷配置真的存在所有制歧视吗? [J]. 管理世界, 2014 (01): 16 - 26.

[184] Angeloni I, Faia E, Lo Duca M. Monetary Policy and Risk Taking [J]. Journal of Economic Dynamics and Control, 2015, 52 (1): 285 - 307.

[185] 克里斯·安德森 Chris Anderson, 等. 长尾理论 [M]. 北京: 中信出版集团股份有限公司, 2015: 21 - 36.

[186] Patrick H. T. Financial Development and Economic Growth in Developing Countries [J]. Economic and Cultural Change, 1966, 14 (2): 174 - 189.

[187] 张娜. 中国货币政策银行信贷渠道传导效应研究 [D]. 北京: 对外经济贸易大学, 2018.

[188] 王喆，张明，刘士达．从“通道”到“同业”——中国影子银行体系的演进历程、潜在风险与发展方向［J］．国际经济评论，2017(04)：128－148.

[189] 中国人民银行货币政策分析小组．中国货币政策执行报告增刊——有序推进贷款市场报价利率改革［R］．北京市：中国人民银行，2020.

[190] 艾瑞咨询．中国金融科技价值研究报告［R］．北京：艾瑞咨询，2019.

[191] 中国支付清算协会．中国支付清算行业运行报告－2018［M］．北京：中国金融出版社，2018.

[192] 肖远企．国际金融体系的演变研究［J］．国际金融研究，2019(04)：3－13.

[193] 美国金融危机调查委员会，等．美国金融危机调查报告［M］．俞利军，丁志杰，刘宝成，译．北京：中信出版社，2012.

[194] 王胜邦，邓鑫．后危机时期全球银行业变革趋势与竞争格局［J］．国际金融研究，2019(08)：66－75.

[195] 秦建文，梁珍．汲取美国金融危机的教训稳健推进中国金融创新［J］．国际金融研究，2009(07)：43－50.

[196] 李斌，刘文欢，苏妍．信用、结构与经济增长关系的实证检验［J］．统计与决策，2019，35(03)：170－174.

[197] 顾海峰，张亚楠．金融创新、信贷环境与银行风险承担——来自2006—2016年中国银行业的证据［J］．国际金融研究，2018(09)：66－75.

[198] 徐明东，陈学彬．中国微观银行特征与银行贷款渠道检验［J］．管理世界，2011(05)：24－38.

[199] 张元．金融脆弱性形成机理及其在中国的表现——流动性错配的视角［J］．技术经济与管理研究，2015(09)：110－113.

[200] Brunnermeier M. The Fundamental Principles of Financial Regula-

tion [R]. Geneva: World Bank, 2009.

[201] 孙巍，张男．中国货币政策的广义信用传导效应——基于社会融资规模结构视角 [J]. 西安交通大学学报（社会科学版），2020，40（03）：7－16.

[202] 刘鹤．两次全球大危机的比较研究 [M]. 北京：中国经济出版社，2013.

[203] 张车伟，赵文，王博雅．经济转型背景下中国经济增长的新动能分析 [J]. 北京工商大学学报（社会科学版），2019，34（03）：117－126.

[204] 赵志耘，吕冰洋，郭庆旺，等．资本积累与技术进步的动态融合：中国经济增长的一个典型事实 [J]. 经济研究，2007（11）：18－31.

[205] YURIY G, Monika Schnitzer. Financial Constraints and Innovation: Why Poor Countries dont Catch Up [J]. Journal of the European Economic Association, 2013, 11 (5): 1115－1152.

[206] 林毅夫．繁荣的求索 [M]. 北京：北京大学出版社，2012：123－144.

[207] 赖永剑．贸易开放对区域创新能力的动态非线性影响——基于面板平滑转换回归模型 [J]. 软科学，2015，29（05）：50－54.

[208] Kishan R P, Opiela T P. Bank Size, Bank Capital, and the Bank Lending Channel [J]. Journal of Money Credit & Banking, 2000, 32 (1): 121－141.

[209] 武力超，施桑桑，韩华桂，等．外商直接投资、财政政策波动与地区金融生态环境 [J]. 金融论坛，2018，23（02）：20－34.

[210] Tori D, Onaran O. The Effects of Financialisation and Financial Development on Investment: Evidence From Firm－level Data in Europe [R]. Washington D. C: IMF Working Paper, 2017.

[211] 王红建，曹瑜强，杨庆，等．实体企业金融化促进还是抑制了

企业创新——基于中国制造业上市公司的经验研究［J］. 南开管理评论，2017，20（01）：155－166.

［212］约翰·希克斯. 经济史理论［M］. 厉以宁，译. 北京：商务印书馆，2017.

［213］Ramsey F. A mathematical Theory of Savings［J］. Economic Journal，1928，38（2）.

［214］Cass D. Optimum Economic growth in an Aggressive Model of Capital Accumulation［J］. Review of Economics Studies，1965，32（3）.

［215］Koopmans T C. On the concept of Optimal Growth［J］. Pontificia Academia Scientiarum，1965，28（4）.

［216］黄宪，黄彤彤. 论中国的"金融超发展"［J］. 金融研究，2017（02）：26－41.

［217］王倩茹，刘金全，刘达禹. 经济增长"俱乐部收敛"中的金融门限效应——基于动态面板门限模型的分析［J］. 南开经济研究，2020（01）. 154 175.

［218］宋涛. 面板平滑转移回归模型的建模方法与应用［D］. 天津：天津财经大学，2013.

［219］Gonzalez A，Tera¨svirta T，Van Dijk D. Panel Smooth Transition Regression Model.［R］. Stockholm：The Economic Research Institute，Stockholm School of Economics，2005.

［220］Colletaz G，Hurling C. Threshold Effects in the Public Capital Productivity：An International Panel Smooth Transition Approach［J］. Post－Print，2006.

［221］Luukkonen R，Saikkonen P，Teräsvirta T. Testing linearity against smooth transition autoregressive models［J］. Biometrika，1988（75）：491－499.

［222］李健，等. 金融发展、实体部门与中国经济增长［J］. 经济体制改革，2018（05）：26－32.

[223] 谢婷婷，倪明明．中国金融结构调整与产业结构优化研究［D］．西安：西北大学，2015.

[224] 郑伟，刘永东．中国保险业区域发展比较研究——基于“保险基准深度比”的分析［J］．经济科学，2008（05）：96 - 109.

[225] Enz Rudolf. The S - Curve Relation Between Per - Capita Income and Insurance Penetration [J]. Geneva Papers on Risk and Insurance - Issues and Practice, 2000, 25 (3): 396 - 406.

[226] 郑志来．严监管背景下金融供给侧改革、经济高质量发展的逻辑与路径选择［J］．现代经济探讨，2020（02）：17 - 24.

[227] 段进，曾琦，张乐天．银行信贷、房地产价格与经济增长的非线性关系研究——基于省际面板平滑转换模型的实证检验［J］．财经理论与实践，2016，37（04）：18 - 24.

[228] 史恩义，王娜．金融发展、产业转移与中西部产业升级［J］．南开经济研究，2018（06）：3 - 19.

[229] 梁涛．如何优化改善金融供给？银保监会副主席梁涛强调“五个结合”［EB/OL］．［2019 - 12 - 21］．https://mp.weixin.qq.com/s/lBV-lo8zXnunaFZfuxV - wZQ.

[230] 尹亚红，刘佳舟．海外并购、金融发展与高技术制造业技术创新关系研究［J］．江西社会科学，2020，40（07）：52 - 63.

[231] 姜松，孙玉鑫．数字经济对实体经济影响效应的实证研究［J］．科研管理，2020，41（05）：32 - 39.

[232] 王志华，董存田．我国制造业结构与劳动力素质结构吻合度分析——兼论“民工荒”“技工荒”与大学生就业难问题［J］．人口与经济，2012（05）：1 - 7.

[233] 傅元海，叶祥松，王展祥．制造业结构优化的技术进步路径选择——基于动态面板的经验分析［J］．中国工业经济，2014（09）：78 - 90.

[234] 潘红玉，刘亚茹．房价、金融发展与制造业产业结构升级——基于动态面板的经验分析 [J]．财经理论与实践，2019，40 (01)：123－128.

[235] 邹新月，涂仕达．有为政府＋有效市场、区域金融发展与经济增长——中国经济增长的实证分析 [J]．金融论坛，2020，25 (07)：16－24.

[236] 郭红玉、李佳．资产证券化能否缓解银行信用风险承担？——来自中国银行业的经验证据 [J]．国际金融研究，2019 (06)：57－66.

[237] 肖崎，阮健浓．我国银行同业业务发展对货币政策和金融稳定的影响 [J]．国际金融研究，2014 (03)：65－73.

[238] 辛兵海，刘雪薇，陶江．同业业务、银行流动性创造与实体经济 [J]．金融与经济，2020 (06)：4－12.

[239] 李张珍．互联网金融模式下的商业银行创新 [D]．北京：中国社会科学院研究生院，2016.

[240] 凌冰．中国大中型商业银行业务转型研究 [D]．沈阳：辽宁大学，2018.

[241] González Luís O，Rodríguez G Luís I，Martorell C O. The Effect of Financial Innovation on European Banks Risk [J]. Journal of Business Research，2016 (11)：455－477.

[242] Berger S C，Gleisner F. Emergence of Financial Intermediaries in Electronic Markets：The Case of Online P2P Lending [J]. Social Science Electronic Publishing，2009，1 (2)：139－165.

[243] 秦建文，王涛．新常态下中国金融压力与宏观经济动态效应研究 [J]．浙江工商大学学报，2017 (03)：75－87.

[244] 乔海曙，黄荐轩．金融科技发展动力指数研究 [J]．金融论坛，2019，24 (03)：64－80.

[245] 蒋海，吴文洋．创新影响了银行风险承担吗？——基于中国上

市银行的实证检验 [J]. 国际金融研究, 2020 (03): 65 - 75.

[246] Sims C A. Macroeconomics [J]. Econometrica, 1980, 48 (1): 1 - 48.

[247] Bernanke B, Blinder S. Credit, Money and Aggregate Demand [J]. American Economic Review, 1988, 78 (2): 435 - 439.

[248] 汪发元, 郑军. 科技创新、金融发展与实体经济增长——基于长江经济带的动态空间模型分析 [J]. 经济经纬, 2019, 36 (04): 157 - 164.

[249] 中国人民银行惠州市中心支行课题组, 吴燕生, 张景智, 等. 商业银行同业业务对货币政策传导的非对称影响 [J]. 上海金融, 2016 (11): 12 - 18.

[250] 王祎琛. 我国区域金融效率测度及其差异研究 [J]. 浙江金融, 2013 (06): 4 - 8.

[251] 黄奇帆. 分析与思考——黄奇帆的复旦经济课 [M]. 上海: 上海人民出版社, 2020.

[252] 陈强. 高级计量经济学及 Stata 应用 [M]. 北京: 高等教育出版社, 2010.

[253] Aghion P, Reenen J V, Zingales L. Innovation and Institutional Ownership [J]. The American Economic Review, 2013, 103 (1): 277 - 304.

[254] 李双建, 李俊青, 张云. 社会信任、商业信用融资与企业创新 [J]. 南开经济研究, 2020 (03): 81 - 102.

[255] 胡晓. 企业积累金融化与产业结构: 理论与证据 [J]. 中央财经大学学报, 2020 (03): 118 - 128.

[256] 中国人民银行杭州中心支行课题组, 郑南源. 金融创新与产业集群转型升级研究——以浙江为例 [J]. 浙江金融, 2011 (05): 9 - 16.

[257] [美] R 爱德华·弗里曼 R 等. 战略管理——利益相关者管理

的分析方法［M］. 王彦华，梁豪，译. 上海：上海译文出版社，2006.

［258］徐宁，郑晓亚. 面向利率市场化的商业银行产品创新保障机制研究：以契约利率定价要素组合的前瞻性需求与可行实现路径为视角［J］. 区域金融研究，2017（11）：36－41.

［259］布莱特·金，Brett King，等. 银行3.0［M］. 广东：广东经济出版社，2014.

［260］伯纳多·尼克莱蒂 Bernardo Nicoletti，等. 金融科技的未来［M］. 程华，译. 北京：人民邮电出版社，2018.

［261］胡浩青. "大数据＋人工智能"打开中小银行转型发展新局面［J］. 中国金融电脑，2017（05）：31－36.

［262］周雷，陈音，张璇，等. 金融科技底层技术创新及其对金融行业的赋能作用［J］. 金融教育研究，2020，33（01）：24－33.

［263］张敏敏. 云计算在金融领域的应用前景分析［J］. 现代商业，2019（05）：152－153.

［264］唐塔普斯科特，亚力克斯·塔普斯科特. 区块链革命［M］. 孙铭，等，译. 北京：中信出版集团，2017.